D1997536

Schrift- und Orthographievermittlung in vielfältigen Lerngruppen

Ein Theorie-Praxis-Band mit kompatiblen Instrumenten für alle Schulstufen

von

Anne Berkemeier

Schneider Verlag Hohengehren GmbH

Covergestaltung:
Verlag

Umschlagmotiv:
Autorin

Bibliografische Information der Deutschen Nationalbibliothek

Die Deutsche Nationalbibliothek verzeichnet diese Publikation in der Deutschen Nationalbibliografie; detaillierte bibliografische Daten sind im Internet über ›http://dnb.d-nb.de‹ abrufbar.

ISBN: 978-3-83401977-8

Schneider Verlag Hohengehren GmbH
Wilhelmstrasse 13
D-73666 Baltmannsweiler
Homepage: www.paedagogik.de

Alle Rechte, insbesondere das Recht der Vervielfältigung sowie der Übersetzung, vorbehalten. Kein Teil des Werkes darf in irgendeiner Form (durch Fotokopie, Mikrofilm oder ein anderes Verfahren) ohne schriftliche Genehmigung des Verlages reproduziert werden.

© Schneider Verlag Hohengehren, Baltmannsweiler 2019
Printed in Germany. Druck: Esser, Bretten

Inhalt

Einleitung

Gesellschaftliche und bildungspolitische Tendenzen spiegeln sich in der Unterrichtswirklichkeit: Migration, Inklusion, soziale Ungleichheit, jahrgangsübergreifende Beschulung, Gemeinschaftsschulen, alternative Lern- und Schulkonzepte – das sind nur einige der aktuellen Einflussfaktoren, die vielfältig zusammengesetzte Lerngruppen begünstigen und den Blick auf die Individualisierungspotenziale von Lehr-Lernprozessen schärfen. Auch wenn die Herausforderungen groß sind, nutzt eine genauere Passung von Unterricht und LernerIn letztendlich allen Beteiligten – auch jenen in weniger vielfältigen Klassen.

Bisher sind Schrift- und Orthographievermittlung[1] in den Bildungsstandards allerdings klar auf mehrere Schuljahre verteilt. Während sich SekundarstufenlehrerInnen nur selten in ihrer Ausbildung mit dem Thema Schrifterwerb beschäftigen, sollen Grundschullehrkräfte z. B. die Kommasetzung im Unterricht allenfalls streifen. Eigentlich zeigten Klassenarbeiten aber immer schon, dass die orthographischen Kompetenzen der Lernenden einer Klasse sehr stark streuen. So gesehen ist eine Individualisierung des Orthographieunterrichts, wie sie für den Anfangsunterricht schon lange gefordert und an vielen Standorten auch umgesetzt wird, in allen Jahrgangsstufen fraglos sinnvoll (vgl. Betzel/Schönenberg 2016). Angesichts inklusiver Beschulung einerseits und der immer wieder hohen Zahl an LernerInnen, die mit wenig Deutschkenntnissen in höhere Schulklassen eingeschult werden, ist diese Trennung überhaupt nicht mehr sinnvoll. Schrift- und Orthographievermittlung sollten in allen Lehramtsstudiengängen verzahnt gelehrt werden.

Dabei kann die Berücksichtigung von Mehrsprachigkeit wichtig sein: Übertragbare Kompetenzen aus einem ggf. bereits bekannten Schriftsystem sollten unbedingt genutzt werden, um den Zweitschrifterwerb im Deutschen zu verkürzen, indem auf Bekanntes aufgebaut wird. Ebenso zu berücksichtigen ist, dass sich manche Schwierigkeiten durch den Vergleich zur Erstsprache oder -schrift erklären und dann auch besser beheben lassen. Grundsätzlich gilt: Sprachstrukturen des Deutschen, die noch nicht erworben wurden, können in der Regel auch noch nicht korrekt verschriftlicht werden.

Das deutsche Schriftsystem ist komplex. Ein Blick über den Tellerrand macht erklärbar, warum das für das Deutsche nützlich ist. Die vielfältigen Schriftsysteme dieser Welt lösen die Aufgabe, Sprache abzubilden, jeweils sprachspezifisch (vgl. Ehlich 1982/2007

---

[1] In diesem Band wird statt des Ausdrucks *Schriftspracherwerb* die Bezeichnung *Schrifterwerb* verwendet. Der in den 1980er Jahren präferierte Ausdruck *Schriftspracherwerb* sollte zurecht betonen, dass Kindern in einer literalen Umgebung über den Schrifterwerb der Weg zum Sprachausbau geebnet wird. Hingegen wird hier der Fokus nicht auf den Erwerb von *Schriftsprache*, sondern auf den Umgang mit dem *Schriftsystem* gelegt. Mit *Schrifterwerb* ist also z. B. keineswegs nur die Aneignung und Ausprägung einer Handschrift gemeint.

I: 55 ff.). Im Vergleich zu anderen Sprachen verfügt das Deutsche über sehr viele Vokale; am Anfang und Ende einer Silbe können relativ viele Konsonanten kombiniert werden; durch Ableitung (Derivation) und Zusammensetzung (Komposition) können sehr lange Wörter gebildet werden; Wortgruppen mit Nomen können enorm erweitert und Sätze sehr kompliziert gebaut werden. Die Orthographie des Deutschen verhilft LeserInnen daher durch verschiedene Mittel zum lautlichen Zugang, zum Wiedererkennen bedeutungsgleicher Wortteile in verschiedenen Wörtern, zur schnellen Identifizierung der Kerne von Nominalgruppen und zum Erkennen von satzförmigen Strukturen. Orthographiebezogene Fachtexte (so auch dieser) sortieren ihre Gegenstände nach der Einheitengröße: vom Laut bzw. Buchstaben über Silbe und Wortbaustein zum Satz oder umgekehrt. Beim Lesen und Schreiben wirken dagegen immer alle Prinzipien gleichzeitig (s. Abb. 1) und sind daher auch gleichzeitig zu berücksichtigen.

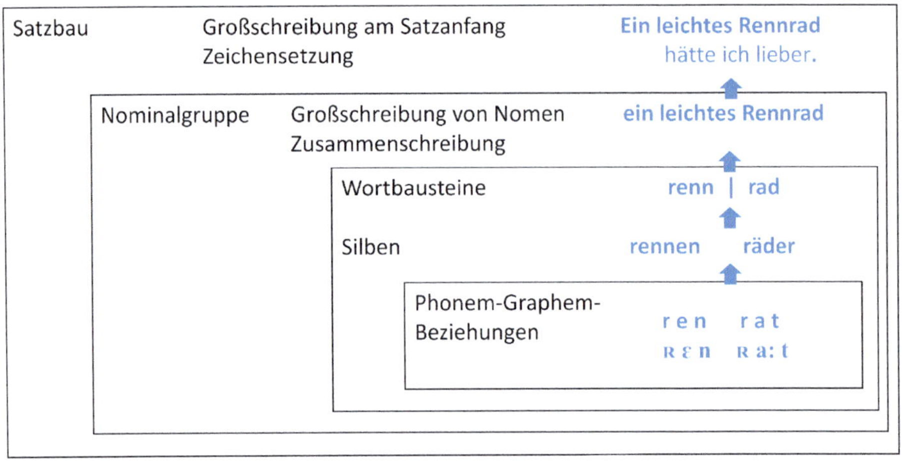

Abb. 1: Ineinandergreifen orthographischer Prinzipien

Leider gilt: Was Lesenden hilft, ist für SchreiberInnen hochgradig aufwändig zu erwerben und zu kontrollieren. Didaktisch stellt sich die Frage, mit welcher Einheit man am besten beginnt. Historisch gesehen wurde in Deutschland vom Buchstaben und Laut bis zum Satz im Laufe der Zeit jede linguistische Größe als methodischer Ausgangspunkt gewählt (vgl. Berkemeier 2018). Seit nunmehr Jahrzehnten wird über d i e richtige Methode für die Schriftvermittlung gestritten. Vergleichende Wirksamkeitsstudien liegen bisher kaum vor (etwa Weinhold 2009, Funke 2014). Während der Beginn mit Morphem- oder Ganzheitsmethode nicht mehr ernsthaft diskutiert wird, scheint unentschieden, ob man besser vom Laut oder von der Silbe ausgehen sollte oder ob beides gleich gut gelingt. Ebenso intensiv wird diskutiert und untersucht, ob phonologische Bewusstheit den Ausgangspunkt der Schriftvermittlung bilden sollte oder durch den Schrifterwerb erst entsteht.

Didaktisch-methodisch ist bezogen auf den Anfang zwischen folgenden Polen abzuwägen:

a) Man arbeitet kommunikativ vielfältig, lässt die Lernenden Texte lesen und schreiben und toleriert damit übergangsweise Leseprobleme und Schreibfehler, weil die orthographischen Prinzipien nur schrittweise vermittelt werden können.
b) Man schränkt die kommunikativen Möglichkeiten maximal ein und arbeitet streng systematisch an korrekten Schreibungen ausgewählter Wörter eines Prinzips.

Die vermutlich beste Lösung liegt im Sowohl-als-auch, wenn man die Leistungen der verschiedenen Ansätze nutzen und ihre Begrenztheit ausgleichen will. Logisch ist auch: Wenn in einem System mehrere Prinzipien zusammenwirken, kann nicht eine Methode allein die richtige sein. Statt der seit Jahrzehnten nahezu durchgängigen Methodendiskussionen sollte deshalb der Fokus darauf gerichtet sein, eine stimmige Form der Methodenintegration zu erarbeiten, die sich selbstverständlich einer anschließenden Wirksamkeitsprüfung nicht verschließen darf. Einige aktuelle Fibeln versuchen sich bereits daran, ohne dass damit schon der Weisheit letzter Schluss gefunden sein muss. Dieser Band fasst deshalb zusammen, welche gängigen Methoden genau welche Teilkompetenzen unterstützen. Darüber hinaus werden Übergänge zwischen den Prinzipien thematisiert und Vorschläge zur ausstehenden Verknüpfung der Methoden und Ansätze gemacht.

Individualisierung ist angesichts der Vielzahl von Lernenden gegenüber einer einzigen Lehrperson immer eine Herausforderung. Es bedarf praxistauglicher Materialien und Instrumente, die jenseits von Frontalunterricht in angemessener Weise Einblicke in das Schriftsystem erlauben. Statt einer Sammlung von diversen Übungen, Proben und Regeln werden hier vier Instrumente vorgestellt, die einen sehr großen Teil der Schreibungen und Zeichensetzung im deutschen Schriftsystem für Lehrende erklär- und lehrbar und für Lernende ableit- und überprüfbar machen. Die Merkmale des deutschen Schriftsystems werden in ihrer leseunterstützenden Funktion hör-, sicht- und (be)greifbar. Die Instrumente *Hörtabelle*, *Silbenkette*, *Wortgruppenkarte* und *Satzleiste* sind – bei Bedarf – in allen Klassenstufen für die (Zweit-)Schrift- und Orthographievermittlung durchgängig und nachhaltig verwendbar und bilden eine stabile Basis für reflektierende Rechtschreibgespräche. Sie können nicht nur zweitspracherwerbssensibel angepasst, sondern gleichzeitig für die Sprachförderung genutzt werden (Ausspracheübung, Wortbildung, Satzbau). Für vielfältige Lerngruppen eignen sich diese Instrumente, weil sie – je nach individueller Kompetenz – wie ein Gerüst auf- und wieder abgebaut werden können. Sie bilden die Basis für individualisierte Unterrichtsphasen und individuelle Reflexions- und Korrekturprozesse. Nach einer Einführung können Lernende allein und in Kleingruppen selbstständig damit arbeiten. Alle vorgestellten neuen Instrumente können mit herkömmlichen Ansätzen und Materialien kombiniert werden, sind aber ebenso jederzeit unabhängig davon und individuell variabel einsetzbar und basieren auf den in den letzten Jahrzehnten stark vorangetriebenen orthographietheoretischen Forschungen. Erfahrungen und erste qualitative Daten zum Einsatz der Instrumente liegen vor. Quantitative Evaluationsdaten können so kurz nach der Entwicklung noch nicht präsentiert werden.

Zu keiner Zeit gab es bessere und umfassendere orthographietheoretische Erklärungsansätze als heute. Es gilt, sie zu nutzen, um die Lernenden aller Schulstufen zu befähigen, orthographische Entscheidungen beim Schreiben von Texten zu fällen. Um individuelle Lernwege ausreichend interpretieren und Lernende gezielt unterstützen zu können, müssen Sie das orthographische System also gut kennen und verstehen. Nur dann können Sie vorhandene Fähigkeiten genau einschätzen und Lernende systematisch fördern bzw. angemessen fordern. Für fachfremd Unterrichtende und Studierende werden die notwendigen fachlichen Grundlagen und Termini hier erklärt und nicht vorausgesetzt. Allerdings versteht es sich von selbst, dass die Einarbeitung in ein so komplexes Thema bei wenigen Vorkenntnissen ein entsprechend größeres Durchhaltevermögen beim Lesen erfordert. Außerdem verlangt die Komplexität des Gegenstandes eine sehr genaue Beschreibung, die auf den ersten Blick vielleicht übertrieben auf Sie wirkt. Beim Lesen des Buches werden Sie möglicherweise immer wieder einzuwenden geneigt sein: „Das ist aber kompliziert.“ – Ja, das liegt aber nicht an den Instrumenten, sondern am komplexen System selbst. Eine fragen- bzw. interessengeleitete Teillektüre kann eventuellen Ermüdungserscheinungen entgegenwirken.

Bedenken Sie auch, dass *Hörtabelle*, *Silbenkette*, *Wortgruppenkarte* und *Satzleiste* aus Lernendenperspektive sukzessive eingeführt und entfaltet werden und – gemessen am Umfang orthographietheoretischer und -didaktischer Beschreibungen und vorliegender Materialpakete – nicht wirklich umfangreich sind. Das theoretische Basiswissen ist den Instrumenten immanent. Sie werden merken, dass Sie dadurch im Unterricht Erklärzeit sparen: Die für Erklärungen notwendigen Teilaspekte sind visualisiert, sodass sich Lehrende und Lernende auf das Wesentliche konzentrieren und Schreibungen aus dem Gebrauch der Instrumente ableiten können. Im Ausgleich zur notwendigen Einarbeitungszeit nutzen Sie und Ihre SchülerInnen dieselben Instrumente zum Erklären, Anwenden, Überarbeiten, für die Lernstandseinschätzung und für die Feedbackformulierung. Ferner können Sie im Grammatikunterricht, im Schreibunterricht und in der (Zweit-) Sprachförderung unmittelbar daran anknüpfen (vgl. Berkemeier/Schmidt i. E., Berkemeier/Wieland 2017a).

Unsere Gesellschaft sanktioniert schlechte Rechtschreibleistungen u. a. bei der Vergabe von Ausbildungs- und Arbeitsplätzen. Verhelfen Sie Ihren SchülerInnen deshalb systematisch zu Einsichten in das orthographische System.

1. Das „lautabbildende" (phonographische) Prinzip und seine Vermittlung

1.1 Linguistische Grundlagen: Beziehungen zwischen Schriftzeichen und Lautung

Zweck des „lautabbildenden" (phonographischen) Prinzips ist es, Lesenden den Zugang zur **Lautung**, also zum **Klang** des geschriebenen Wortes zu ermöglichen: Man rekonstruiert beim Lesen u. a. über die Zuordnung von Schriftzeichen (Graphemen) zu Lauten (Phonemen)[2], wie sich das zu lesende Wort ungefähr anhört. Erfahrene LeserInnen tun dies natürlich nicht mehr bei jedem Wort (das würde viel zu lange dauern), sondern erkennen die Wortbedeutung in der Regel auf dem direkten Weg, auch wenn sie sich innerlich begleitend flüssig vorlesen (subvokalisieren). Das funktioniert, weil Schrifterfahrene die meisten Schreibungen schon sehr oft gesehen haben. Bei schlecht lesbaren oder unbekannten Wörtern wird dagegen der indirekte „Umweg" über die Lautung zur Bedeutung gewählt (wahrscheinlich geht es Ihnen z. B. bei dem Wort <Desoxyadenosintriphosphat> so).

LeseanfängerInnen müssen diesen indirekten Weg über die Lautung aufwändig erwerben. Sie müssen lernen, die Grapheme und orthographischen Kennzeichnungen eines Schriftsystems zu erkennen, ihnen die passenden Phoneme zuzuordnen, Phoneme zu Silben und Wörtern zusammenzusetzen und diesen Lautfolgen Bedeutung zuzuordnen. Manchmal ist der Leseprozess für LeseanfängerInnen so anstrengend, dass die Bedeutungsentnahme am Schluss doch nicht gelingt und das eigentliche Leseziel nicht erreicht wird. Besonders schwierig ist die Sinnentnahme, wenn die Rekonstruktion der Lautung aufgrund ungünstiger Strategien nur unzureichend gelingt und Lernende z. B. [fa:te:ʀ] statt [fa:tɐ] für <Vater> lesen. An diesem Beispiel sieht man, dass eine rein sukzessive

---

2 Alltagssprachlich wird der Ausdruck „Laut-Buchstaben-Zuordnung" verwendet. Wissenschaftlich korrekt spricht man jedoch von Graphem-Phonem-Korrespondenzen. Der Ausdruck *Graphem* schließt nämlich im Gegensatz zur Bezeichnung *Buchstabe* einerseits ein, dass ein Schriftzeichen (z. B. <s>) oder eine Schriftzeichenfolge (z. B. <sch>) im Deutschen funktional verwendet wird. Dabei kommt es nicht auf die konkrete Realisierungsform des oder der Zeichen an. Der Ausdruck Graphem steht also andererseits für alle Schriftzeichen mit gleicher Funktion: z. B. <<a, ɑ, *a*>>. Dasselbe gilt für den Ausdruck *Phonem*. Einerseits kann ein Phonem ein- oder mehrteilig sein (z. B. /a:/ oder /a^{i}/, /t/ oder /ts/), andererseits werden die Phoneme von verschiedenen SprecherInnen nicht genau gleich artikuliert. Ein besonders auffälliges Beispiel ist die Realisierung von /r/ als [ʀ] im Rachen oder [r] mit der Zungenspitze: Beide haben dieselbe Funktion.

Zuordnung jeweils eines Schriftzeichens zu je einem Laut nicht ausreicht, weil im Deutschen nicht genau ein Schriftzeichen für genau ein Phonem steht.

Für alle Sprachen gilt, dass gesprochene Sprache nicht hinreichend über Einzellaute beschrieben werden kann. Auch größere Einheiten wie Silben, Wörter und Wortgruppen, Sätze und Satzfolgen haben z. B. im Hinblick auf benachbarte Laute und Betonung Einfluss auf die Lautung, die nur teilweise ihr Pendant im Schriftsystem finden. Weil sich im deutschen Schriftsystem u. a. auch silbische Strukturen finden, begegnet man in den letzten Jahren im didaktischen Kontext mitunter der Behauptung, das deutsche Schriftsystem sei keine Alphabetschrift, sondern eine Silbenschrift. Um diese Aussage zu prüfen, bedarf es einer genaueren Betrachtung.

In allen Alphabetschriften haben Grapheme (Schriftzeichengruppen gleicher Funktion) die Aufgabe, Zugänge zu Phonemen (Lautgruppen gleicher Funktion) zu gewähren. Darin besteht das Wesen einer Alphabetschrift. Laute werden nicht von allen SprecherInnen einer Sprache oder an jeder Stelle im Wort genau gleich ausgesprochen. Trotzdem verstehen wir einander in der Regel, weil wir unbewusst erkennen, welche Laute in welcher Funktion verwendet werden. Laute, die in einer Sprache dieselbe bedeutungsunterscheidende Funktion haben, werden deshalb in der Theorie zu einem **Phonem** gruppiert. Phoneme ermittelt man seit Trubetzkoy (1939/1958) mithilfe von Minimalpaaren: Während sich die Wörter [ʀo:zə] und [lo:zə] (<Rose> - <Lose>) nur in einem Laut, jedoch deutlich in der Bedeutung unterscheiden, ist dies bei [ro:zə] (Zungenspitzen-r) und [ʀo:zə] (Rachen-r) nicht der Fall. Bei [ʀ] und [l] handelt es sich also um die Realisierung zweier Phoneme /ʀ/ und /l/, bei [ʀ] und [r] dagegen um nur eines: /ʀ/[3].

Vokale werden im sogenannten Vokaltrapez (s. Abb.en 2 und 3) angeordnet, um ihre artikulatorische Bildung beschreiben zu können. Die Lokalisierung von Vokalen im Mundraum ist im Vergleich zu Konsonanten wesentlich schwieriger, weil mit den Sprechwerkzeugen keine gut wahrnehmbare Enge und auch kein Verschluss gebildet wird. Vokale unterscheiden sich durch Zungenlage und Lippenspannung. Sie zu beschreiben und zu fühlen, ist besonders schwierig. Es hilft, wenn man sich ein Trapez im Mundraum vorstellt. So fällt es leichter, den Laut [i:] (<ihnen>) hinter den oberen Schneidezähnen, [ɛ] (<elf>) vorne, aber weiter unten, [ʊ] (<um>) hinten im Rachenraum und die Zentralvokale [ə] (<alle>) und [ɐ] (<Kinder>) in der Mitte des Mundraums zu verorten.

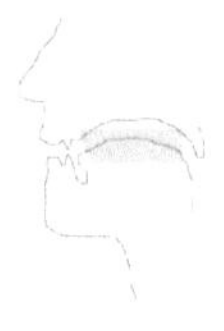

Abb. 2: Vokaltrapez, im Mundraum verortet

3 Welche Realisierungsvariante zwischen den schrägen Klammern für das Phonem steht, ist egal. Es darf jedoch nur eines der möglichen IPA-Zeichen als Phonemzeichen verwendet werden.

Bei den Doppelvokalen (Diphthongen) werden zwei Vokale aneinandergehängt. Bei [a^{i}] „wandert" z. B. der mittlere Zungenrücken nach oben. Auch der Öffnungsgrad des Mundes und die Klangfarbe ändern sich. Mit den vier Beschreibungskategorien *Artikulationsort*, *Zungenlage*, *Lippenöffnungsgrad* und *Klangfarbe* lassen sich die Vokale des Deutschen nach der Artikulation sortieren (s. Abb. 3).

	vorn ← Artikulationsort → hinten	
Hoch	/iː/ bieten /yː/ Hüte — Apfelmus /uː/	Geschlossen
	/ɪ/ bitten /ʏ/ Hütte — muss /ʊ/	
	/eː/ beten /øː/ Höhle — Sohlen /oː/	
↑ Zungenlage ↓	/ɛː/ Zähne — /ə/ dem Kinde — /ɐ/ Kinder	↑ Öffnungsgrad ↓
	/ɛ/ Betten /œ/ Hölle — sollen /ɔ/	
tief	haben /aː/ /a/ hatten	offen
	Hell ← Klangfarbe → dunkel	

Hinzu kommen die Diphthonge: /a^{ʊ}/ hauen /ɔ^{ɪ}/ heulen /a^{ɪ}/ heilen.

Abb. 3: Vokalphoneme des Deutschen (vgl. Bußmann 1983)

gespannt		ungespannt	
/iː/	Liebe, Tiger, ihm	/ɪ/	mit, Mitte
/yː/	trüb, Mühle	/ʏ/	Rüstung, Rüssel
/uː/	tun, Ruhm	/ʊ/	um, Kuss
/eː/	Segel, Mehl, Meere	/ɛ/	Feld, Kelle
/ɛː/	gären, Ähre		
/øː/	Öl, Möhre	/œ/	öfter, Löffel
/oː/	Lose, Ohren, Moore	/ɔ/	oft, Kartoffel
/aː/	Maß, Rahm, Saat	/a/	falten, Halle
/ai/	Eile, Mais	/ə/	Halle
/ɔi/	Eule, Äuglein	/ɐ/	Kinder, Motor
/au/	Haus		

Abb. 4: Verschriftungsvarianten der Vokalphoneme des Deutschen (ohne Fremdwörter)

Wenn man sich das Vokalsystem der deutschen Sprache ansieht, stellt man fest, dass das Deutsche insgesamt über 20 Vokalphoneme[4] verfügt. Dieser im Vergleich zu vielen anderen Sprachen wirklich großen Zahl stehen ohne Fremdwortgrapheme nur 12 Vokalgraphemen gegenüber: <a, e, i, o, u, ä, ö, ü, au, äu, eu, ei>. Auch wenn dem Zeicheninventar des Lateinischen bereits einige Zeichen hinzugefügt wurden, reichen diese immer noch nicht aus, um alle 20 Vokalphoneme abzubilden. Sieht man sich an, welche Schreibungen allein in ursprungs-deutschen Wörtern mit diesen 20 Vokalphonemen einhergehen (s. Abb. 4), stellt man fest: Es existieren – abgesehen von Groß- und Kleinbuchstaben – für viele Vokalphoneme mehrere Schreibweisen. Häufig werden mehrere Buchstaben miteinander kombiniert, um ein Vokalphonem in z. T. unterschiedlichen silbischen Umgebungen zu verschriften.

Konsonanten sind nach Artikulationsart und -ort leichter als Vokale wahrzunehmen und zu beschreiben. Man gruppiert sie in Verschlusslaute (Plosive), bei denen die Luft zunächst an einer Stelle im Mund aufgestaut wird und dann durch Öffnung an dieser Stelle mit hohem Druck entweicht (z. B. [p]), Reibelaute (Frikative), bei denen der Luftstrom durch eine artikulatorische Enge geführt wird (z. B. [f]), sodass die Luft verwirbelt wird, und Nasale, bei denen der Luftstrom durch die Nase entweicht (z. B. [m]). Weil bei [r] und [ʀ] die Verschlussstelle im Rachen bzw. am oberen Zahndamm mehrfach geöffnet und geschlossen wird, wird der Laut als Vibrant bezeichnet. Das Phonem /ʀ/ kommt aber auch in der vokalisierten Realisierungsform [ɐ] vor (z. B. am Ende des Wortes <Motor>). Beim Lateral [l] entweicht die Luft auf beiden Seiten der Zunge. Während Vibrant, Lateral und Nasal immer unter Beteiligung der Stimmbänder realisiert werden, was man mit den Fingern am Hals fühlen kann, werden bei Plosiven und Frikativen stimmhafte (mit Beteiligung der Stimmbänder) von stimmlosen (ohne deren Beteiligung) unterschieden.

Die Tabelle des Konsonantensystems ist dem Mundraum entsprechend von vorne nach hinten geordnet. Bei [p], [b] und [m] werden beide Lippen (bi-labial) aufeinandergelegt. [f] und [v] werden mithilfe der oberen Zahnreihe und der unteren Lippe (labio-dental) gebildet. Am weichen Gaumen sind [k], [g] und [ŋ] zu verorten.

Vergleichbar zu den Diphthongen gibt es feste Konsonantenverbindungen, die als Affrikaten bezeichnet werden ([ts] - <Zahn>, [tʃ] - <Matsch>, [pf] - <Kopf>).

4 Die Angabe der Anzahl der Vokalphoneme schwankt in der Literatur, weil sie von der jeweiligen phonologischen Theorie abhängt (s. dazu z. B. den Vergleich der Theorien von Maas und Eisenberg in Kap. 3).

Artikulationsstellen/ -organe		Oberlippe	obere Zähne	Zahndamm vorne	hinter Zahndamm	Backenzähne seitlich	weicher Gaumen	Rachen	Hals
Artikulationsart		Unterlippe		Zungenspitze/ Zungenseiten vorne		Zungenseiten mittig	Zungenwurzel	Zäpfchen	(Stimmritze)
a. Plosivlaute	stl.	/p/		/t/			/k/		/ʔ/
	sth.	/b/		/d/			/g/		
b. Reibelaute	stl.		/f/	/s/	/ʃ/	/ç —	—	x/	/h/
	sth.		/v/	/z/		/j/			
a. + b. Affrikaten		/pf/		/ts/	/tʃ/		/ks/		
c. Nasale		/m/		/n/			/ŋ/		
d. Liquiden	Lateral			/l/					
	Vibranten			/r —	—	—	—	ʀ/	

Abb. 5: Konsonantensystem des Deutschen

Wie bei den Vokalphonemen gibt es auch bei den Konsonantphonemen keine 1:1-Beziehungen zu den Graphemen. Allerdings ist die Vielzahl der Schreibungen nicht ganz so hoch:

/b/	bangen, Hieb [p]	/n/	nagen
/d/	Drang, Hund [t]	/p/	Platz
/f/	Fang, vier	/kv/	Qualle
/g/	Gaul, Sog [k]	/r, ʀ, ɐ/	Motor, Motoren
/h/	Hammer		
/j/	Jammer	/s/	Hast, hieß, hassen
/k/	klein	/z/	Blasen, blies [s]
/l/	lieb	/t/	tragen
/m/	Mehl	/v/	weinen
/ks/	Hexe, sechs	/ç, x/	ich, acht
/ŋ/	Fang, Bank	/ts/	Zahl
/ʃ/	Scholle, stieß, Spieß	/tʃ/	klatschen

Abb. 6: Verschriftungsvarianten der Konsonantenphoneme des Deutschen (ohne Fremdwörter)

Auch wenn das Grundprinzip also einer „lautabbildenden" (phonographischen) Schrift entspricht, ist offensichtlich keine 1:1-Zuordnung gegeben. Theoretisch wäre dies durchaus möglich, wie die Lautschrift zeigt. Allerdings würde das Schriftsystem in diesem Fall ausschließlich Realisierungsvarianten von Phonemen wiedergeben. Über die Lautung müssten größere Spracheinheiten „rekonstruiert" werden, um zur Sinnentnahme zu gelangen. Weil das Deutsche aber nicht nur über viele Vokalphoneme, sondern auch über eine Vielzahl von Varianten des Silben-, Wort- und Satzbaus verfügt, wäre diese Lösung wenig günstig für LeserInnen. Stattdessen haben sich im deutschen Schriftsystem weitere Prinzipien durchgesetzt, die u. a. auch silbische (s. Kap. 3), morphologische (s. Kap. 4) und syntaktische Strukturen (s. Kap. 5) anzeigen. Daher ist es m. E. nicht sinnvoll, eine Struktur herauszugreifen und das Deutsche als Silbenschrift zu bezeichnen. Genauso könnte man behaupten, das Deutsche sei eine Morphemschrift. Darüber hinaus steht in einer echten Silbenschrift für jede Silbe ein einziges Zeichen. Das wäre für das Deutsche sehr umständlich: Da es sehr viele silbische Kombinationsmöglichkeiten gibt, würde die Verwendung einer echten Silbenschrift zu einer großen Menge an Schriftzeichen führen.

Man kann also sagen, dass das Deutsche grundsätzlich eine Alphabetschrift ist, die jedoch weiteren Prinzipien folgt.

1.2 Didaktische Modellierung des phonographischen Prinzips

1.2.1 Anlauttabelle (Reichen)

Während lehrgangsorientierte Konzepte (traditionelle Fibeln) eine Graphem-Phonem-Zuordnung nach der anderen einführen, setzt das Konzept „Lesen durch Schreiben" von Reichen (1988[3]) am eigenständigen Zugang zum phonographischen Prinzip an. Mithilfe von abgebildeten Wörtern, deren Anlaute den zuzuordnenden Graphemen entsprechen, erhalten die Lernenden von Anfang an Zugang zu allen Graphem-Phonem-Korrespondenzen (GPK). Wenn man als LernerIn auf diese Weise z. B. /ʃtu:l/ schreiben möchte, durchgliedert man nach und nach das zu schreibende Wort und sucht die Grapheme über die Anlaute der abgebildeten Wörter: /ʃe:ʀə/ - <Sch> oder <sch>, /tasə/ - <T> oder <t>, /u:ɐ/ - <U> oder <u>, /lu:pə/ - <L> oder <l>. Möglicherweise sieht man im unteren Kasten früh genug, dass /ʃtu:l/ mit <St> oder <st> abgebildet werden kann. So kommt man nach und nach z. B. zur Schreibung *<SCHTUL/Schtul/schtul> oder *<STUL/Stul/stul>. Die Herausforderungen werden anhand von Abb. 7 sichtbar.

Die Lernenden müssen das Wort, das sie verschriftlichen wollen, also bereits durchgliedern können. Wie oben beschrieben, ist dies eine der wesentlichen Herausforderungen beim Alphabetschrifterwerb. Lernende, die gute Voraussetzungen mitbringen, schaffen das in der Regel. Manche SchülerInnen mühen sich aber genau an dieser Stufe mit mäßigem Erfolg ab.

Um eine Anlauttabelle nutzen zu können, muss man wissen, welches Bild für welches Wort steht. Als Lehrkraft darf man also nicht versäumen, diese Bild-Wort-Zuordnung im Unterricht einzuführen, da 1:1-Zuordnungen von Bildern und Bezeichnungen nicht möglich sind. Mehrsprachige Lernende mit wenig Wortschatz im Deutschen müssen das abgebildete Wort außerdem kennen(lernen) und dürfen nicht das Wort der eigenen

Erstsprache assoziieren – das führt in den meisten Fällen zum unpassenden Anlaut (z. B. /k/ für <T, t> wegen /kap/-<cup> statt /tasə/-<Tasse>).

Abb. 7: Anlauttabelle (Reichen 2002)

Der Weg vom zu schreibenden Wort über den segmentierten Einzellaut über das Bild zu einem anderen Wort, dessen Anlaut segmentiert werden muss, bis hin zum fremden Schriftzeichen ist ausgesprochen mühsam: Wenn man /mu:t/ schreiben will, muss man zunächst den Anlaut /m/ segmentieren. Dann ist ein Bild zu finden, dessen korrespondierendes Wort mit /m/ beginnt. In diesem Fall ist es das Bild einer Maus. Neben dem Bild finden sich die Zeichen <m M>. Man wählt eines davon und „malt“ das Zeichen ab. Dieser komplexe Vorgang muss anfangs für jeden Laut eines Wortes einzeln durchgeführt werden.

In reinen „Anlaut“-Tabellen fehlen die Laute, die nicht im Anlaut vorkommen. Das ist in der abgebildeten Anlauttabelle nur bei /s/ der Fall. Dagegen sind /ç, x/-<ch> und /ŋ/-<ng> im abgedruckten Beispiel glücklicherweise als Auslaute enthalten.

In der Regel – so muss man leider sagen – fehlen bei Lauttabellen einige Vokalphoneme. In diesem Fall fehlen /ɛ:, ə, ʏ, œ, ɐ/ sowie das Vokalgraphem <Äu, äu>. <Y, y> ist als Fremdgraphem sinnvollerweise auszunehmen. Dasselbe würde für das hier aufgenommene <C, c> gelten. Bei den Konsonantphonemen fehlt /ŋk/, bei den Konsonantgraphemen fehlen <ß, nk, Pf, pf, Qu, qu>.

Anlauttabellen – egal welchen Gütegrades – können im Deutschen nie zu orthographisch korrektem Schreiben führen, da ausschließlich das phonographische Prinzip abgebildet ist. Bei Mehrfachlösungen (z. B. <Ä, ä> und <E, e> oder <scht> und <st>) können die Lernenden nicht ohne weitere Regelkenntnis entscheiden, welche Lösung richtig ist.

Mithilfe der Anlautmethode lernen die SchülerInnen zunächst nur zu schreiben. Sie können ihre geschriebenen Wörter oder Texte anfangs nicht selbst (vor)lesen. Erst wenn die Zuordnungswege so oft bearbeitet wurden, dass sie automatisiert sind, funktioniert der Weg auch umgekehrt: vom Schriftzeichen zum Laut. Deshalb hat Reichen seine Methode „Lesen durch Schreiben“ genannt.

Die aufgeführten Probleme sollten aber keineswegs zur Annahme verleiten, dass Anlauttabellen nicht genutzt werden dürften, weil sie schaden könnten. Die Lernenden brauchen einen Zugriff auf das phonographische Prinzip und müssen die Graphem-Phonem-Zuordnungen erwerben. Sie dürfen allerdings nicht in dem Glauben gelassen werden, die Schreibnorm sei unbedeutend. Orthographie als gesellschaftliche Verpflichtung sollte entweder von Beginn an integriert (ein entsprechender Vorschlag findet sich in Kap. 3) oder zumindest immer wieder thematisiert werden. Bei jüngeren LernerInnen kann dafür z. B. der Ausdruck „Bücherschrift“ verwendet werden.

Nutzen Sie die Hörtabelle (s. 1.2.3), um die von Ihnen verwendete Anlauttabelle zu kontrollieren und zu korrigieren. Vereindeutigen Sie die Bild-Wort-Zuordnung im Unterricht und unterstützen Sie Ihre SchülerInnen bei Bedarf beim Durchgliedern, beim Erwerb der Graphem-Phonem-Kompetenzen sowie in der Schreibmotorik, anstatt auf „Selbstheilungskräfte“ zu vertrauen.

1.2.2 Lauttabelle (Riegler)

Riegler (2010: 60) schlägt alternativ eine Lauttabelle vor, um auch die Laute zu erfassen, die nicht im Anlaut vorkommen. Sie sortiert die Lauttabelle nach Vokal- und Konsonantgraphemen und beschränkt sich auf die Großbuchstaben (Majuskeln). Die Phoneme /ɐ, pf, kv, ŋk/ und die Grapheme <-ER, PF, QU, NK, V, ÄU> sind nicht enthalten. /z/ ist zweimal abgebildet (<Hose> und <Sonne>). Vorteilhaft ist, dass einer der beiden Reduktionsvokale /ə/ enthalten und /i:/ regelhaft als <ie> abgebildet ist.

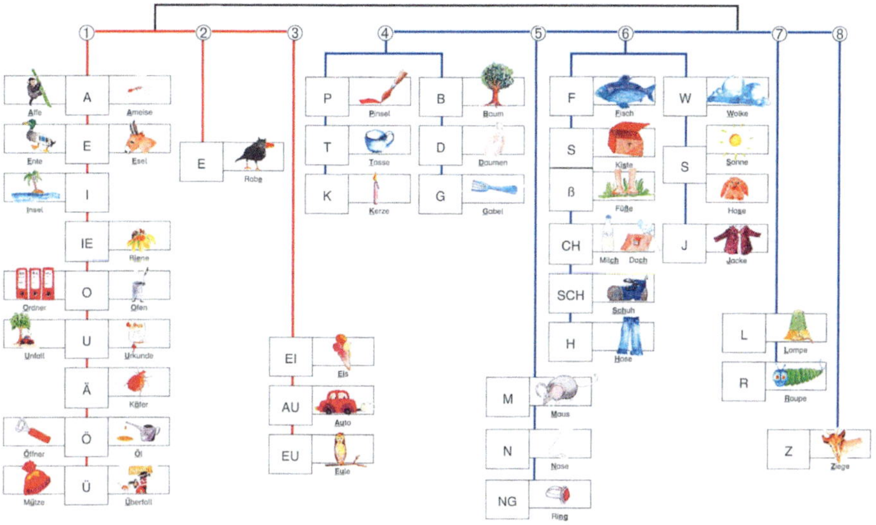

Abb. 8: Lauttabelle von Riegler (2010: 60)

Bei den Vokalgraphemen unterscheidet Riegler die Grapheme des Reduktionsvokals /ə/ und der Diphthonge von den anderen Vokalgraphemen, deren Korrespondenz nach gespannten/langen (links) und ungespannten/kurzen (rechts) Vokalphonemen geordnet ist. Die Konsonantgrapheme sind nach Artikulationsart sortiert: nach Plosiven, Nasalen, Frikativen und nur einer der Affrikaten sowie nach stimmlos und stimmhaft. Letzteres ist einleuchtend und für die Anbahnung der morphologischen Schreibung von Auslautverhärtungen (s. Kap. 4) sinnvoll. Inwiefern die linguistische Unterscheidung von Plosiven, Nasalen, Frikativen und Affrikaten den Erwerbsprozess unterstützt, müsste theoretisch und empirisch geklärt werden. M. E. didaktisch interessanter als die Artikulationsart erscheint eine Sortierung nach Artikulationsort (s. 1.2.3).

1.2.3 Hörtabelle

In der „Hörtabelle" (https://www.ph-heidelberg.de/hoertabelle.html) werden die aufgeführten Probleme bearbeitet:

Alle Phoneme und Grapheme des Deutschen sind enthalten. Fremdgrapheme wurden nicht berücksichtigt, da sie für den beginnenden Schrifterwerb im Deutschen nicht bedeutsam und sogar hinderlich sind: Die Graphem-Phonem-Beziehungen würden deutlich umfangreicher, weil Fremdwort- und Eigennamenschreibungen aus unterschiedlichen Sprachen zu berücksichtigen wären. Kinder mit anderer Erstschrift könnten geneigt sein, ihnen bekannte, für das Deutsche untypische Graphem-Phonem-Beziehungen vorzuziehen.

Die Trennung in eine Vokal- und eine Konsonantentabelle ermöglicht die Unterscheidung von gespannten und ungespannten Vokalen wie bei Riegler. Die Ordnung der Konsonantgrapheme folgt zwar auch dem Kriterium der Stimmhaftigkeit, anders als bei Riegler wird aber nicht die Artikulationsart, sondern der Artikulationsort abgebildet, um die Aussprachetestung und -schulung zu unterstützen. Artikulationsbewusste LernerInnen können diese Angaben für die Suche nutzen, artikulationsunbewusste sensibler für die phonetischen Unterschiede der Laute werden.

Der umständliche Umweg über die Anlaute von abgebildeten Wörtern, der die Sinnentnahme bzw. Formulierungsplanung stark behindert, wird durch Hörpunkte überflüssig: Mittels eines Hörstiftes (s. Fußnote 5) können Grapheme abgehört werden, bis der passende Laut gefunden ist. Zu hören ist nicht nur der Laut, sondern auch jeweils ein Beispielwort, dessen Bedeutung für Deutschlernende mit geringem Wortschatz auf einer Overlay-Folie abgebildet ist, um die Grafiken nicht zu überfrachten. Auf einer weiteren Overlay-Folie für die Vokal-Tabelle sind die Lippenbilder zugeordnet, die sowohl ggf. für das Aussprachetraining als auch für silbische Schreibungen (s. Kap. 3) bedeutsam sind.

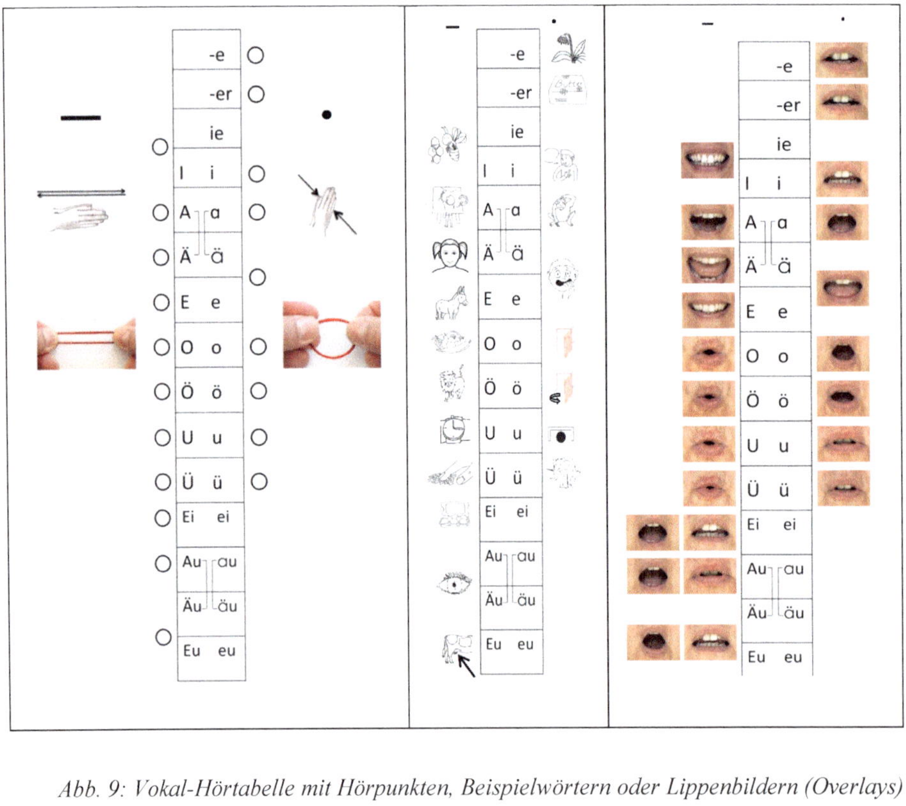

Abb. 9: Vokal-Hörtabelle mit Hörpunkten, Beispielwörtern oder Lippenbildern (Overlays)

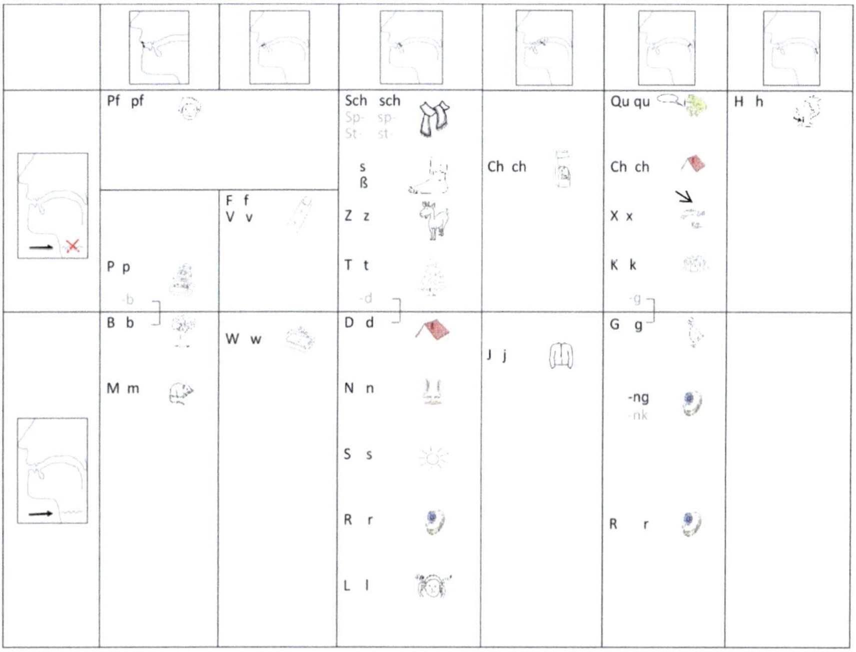

Abb. 10: Konsonanten-Hörtabelle mit Beispielwörtern (Overlay)

Die Verwendung der Hörtabelle passt sich aufgrund der unübersichtlichen Vielzahl an Graphem-Phonem-Zuordnungen durch Overlays den individuellen Voraussetzungen der Lernenden an:

Langsam Lernende ohne Alphabetschriftkenntnisse erarbeiten sich die Hörtabelle sukzessive: Auf einem Overlay sind die Grapheme eingekreist, auf deren Zuordnung schon erfolgreich zugegriffen wird. Da auf diese Weise zunächst nur wenige, kurze, orthographisch nicht oder kaum markierte Wörter geschrieben und gelesen werden können, wird Kontext z. B. über die Bilderschrift (s. 1.4.3) hergestellt. Eine Anbindung an die Segmentierungsmaterialien zur Förderung „phonologischer Bewusstheit" (s. 1.3.2) stellt den Bezug zwischen Lautsegmentierung und Lautverschriftung her. Der potenzielle Zugang zu allen Graphem-Phonem-Zuordnungen ist für entdeckendes Lernen dennoch gegeben. Um individuelles entdeckendes Lernen zu unterstützen, wird derzeit ein Hör-Lese-Schreibbuch mit „Silbengedichten" entwickelt (s. Kap. 3.4).

Lernende mit viel Schriftwissen oder vorhandener Alphabetschriftkompetenz aus einer anderen Sprache können von Anfang an den Zugang zur gesamten Hörtabelle für sich nutzen.

Lernende mit vorhandener Alphabetschriftkompetenz in lateinischen oder latein-verwandten Schriftsystemen sehen per kontrastivem Overlay, welche der ihnen bekannten Grapheme im Deutschen gleich oder anders zugeordnet werden (s. Kap. 1.4.2).

Mittels Hörtabelle kann man nicht nur den GPK-Erwerb mit der Förderung „phonologischer Bewusstheit" verzahnen, sondern über das Instrument „Silbenkette" auch GPK-Erwerb und die Vermittlung silbischer und morphologischer Schreibungen verknüpfen (s. Kap. 3 und 4). Auf diese Weise kann jede Lehrkraft selbst entscheiden, ob sie den Schrifterwerbsbeginn mit den Graphem-Phonem-Zuordnungen allein oder im Zusammenhang mit silbischen und morphologischen Strukturen gestalten möchte. Die Ansätze unterscheiden sich dann nicht in den verwendeten Instrumenten, sondern nur in der Reihenfolge ihres Einsatzes.

Die Hörtabelle muss nicht in dieser Form im Unterricht eingesetzt werden. Sie kann auch nur zur Überprüfung und Überarbeitung einer anderen, präferierten Anlauttabelle genutzt werden, die nachträglich mit Hörpunkten ausgestattet wird. Die Audios unter http://www.ph-heidelberg.de/hoertabelle.html dienen Ihnen als Vorlage für die Überprüfung.

Da die Darstellung und Diskussion möglicher Übergänge vom phonographischen zum silbischen Prinzip silbenbezogenes linguistisches Wissen voraussetzt, werden die Ausführungen dazu an Kapitel 3 angebunden.

1.3 Phonologische Bewusstheit I: Testung und Förderung von sogenannten „Vorläuferfähigkeiten"

Um das alphabetische Prinzip zu erwerben, muss man lernen, Wörter in Laute zu zerlegen. Um diese Kompetenz anzubahnen und Kindern den Einstieg in den Schrifterwerb zu erleichtern, beginnt man in Vorschultrainingsprogrammen mit dem Erkennen von Reimen und der Segmentierung von Wörtern in Silben gefolgt vom Erkennen von An- und später auch von Auslauten. Damit nähert man sich ausgehend von größeren Klang- und Sprecheinheiten der Wortsegmentierung in Laute an. Bis heute widersprechen sich Studien, die entweder be- oder widerlegen, dass diese Fähigkeiten, die unter dem Label „Phonologische Bewusstheit" thematisiert werden, Voraussetzung für einen erfolgreichen Schrifterwerb sind. Ausgangspunkt der vorschulischen Förderung ist die Hoffnung, man könne sogenannte „Risikokinder", die sich mit dem Schrifterwerb schwertun werden, bereits vor Beginn des Schrifterwerbs identifizieren und fördern, sodass sie mit ähnlichen Voraussetzungen starten wie Kinder, denen der Schrifterwerb aufgrund ihrer Schriftvorerfahrungen weniger schwerfällt. Hier ergeben sich mehrere Probleme: Zum einen kann diese Art „phonologischer Bewusstheit" auch durch die Auseinandersetzung mit einer Alphabetschrift, also über die Schriftzeichen selbst erst entstehen – es handelt sich also nicht um eine Fähigkeit, die eine notwendige Voraussetzung für den Schrifterwerb darstellt, ohne die ein erfolgreicher Erwerb nicht möglich wäre (vgl. Val-tin 2010, 2011). Zum anderen profitieren vor allem Nicht-Risikokinder von der Förderung (vgl. z. B. Hatz 2015). Diese verfügen drittens häufig über weitere schrifterwerbsrelevante Kompetenzen: Sie kennen die Funktion von Geschriebenem, zeigen Interesse am

Vorlesen und fangen früh an, Schrift zu imitieren. Dieser weite Blick auf Schriftvorerfahrungen wird mit dem Ausdruck „early literacy“ erfasst (ausführlich dazu Sauerborn 2015).

In den Test- und Fördermaterialien zur „Phonologischen Bewusstheit“ finden sich leider sehr häufig Fehler, die auf eine mangelnde Berücksichtigung der linguistischen Grundlagen schließen lassen (vgl. Berkemeier/Drinhaus 2014: 310 ff.): Wenn in einem Domino <Esel> und <Ente> aufgrund des Anlautes ein Paar bilden sollen, zeigt dies, dass die Test- bzw. MaterialentwicklerInnen wahrscheinlich vom Schriftbild (das die Kinder noch gar nicht kennen) ausgegangen sind: Zwar fangen beide Wörter mit demselben Buchstaben, aber mit unterschiedlichen Phonemen an: /e:/ und /ɛ/ (vgl. das Minimalpaar /ˈke:lə/-<Kehle> vs. /ˈkɛlə/-<Kelle>). Ein phonologisch bewusstes Kind wird diesen Punkt in der Testung nicht erlangen können.

Auch ist die Identifikation von Inlauten – eine häufige Übung – problematisch: Während An- und Auslaut die Ränder eines Wortes betreffen, enthalten die meisten Wörter des Deutschen mehr als einen Inlaut. Statt also zu früh nach einem Laut „irgendwo“ in einem Lautkontinuum suchen zu lassen, erscheint es sinnvoller, den Inlaut zunächst in phonologisch einfachen einsilbigen Wörtern (/bal/, /ast/) oder in Erstsilben von Trochäen (/ˈkɪn dɐ/, s. Kap. 3) finden zu lassen.

1.3.1 Segmentierungsanbahnung: Reime, Silben und Silbenanzahl

Didaktisch stellt sich nach dem Schuleintritt nicht mehr die Frage, ob man Kinder mit zu erwartenden Schrifterwerbsproblemen prophylaktisch identifizieren und fördern kann. Gegenüber Vorschulkindern, die weitgehend ohne Bezug auf Schrift an „phonologischer Bewusstheit“ arbeiten, ist für Schulkinder durch Unterrichtskontext und fortgeschrittenere MitschülerInnen klar erkennbar, mit welchem Ziel sie Teilkompetenzen trainieren. In der Regel wird man noch nicht vorhandene Segmentierungsfähigkeiten an geschriebenen Wörtern üben. Lediglich bei Überforderung kann es sinnvoll sein, **ergänzend** auch schriftunabhängig an Segmentierungsaufgaben zu arbeiten. Ein Hör- und Diktierstift[5] ermöglicht Übungen, in denen sich Lernende auf eine Teilkompetenz konzentrieren und die Wiederholungsfrequenz des Abhörens selbst steuern können. Die Basisübungen betreffen Kompetenzen, die eine erste Anbahnung durch die Orientierung auf Reime und Silben als klangliche Merkmale von Wörtern unterstützen.

Fällt es Lernenden noch schwer, ihre Aufmerksamkeit überhaupt auf den Klang von Wörtern zu richten, kann das Erkennen von **Reimen** dadurch geübt und getestet werden, dass Bild-Hör-Karten nach Reimen sortiert werden. Alternativ können auch ein- oder zweisilbige Wörter aussortiert werden, die sich nicht mit den anderen reimen. Gelingt es den Übenden nicht, Bildkarten mit gleich endenden Wörtern aufeinanderzulegen, werden die Wörter nochmal von der Lehrkraft vorgesprochen und die Übenden schauen

[5] z. B. Anybookreader (https://anybookreader.de)

dabei auf ihren Mund. Alternativ hören die Kinder die Bildkarten nochmal ab, wiederholen die Wörter und schauen dabei in einen Spiegel: Die Reimwörter hören sich nicht nur am Ende gleich an, auch die Mundbewegungen sind am Ende der Wörter gleich. Bei dieser Übung geht es darum, Lautung bewusst wahrzunehmen.

Die Zuordnung der richtigen Bildkarten zu einer Hörpunktkarte, auf die ein Zweisilber mit Pause zwischen den Silben aufgesprochen ist, ermöglicht Lernenden, sich der Silbensegmentierung und den klanglichen Veränderungen der **silbischen Sprechweise** rezeptiv zu nähern.

Mit derselben Hörpunktkarte kann auch das **Silbenschwingen** eingeführt werden. Silbenschwingen ist dem Silbenklatschen vorzuziehen, weil die Schwungbewegung die zu- und ggf. abnehmende Schallfülle vor und ggf. nach dem Vokal besser symbolisiert. Dabei geht es nicht darum, die Silbengrenze genau zu identifizieren, wie es für silbische Schreibungen notwendig ist (s. Kap. 3) - das geht mit dem Silbenschwingen nicht. Das Silbenschwingen dient lediglich der Identifizierung der **Silbenanzahl** bei expliziter Lautung (s. Kap. 3.2.1).

Die Sortierung von Bild-Hör-Karten nach Silbenanzahl in eine Tabelle trainiert das **Segmentieren von ein-, zwei- und dreisilbigen Wörtern in Silben**. Eine Bildkarte wird abgehört, die Silben werden beim Nachsprechen geschwungen und die Bildkarte wird nach Anzahl der Silbenbögen sortiert abgelegt. Gelingt dies nicht, werden das falsche und das richtige Wort zum Vergleich von der Lehrkraft oder einem fortgeschritteneren Kind nacheinander silbisch gesprochen und silbenschwingend begleitet.

1.3.2 Lautbezogene Segmentierung: Lautanzahl, -synthetisierung und -auswahl

Während es zum Bestimmen von Reimwörtern, An- und Auslauten viele Materialien gibt, fehlen solche für den schwierigsten Schritt beim Erwerb eines Alphabetschriftsystems: Hilfen für das vollständige Durchgliedern von Wörtern.

Die Sortierung von Bild-Hör-Karten nach Lautanzahl in eine Tabelle trainiert das **Durchgliedern** von ein- oder zweisilbigen Wörtern mit insgesamt 3 oder 4 Lauten (z. B. Ton, Hase). Achtung: Es geht hierbei nur um die Lautung (<Rock> hat beispielsweise 3 Laute). Diphthonge werden als ein Laut gerechnet (<drei>).

Für **Synthetisierung**sübungen werden Einzellaute auf Hörpunktkarten abgehört, zu einem Wort zusammengezogen und dem passenden Bild zugeordnet.

Die nächste Schwierigkeitsstufe besteht in der sukzessiven **Identifizierung von Lauten** kurzer Wörter (z. B. <Tal>). Eine Bild-Hör-Karte wird abgehört. Auf einer Hörpunktkarte stehen auf einer Zusatzkarte für jede Stelle im Wort zwei Laute zur Auswahl (z. B. /t/, /b/ - /a/, /u/ - /l/, /k/). Auf den passenden Hörpunkt wird ein Knopf gelegt.

Alternativ lassen sich alle Übungen auch mit einfachen Zweisilbern realisieren, wenn man von Anfang an silbisch arbeiten möchte.

1.4 Berücksichtigung von Mehrsprachigkeit

Die folgenden Ausführungen sind besonders bedeutsam für mehrsprachige Lernende, die neben dem deutschen Schriftsystem auch das deutsche Sprachsystem noch erwerben bzw. ausbauen. Allerdings sind die Hinweise auch bei Lernenden mit Deutsch als Muttersprache hilfreich, wenn Ausspracheschwierigkeiten vorliegen. Das kann bei innerer Mehrsprachigkeit (Standard und Dialekt) ebenso der Fall sein wie bei Einschränkungen, die mit mehr oder weniger ausgeprägten Ausspracheauffälligkeiten einhergehen (Lernende mit Logopädie- oder Sprachheilbedarf, Lernende mit aussprachebedeutsamen Formen von Körperbehinderung, Hörgeschädigte, Lernende mit Förderbedarf im Bereich der geistigen Entwicklung). Ausspracheschulung ist nur individuell oder in homogenen Kleinstgruppen und nicht im Frontalunterricht möglich, weil individuelle, sehr genaue Rückmeldungen im direkten Wechsel mit neuen Artikulationsversuchen nötig sind. Im herkömmlichen Unterrichtsalltag werden Sie kaum Zeit dafür finden. Sinnvoll ist, sich immer wieder in kurzen individualisierten Arbeitsphasen die Zeit dafür zu nehmen.

1.4.1 Auswirkungen nicht-deutscher oder dialektaler Phonemsysteme und Laute auf Aussprache und Schreibung

Anhand weniger Beispiele wird nun verdeutlicht, inwiefern Unterschiede von Phonemsystemen verschiedener Sprachen zu Schreibschwierigkeiten führen können, wenn Ausspracheprobleme nicht bearbeitet werden. Zunächst gilt grundsätzlich: Wörter, deren Schreibung nicht bekannt ist, können – abgesehen von orthographischen Markierungen – nur richtig verschriftlicht werden, wenn sie richtig gehört bzw. ausgesprochen werden oder auswendiggelernt wurden. Dieser Hinweis ist wichtig, weil Schreibfehler, die auf Aussprache- und Hörfehlern beruhen, effektiv nur mit Artikulations- und Hördiskriminationsübungen bearbeitet werden können – kaum mithilfe schriftlicher Übungen (s. dazu auch Kap. 3.5).

Da die Vokalgespanntheit in vielen Sprachen nicht bedeutungsunterscheidend ist und in vielen Sprachen wesentlich weniger Vokale benutzt werden als im Deutschen, kommt es im Hinblick auf die **Vokalvielfalt** des Deutschen oft zu Ausspracheschwierigkeiten, die zu Verständigungsproblemen führen können. Natürlich ist es sinnvoll, auch isoliert an der Artikulation einzelner Laute zu arbeiten, weil das leichter ist, als einen noch zu übenden Einzellaut in Verbindung mit anderen Lauten zu sprechen. Erst die Arbeit mit Minimalpaaren, also Kontrastwörtern wie /ʃi:f/ (<schief>) und /ʃif/ (<Schiff>), macht Lernenden aber deutlich, warum die genaue Artikulation wichtig ist: Artikulatorische Unterschiede gehen in bestimmten Fällen mit unterschiedlichen Bedeutungen einher. Laute sollten bei Bedarf also sowohl einzeln als auch im Verbund geübt werden. Grundsätzlich ist es bei Ausspracheübungen sinnvoll, von gelingenden ähnlich gebildeten Lauten auszugehen, um sich von dort aus an den zu übenden Laut heranzutasten.

Im Hinblick auf die **Vokale** ist es beispielsweise für viele Lernende mit polnischer Erstsprache schwierig, [øː] mit **gerundeten** Lippen auszusprechen. Sie ersetzen den Laut durch [eː], also durch einen Laut, der zwar an derselben Stelle, aber mit **entrundeten** Lippen gebildet wird. Das ist verständigungserschwerend, weil z. B. /beːzən/ (<Besen>) etwas anderes bedeutet als /bøːzən/ (<Bösen> oder <bösen>). [øː] gelingt, wenn [eː] gesprochen wird und die Lippen während anhaltender Artikulation **nach vorne geschoben** werden. Probieren Sie das jetzt bitte selbst aus. Auf die gleiche Weise kommt man von [iː] (<Kiel>) zu [yː] (<kühl>). Probieren Sie auch das bitte jetzt aus. Man gelangt also über Beibehaltung der schwer beschreibbaren Artikulationsstelle und Veränderung der gut sichtbaren Lippenform zur richtigen Aussprache. Bevor dies automatisch gelingt, muss diese „mund-gymnastische" Übung oft wiederholt werden, bis sich die Artikulationswerkzeuge daran gewöhnt haben, den „neuen" Artikulationsort bzw. die „neue" Artikulationsart auf Anhieb zu realisieren.

Wenn das **gespannte** Pendant zu einem **ungespannten** Vokal nicht realisiert wird und jemand z. B. [ʃɪf] (<Schiff>) statt [ʃiːf] (<schief>) spricht, übt man die Aussprache mithilfe von **Lippenbildern** und dem **kontrollierenden Fühlen** der Gespanntheit an den Lippen bei /oː, øː, uː, yː/ oder den Wangen bei /iː, eː/ (s. Abb. 9). Während man Spannung und Lippenrundung von außen nämlich relativ gut wahrnehmen und kontrollieren kann, ist die Beschreibung z. B. von Zungenlage und -spannung ausgesprochen schwierig: Im Gegensatz zu den Konsonanten liegt hier keine gut lokalisier- und beschreibbare Verschluss- oder Engebildung vor.

Die Unterscheidung von gespannten Langvokalen und ungespannten Kurzvokalen durch Erfühlen der Spannung an Lippen oder Wangen kann durch sprechbegleitende Streich- oder Punktbewegungen (s. Abb. 11) ergänzt werden. Die Differenzierung dieser beiden Vokalgruppen ist nicht nur artikulatorisch, sondern auch orthographisch von hoher Relevanz ist (s. Kap. 3). Wenn sie produktiv gelingt, folgen Übungen zur rezeptiven Differenzierung: Die Lernenden ordnen Bild-Hörkarten den Bewegungs- und/oder Gespanntheitsicons zu:

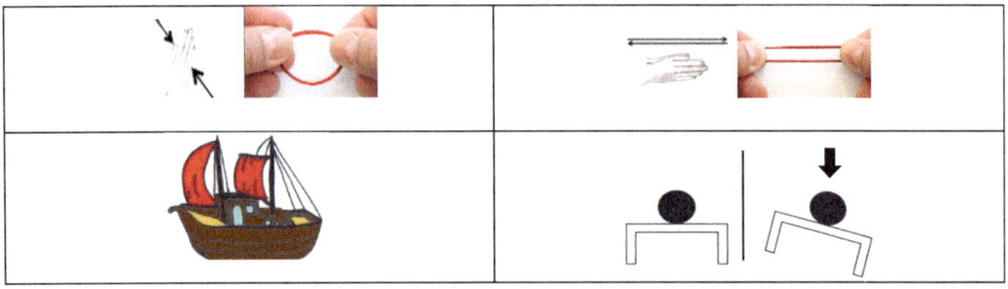

Abb. 11: Zuordnungsübung: ungepannte/gespannte Stammvokale

Bei den **Konsonanten** hilft es, die Artikulationsstelle und die Zungenstellung zu beschreiben. Zu diesem Zweck kann man die Grafiken der beteiligten Sprechwerkzeuge in der Konsonanten-Hörtabelle hinzuziehen. Sehr vielen SprecherInnen mit Deutsch als Zweitsprache fällt z. B. die Aussprache von [ç] schwer. Viele ersetzen den Laut durch [ʃ] ([iʃ] statt [iç] für <ich>.) Der Unterschied zwischen beiden Lauten besteht darin, dass die Verengung, die den Luftstrom beeinflusst, vorne durch die Zungenspitze oder am mittleren Gaumen durch den mittleren Zungenrücken herbeigeführt wird. Zu üben ist also, die Zungenspitze nach unten zu beugen, damit der mittlere Zungenrücken näher zum mittleren Gaumen geführt werden kann. Man kann auch von der vorderen /k/-Variante ausgehen, die gesprochen wird, wenn /i:/ folgt wie in /ˈki:fɐ/ (<Kiefer>). An dieser Stelle wird dann kein Verschluss, sondern nur eine Enge gebildet: [ç] entsteht.

In den süddeutschen Varianten des Deutschen wird stimmhaftes /z/ als stimmloses [s] realisiert. Damit fallen /s/ und /z/ zusammen, obwohl der Unterschied bedeutungsunterscheidend ist: /ˈfli:zən/ (<fliesen>) vs. /ˈfli:sən/ (<fließen>). Wenn dieser Unterschied auditiv und artikulatorisch nicht realisiert werden kann, bleibt Lernenden nur das Auswendiglernen, um sich zwischen zwei Vokalen für <s> oder <ß> zu entscheiden. Da es sich bei der /z/-/s/-Schreibung um eine komplexe Überlagerung von phonographischem (<s, ß>), silbischem (<s, ss, ß> und wortbaubezogenen Prinzip (<s>: Auslautverhärtung) handelt, kann sich die Unsicherheit zusätzlich verstärken. Dies spricht m. E. für eine Bewusstmachung der Standardlautung bei SprecherInnen süddeutscher Varietäten.

Je nach Art der Lautung sind verschiedene Hilfsmittel bei der Ausspracheschulung sinnvoll: Mundbilder und die Verwendung eines Spiegels können bei der Aussprache helfen, sofern Lippen oder Lippen und Zähne oder die Zunge sichtbar artikulatorisch beteiligt sind. Für nicht-sichtbare Zungenstellungen sind dagegen Sprechwerkzeugsgrafiken nützlich. Um Luftströme sichtbar zu machen, eignet sich eine vor den Mund gehaltene Hand oder Feder. Stimmhaftigkeit, also die Beteiligung der Stimmlippen, erfühlt man am Kehlkopf. Für das Rachen-r [ʀ] kann Gurgeln mit Wasser helfen, um die richtige Artikulationsstelle und das intermittierende Anschlagen der Zunge an den Gaumen bewusst zu machen.

Das Rechtschreibbilderbuch „Silbenklänge“ (Berkemeier/El Salamoni i. V.) eignet sich für die Ausspracheüberprüfung und für das Aussprachetraining: Alle Phoneme des Deutschen sind enthalten, die Hörpunkte ermöglichen einen standardsprachlichen Input und das Nachsprechen unabhängig von der Lesekompetenz.

1.4.2 Auswirkungen von Schriftvorerfahrungen auf den Zweitschrifterwerb: Schriftvergleich und Sichtwortschatz (Schulte-Bunert)

Lernende, die bereits eine Schrift beherrschen, sollten unbedingt von ihrer vorhandenen Erstschrifterfahrung profitieren. Das funktioniert am besten, wenn nicht mit einem Lehrgang, sondern mit individuell zusammengestellten Wörtern und Sätzen gearbeitet wird. Nur dann hat man die Möglichkeit, die ggf. bereits bekannten und transferierbaren Graphem-Phonem-Zuordnungen an den Anfang zu setzen und von dort aus weitere Korrespondenzen zu erarbeiten. Je näher verwandt das Erstschriftsystem mit dem Deutschen ist, desto schneller gelingt der GPK-Erwerb. Aber auch wenn nur wenige (z. B. beim Russischen) oder gar keine (z. B. beim Arabischen) Korrespondenzen übertragbar sind, haben AlphabetschriftbenutzerInnen den Vorteil, das phonographische Prinzip bereits erworben zu haben. VerwenderInnen einer Silben- (z. B. Japanisch) oder Bedeutungsschrift (z. B. Chinesisch) müssen dagegen noch lernen, wie man Silben in Laute segmentiert.

Mittels Overlay-Folien zur Hörtabelle können Phonem- und Graphemsysteme anderer Sprachen mit dem Deutschen verglichen werden, um ggf. vorhandene Vorerfahrungen zu nutzen: Grün markierte Hörpunkte zeigen, dass diese Laute der Erstsprache mit dem Deutschen übereinstimmen. Sofern es keine logopädisch begründeten Probleme gibt, werden sie auch im Deutschen problemlos artikuliert werden. Grüne Grapheme zeigen an, dass diese Zeichen in der ggf. vorhandenen Erstschrift denselben Phonemen zugeordnet werden. Wörter, die sich aus grün markierten Graphemen zusammensetzen, können – mit Ausnahme orthographischer Markierungen – von Lernenden mit entsprechenden Erstschriftkenntnissen sofort gelesen werden, auch wenn sie die Wörter und ihre Bedeutung nicht kennen. Bei der Zweitschriftvermittlung ist es also sinnvoll, von grün markierten Graphemen auszugehen. Rot markierte Grapheme gehören dagegen zu den „falschen Freunden“: Sie sehen zwar (fast) wie im Deutschen aus, korrespondieren in der Erstschrift aber mit anderen Phonemen (z. B. steht <H> im Russischen für /n/, im Neugriechischen für /i/ und im Deutschen bekanntlich für /h/).

Entsprechend zeigt sich in folgendem Beleg, dass „falsche Freunde“ anfangs leicht zu Fehlschreibungen führen können:

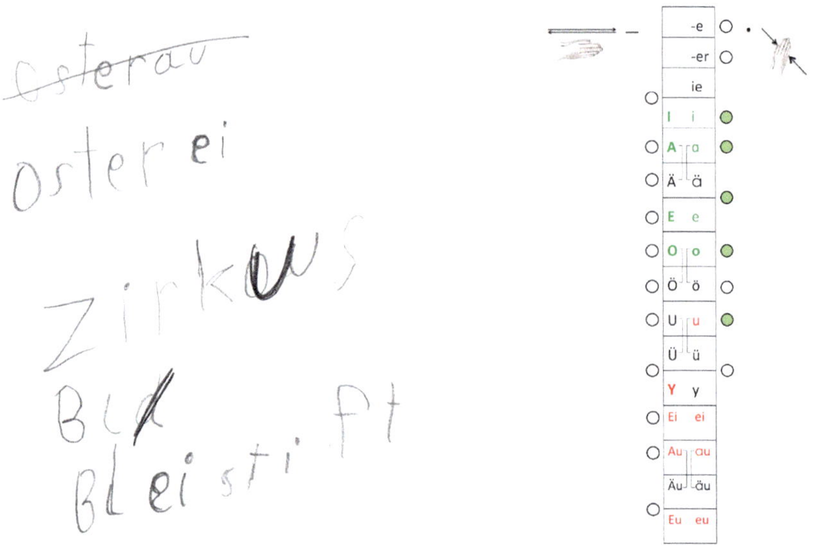

Abb. 12: Beispiele für Graphem-Phonem-Interferenzen (Neugriechisch - Deutsch)

Die in der kontrastiven Hörtabelle markierten Verwechslungsgefahren führen im abgebildeten Fall zu tatsächlichen Fehlschreibungen des bilingualen, im Neugriechischen bereits alphabetisierten Erstklasskindes: Zunächst wird <Osterei> phonetisch mit

*<αυ> verschriftet, wobei <υ> im Neugriechischen für /i/ steht. Im zweiten Versuch wird <e> aufgrund der Formähnlichkeit durch das neugriechischen <ε> ersetzt. Dasselbe passiert bei <Bleistift>. Vergleichbar verschriftet das Mädchen /u/ zunächst neugriechisch mit <ου>, bevor die Schreibung durch <υ> ersetzt wird. Unter http://www.ph-heidelberg.de/hoertabelle.html können Sie auf solche Markierungsvorlagen (Abb. 12, rechter Teil) für verschiedene Sprachen und Schriften zugreifen.

Trotz der Verwechslungsgefahren gilt: Je ähnlicher sich Schriftsysteme sind (z. B. Spanisch – Deutsch), desto mehr vorhandene Kompetenzen können übertragen werden und desto schneller ist der basale Schrifterwerb im Deutschen abgeschlossen. Die in der Hörtabelle nicht thematisierten Fremdgrapheme spielen beim späteren Orthographieerwerb Mehrsprachiger wegen der Internationalismen eine andere Rolle als bei Einsprachigen. Wenn eine Schreibweise in einer anderen Schrift (z. B. <théâtre, theatre, θέατρο> bekannt ist, ist die Fremdwortschreibung im Deutschen (z. B. <Theater>) quasi selbsterklärend.

Schulte-Bunert (2000) schlägt vor, bei älteren SeiteneinsteigerInnen mit dem Sichtwortschatz zu beginnen, um Lautung und Bedeutung von Anfang an zusammenzubringen: Die Lernenden sammeln mit dem Handy Schriftzüge in ihrer Umgebung. Einfache Unternehmensnamen (ALDI, EDEKA, REWE) können bereits logographisch gelesen werden. Sie eignen sich gut, um das phonographische Prinzip einzuführen, mit dem Durchgliedern zu beginnen und einzelne Graphem-Phonem-Zuordnungen zu verankern. Auf die Spitze getrieben ließe sich mit knapp 30 "Sicht"-Wörtern z. B. aus den Kontexten „Einkauf" und „Verkehr" nahezu das gesamte Graphem- und Phonemsystem für jede Altersgruppe abbilden. Internationalismen wie z. B. „POLIZEI" oder „TAXI" erleichtern dann den Einstieg.

Langsame LernerInnen beginnen mit einzelnen kurzen Wörtern. Schrifterfahrene mit einer eng verwandten Alphabetschrift bräuchten für nahezu alle Graphem-Phonem-Zuordnungen des Deutschen zwei zugegebenermaßen stark konstruierte Minitexte, die als Bildergeschichte oder in Bilderschrift (s. 1.4.3) realisiert werden könnten (s. Abb. 14).

Es fehlen dann notwendigerweise orthographische Markierungen (<äu, -h, -g, -b, -d>) und Fremdgrapheme (<v> für /v/, <y>). Ansonsten sind alle Graphem-Phonem-Zuordnungen enthalten. Die Kleinbuchstaben können über ein gezinktes Memory geübt werden: Die obenliegende Rückseite der verdeckt liegenden Karten zeigt den Kleinbuchstaben. Werden sie umgedreht, wird der passende Großbuchstabe sicht- und vergleichbar.

Einkauf		Verkehr
Milch 	Fanta 	Polizei 
neu 	Rösti 	Bus 
Aldi 	Rewe 	Stop 
Edeka 	Äpfel 	Taxi 
Glas  	Quark 	Umleitung 
Öl 	Müsli 	Volksbank 
ja 		Achtung 
Käse 		Sport 
Weißer Riese 		Krankenhaus 
Kürbiskerne 		Schule 

Abb. 13: Graphem-phonem-bezogener Sichtwortschatz (n. Schulte-Bunert 2000)

„Ich kaufe MILCH und FANTA bei ALDI. Sara kauft MÜSLI und ÄPFEL bei EDEKA. Du kaufst und ÖL und KÄSE bei REWE?“ – „JA!“ NEU bei EDEKA: QUARK im GLAS. NEU bei REWE: RÖSTI mit KÜRBISKERNEN. NEU bei ALDI: WEIßER RIESE.	Unfall: ein BUS und ein TAXI zwischen SCHULE und KRANKENHAUS. Die POLIZEI ist da: „STOP! ACHTUNG: UMLEITUNG ab VOLKSBANK! Heute kein SCHUL-SPORT.“

Abb. 14: Konstruierter Text mit graphem-phonem-bezogenem Sichtwortschatz

Die Arbeit mit orthographisch nicht markierten Akronymen wie <ALDI> und Internationalismen wie <TAXI, BUS> ist problematisch, wenn man mit typischen Silbenstrukturen des Deutschen beginnen will (s. Kap. 3), weil diese Wörter und ihre Schreibungen untypisch für das deutsche Sprach- und Schriftsystem sind: Z. B. gespanntes /i:/, das in fast allen Fällen mit <ie> korrespondiert, wird gerade in diesen Fällen (Akronyme, Internationalismen, Eigennamen) an untypischen Stellen mit <i> verschriftlicht. Hier gelten die Orthographieregeln des Deutschen also nicht. Man muss danach entscheiden, ob man diesen Nachteil für eine kurze Zeit in Kauf nehmen will. Wer fürchtet, dass sich falsche Muster einprägen, muss diesen Einfluss letztendlich auch auf der Straße vermuten.

Die Erwerbsdauer des phonographischen Prinzips hängt sehr stark von den Einflussfaktoren Erstschrift, Alter und Lern- bzw. Unterrichtserfahrung ab. Im besten Fall dauert der Prozess wenige Stunden. Im ungünstigen Falle kann der Erwerb der Graphem-Phonem-Korrespondenzen bei Einschränkungen oder nicht ausreichender Begleitung auch länger als ein Jahr dauern. Zu vermeiden ist in allen Altersstufen, SeiteneinsteigerInnen beim ungesteuerten „Abmalen“ von Vokabeln sich selbst zu überlassen, weil das den Schrifterwerb unnötig verzögern kann.

1.4.3 Schrifterwerb im Deutschen mit (sehr) geringen Deutschkenntnissen: Bilderschrift

In Vorbereitungs-, Willkommens-, Seiteneinstiegs- oder Intensivklassen wie auch in VHS-Kursen stellt sich die Frage, ob bzw. wie man Schrift- und Spracherwerb koppeln kann.

In der Sonderpädagogik wird schon länger mit Bilderschriften gearbeitet. Sogenannte *Talker* ermöglichen Menschen, die aufgrund ihrer geistigen Entwicklung nur wenig Sprachkompetenz entwickeln und nicht oder nicht gut sprechen können, zu kommunizieren. Das System *Metatalk* wird z. B. verwendet, um Bilderbücher mit Bilderschrift zu ergänzen. Diese Art von Bilderschrift reicht aus, um rudimentär zu kommunizieren. Für das Sprachlernen ist das System aber grammatisch nicht exakt genug: Meistens wird mit einem Bild ein Wort abgebildet, manchmal sind es aber auch zwei. Hilfsverben werden z. B. mit gleichlautenden Vollverben gleichgesetzt (z. B. Bedeutung von *haben* im Sinne von *besitzen*). Nominal- und Präpositionalgruppen werden Wort für Wort ohne Hinweise auf die Flexionsformen wiedergegeben. Grammatisch entwickelter sind Grammatikvisualisierungen der Hörgeschädigtenpädagogik. Sie sind aber nur für sehr begrenzte Spracherwerbsbereiche entwickelt. Das Material des Sprachlernkoffers bemüht sich dagegen, für Zweitsprachlernende alle Sprachlernbereiche abzudecken (vgl. Berkemeier/Schmidt i. E.):

Die Wort-Bild-Hörkarten (s. Abb. 15) aus dem Sprachkoffer dienen dem Wortschatz- und Grammatikerwerb: Auf der Vorderseite ist das Wort in der thematisch jeweils kontextuell passenden Bedeutung abgebildet. Die Rückseite bietet das Schriftbild, das gesprochene Wort als Audio und grammatische Informationen wie z. B. die Präsenskonjugationsformen bei Verben oder Genus und Pluralform bei Nomen. Adjektive sind dadurch erkennbar, dass sie – außer bei Farben und Mustern – in Gegensatzpaaren abgebildet sind.

Vorderseite	Rückseite
	lachen 
	das Tier ^ die Tiere ^^
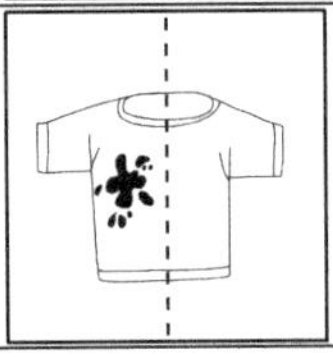	schmutzig sauber

Abb. 15: Bildwortkarten des Sprachlernkoffers (Berkemeier/Schmidt i. E.)

Die Wortkarten werden auf Wortgruppenkarten mit unterschiedlichen Rahmen (Subjekt, Objekte, Attribute, Adverbiale) gelegt. Sie zeigen, welche Wörter zu einer Wortgruppe kombiniert werden können. Auf der Rückseite stehen die jeweiligen Flexionsendungen.

<table>
<tr><th>Vorderseite</th><th>Rückseite</th></tr>
<tr><td></td><td>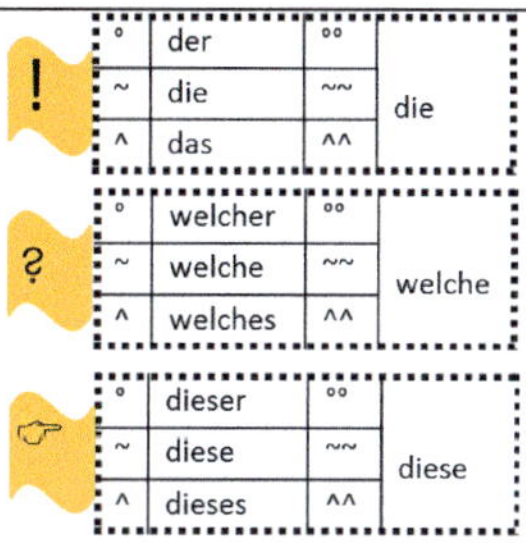
</td></tr>
</table>

Abb. 16: Beispiel für eine Wortgruppenkarte des Sprachlernkoffers (Berkemeier/Schmidt i. E.)

Die Wortgruppenkarten werden auf die Satzleisten gelegt, welche zeigen, wie sich die Wortgruppenkarten in Sätzen des Deutschen verteilen können.

Da die Bild-Wort-Karten auf einer Seite bebildert sind, kann man mithilfe dieses Systems grammatisch eindeutig mit Bildern „schreiben" und „lesen" und gleichzeitig peu à peu Wörter, ihre Flexion und ihre Verteilung im Satz, also die Zweitsprache Deutsch vermitteln.

Für den beginnenden Schrifterwerb kann man nun einzelne Bildkarten durch die Wörter ersetzen, die schon gelesen und geschrieben werden können, z. B. Wörter des Sichtwortschatzes nach Schulte-Bunert (2000) oder die Namen aus der Lerngruppe:

Abb. 17: Beispiel für einen Satz in Bilderschrift (Sarah kauft Fanta bei Aldi.)

Auf diese Weise können die ersten Wortschreibungen in Sätze und Minitexte integriert werden, was dem kommunikativen Ansatz nicht gleicht, aber immerhin näherrückt.

Möglicherweise ist diese Bilderschrift auch beim Schrifterwerb in der Erstsprache Deutsch hilfreich: Erstens kann die Bilderschrift ermöglichen, von Anfang an silbisch zu schreiben, ohne sich auf einzelne Wörter beschränken zu müssen, weil die zu schreibenden Wörter mittels Bilderschrift in Sätze integriert werden können. Zweitens verdeutlichen die grammatisch positionierten Wörter den LeseanfängerInnen intuitiv, welche Satzstruktur welche Wortarten in welcher Reihenfolge erwarten lässt (z. B. Artikel, Nomen, Verb in „Der Junge tanzt."). Das mag beim langsamen Erlesen eine Hilfe für die Kontrolle des Wortklangs und für die Sinnentnahme sein. Erfahrungsgemäß wird die Großschreibung von Nomen in Nominalgruppen intuitiv gleich miterworben. Die empirische Untersuchung solcher Potenziale steht aber noch aus.

1.5 Kompetenzraster I: Aussprache und Graphem-Phonem-Zuordnung

Die Hörtabelle stellt nicht nur ein Vermittlungsinstrument dar, sondern dient als Kompetenzraster auch der Erwerbseinschätzung. Ausspracheschwierigkeiten werden ebenso erfasst wie noch fehlende (alternativ: bereits erworbene) Graphem-Phonem-Zuordnungen.

Um festzustellen, ob Ausspracheschulungsbedarf besteht, kann man im Unterricht besonders darauf achten oder sich z. B. die Wörter der Anlauttabelle oder das Rechtschreibbilderbuch „Silbenklänge“ (Berkemeier/el Salamoni i. V.) vorsprechen lassen und markiert auf einem Ausdruck der Hörtabelle die Audiokreise, die auffällig ausgesprochen werden.

Name: Seiteneinsteigerin, Russisch als Muttersprache		Schuljahr: 4
Bewusstheit	**Erhebungs-/Förderinstrument**	**DaZ/Dialekt/Idiolekt** mit Sprachförderbedarf
Reime ☐ Silben ☐ Anlaute ☐	**Bild-Wort-Hörkarten** sortieren ☐	Aussprache-/Hörschulung: Wörter, Silben ☒
Segmentier.g/ (K)V(K) ☐	**Hörtabelle** (GPK) ☐	Aussprache-/Hörschulung: Laute ☒
Synthetisierung (K)V(K) (K)V ☐	**Silbenketten** ohne Klappkarten ☐	Graphem-Phonem-Korrespondenzen: Interferenzen ☐
Buchstabenformen ☐	**Mehrliniensystem** ☐	graphetische Interferenzen ☐

Abb. 18: Ausspracheauffälligkeiten eines Mädchens (Muttersprache Russisch/4. Kl./2 J. in D.)

Im abgebildeten Falle (Abb. 18) realisiert das getestete Mädchen /h/ mit [x] und /r/ mit Zungenspitzen-[r] als Standardvariante. Zu üben ist also nur [h]. Der Vergleich mit einem Hundehecheln half in diesem konkreten Fall. Das Mädchen spürte, dass der Luftweg offengehalten und mit dem hinteren Gaumen keine Enge gebildet werden darf.

Ihre Mitschülerin mit Bulgarisch als Muttersprache realisierte außerdem die betonten Kurzvokale gespannt (s. Abb. 19). Im Ausspracheträining können die Wangen mit den Händen etwas nach vorne gedrückt werden, sodass sich Wangen und Lippen entspannen. Der Klangunterschied war für die Viertklässlerin sofort erkennbar. Natürlich ist die Bewusstmachung der richtigen Aussprache nur der erste Schritt. Häufiges, gezieltes Üben ermöglicht die allmähliche Automatisierung.

Name: Seiteneinsteigerin, Bulgarisch als Muttersprache		Schuljahr: 4
Bewusstheit	**Erhebungs-/Förderinstrument**	**DaZ/Dialekt/Idiolekt** mit Sprachförderbedarf
Reime ☐ Silben ☐ Anlaute ☐	**Bild-Wort-Hörkarten** sortieren ☐	Aussprache-/Hörschulung: Wörter, Silben ☒
Segmentier.g/ (K)V(K) ☐	**Hörtabelle** (GPK) ☐	Aussprache-/Hörschulung: Laute ☒
Synthetisierung (K)V(K) (K)V ☐	**Silbenketten** ohne Klappkarten ☐	Graphem-Phonem-Korrespondenzen: Interferenzen ☐
Buchstabenformen ☐	**Mehrliniensystem** ☐	graphetische Interferenzen ☐

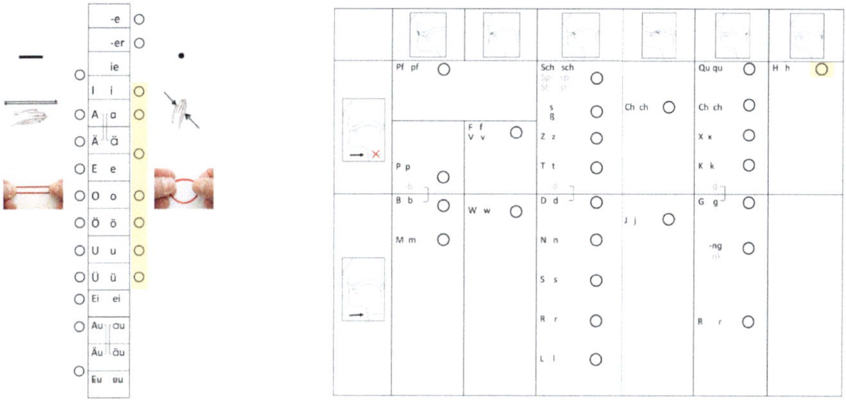

Abb. 19: Ausspracheauffälligkeiten e. Mädchens (Muttersprache Bulgarisch/4. Kl./2 J. in D.)

Da die beiden Drittklässlerinnen über alle GPK-Zuordnungen verfügen, finden sich in den Abbildungen 18 und 19 keine graphembezogenen Einträge. Demgegenüber gelingen dem Autoren in Abb. 20 gegen Schuljahresende nur wenige GPK-Zuordnungen (Abb. 21). Sie sollten weiter stabilisiert werden und erst allmählich ausgebaut werden.

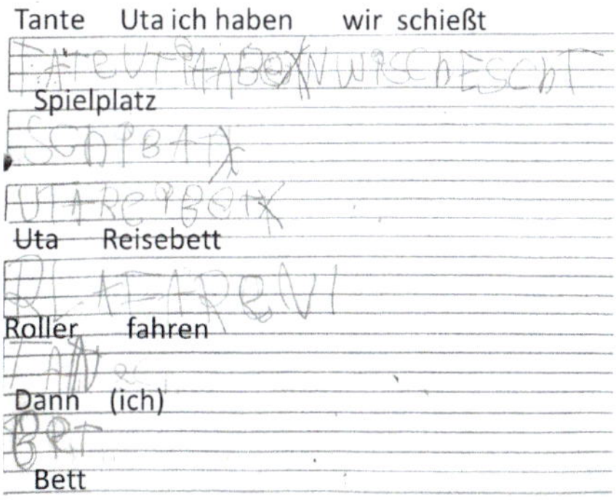

Abb. 20: Montagsgeschichte eines Erstklässlers mit Deutsch als Muttersprache

Beispielanalyse: Autor von „Tante Uta“		Schuljahr: 1
Bewusstheit	**Erhebungs-/Förderinstrument**	**DaZ/Dialekt/Idiolekt** mit Sprachförderbedarf
Reime ☐ Silben ☐ Anlaute ☐	**Bild-Wort-Hörkarten** sortieren ☐	Aussprache-/Hörschulung: Wörter, Silben ☐
Segmentier.g/ (K)V(K) ☒	**Hörtabelle** (GPK) ☒	Aussprache-/Hörschulung: Laute ☒
Synthetisierung (K)V(K) (K)V ☒	**Silbenketten** ohne Klappkarten ☒	Graphem-Phonem-Korrespondenzen: Interferenzen ☐
Buchstabenformen ☒	**Mehrliniensystem** ☒	graphetische Interferenzen ☐

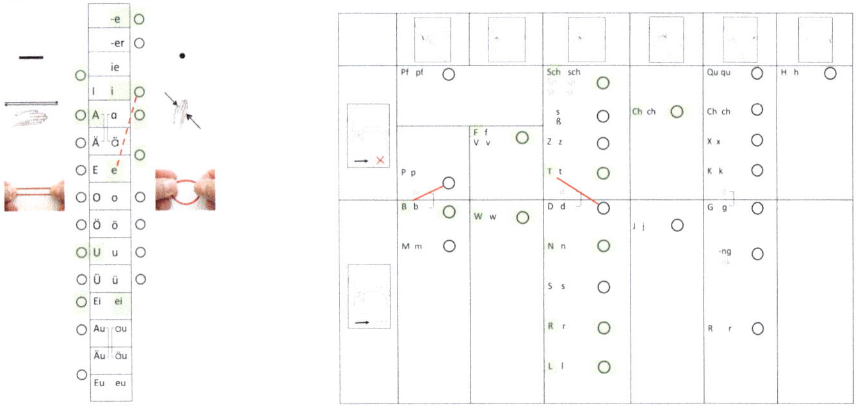

Abb. 21: Gelingende GPK-Zuordnungen eines Erstklässlers (Muttersprache Deutsch)

Die genaue Analyse (s. Kap. 7) zeigt: Dieses Kind hat nicht nur Schwierigkeiten beim Erwerb der Graphem-Phonem-Zuordnungen, sondern auch beim Durchgliedern von Wörtern (s. Kap. 1.3.2) und bei der Schreibmotorik (s. Kap. 2). Der Audiozugriff mittels Hörtabelle, eine zunächst einschränkende Konzentration auf silbisch sehr einfach gebaute Wörter (s. Kap. 3) sowie die Thematisierung von Buchstabenformen im Mehrliniensystem ist in diesem Fall anzuraten und deshalb in den Kopfzeilen des Kompetenzrasters I vermerkt.

1.6 Zusammenfassung: Das phonographischen Prinzips und seine Vermittlungsprogression

Mit der *Bilderschrift* können schriftfern Aufgewachsene an Schrift herangeführt werden. Vor allem aber ermöglicht die Bilderschrift bei beginnenden DeutschlernerInnen, Wortschatz-, Schrift- und Grammatikerwerb miteinander zu verbinden. Daher kann die Bilderschrift auch eingesetzt werden, wenn man das silbische (syllabische) Prinzip (s. Kap. 3) von Anfang an mit den Graphem-Phonem-Korrespondenzen gemeinsam einführen will: Die Bilderschrift ermöglicht durch die Mischung von Bildkarten und geschriebenen Wörtern, dass schrifterwerbsbezogen zwar Wortschreibungen fokussiert werden, aber sprachlich und inhaltlich nicht ausschließlich mit Einzelwörtern gearbeitet wird. Ein weiterer Vorteil der Bilderschrift besteht darin, dass die satzbaubezogenen

Schreibungen (s. Kap. 5) durch die Verwendung der Satzleiste bereits angebahnt werden: Punktsetzung und Großschreibung werden von Anfang an mühelos mitgelernt.

Die größte Herausforderung beim Erwerb einer Alphabetschrift besteht darin, Wörter als Zusammensetzung von Lauten zu begreifen. Man nähert sich der Durchgliederung über die Segmentierung in Silben, das Erkennen von Reimwörtern und Anlautbestimmung. Sinnvoll ist auch, zusätzlich über Artikulation zu reflektieren und Einzellaute (im Vergleich) hörend zu unterscheiden. Bei mehrsprachigen Kindern können entsprechende Übungen sogar unerlässlich sein. Die ersten zu schreibenden Wörter sollten eine sehr einfache Silbenstruktur mit alternierenden Konsonant-Vokal-Wechseln aufweisen. Beginnt man gleichzeitig mit der Vermittlung des silbischen Prinzips (s. Kap. 3) sind orthographisch nicht markierte Zweisilber mit Erstbetonung zu wählen (vgl. Röber 2009). Alternativ zur Silbenmethode beginnt man mit orthographisch nicht markierten Einsilbern. Großschreibung lässt sich allerdings in beiden Varianten außer in Blockschrift nicht vermeiden: <Hut, Ei, ein, mit…>. Die *Hörtabelle* oder ihre Übertragung auf übliche, aber korrigierte (An-)Lauttabellen ermöglichen einen direkten und selbstständigen Zugang zum Laut, der von den Lernenden intensiv genutzt wird. SchülerInnen, die bereits alphabetisiert sind, steigen am besten am höchsten Punkt ihrer bisherigen Kompetenzentwicklung ein. Ggf. bekannte Graphem-Phonem-Korrespondenzen bilden dabei den Ausgangspunkt. Noch unbekannte Grapheme sind per Overlayfolie leicht ergänzbar.

2. Graphetik: Schriftzeichen und ihre Realisierungsformen

2.1 Ausgangsschriften und Handschrift

Die Graphetik (vgl. Phonetik) beschäftigt sich mit der Analyse von Schriftzeichenvarianten, z. B. individuellen Realisierungsformen. In Deutschland werden in der Schulpraxis neben der Druckschrift vornehmlich folgende vier Ausgangsschriften benutzt:

Lateinische Ausgangsschrift	A B C D E F G H I J K L M N O P Qu R S T U V W X Y Z a b c d e f g h i j k l m n o p qu r s t u v w x y z
Vereinfachte Ausgangsschrift	A B C D E F G H I J K L M N O P Qu R S T U V W X Y Z a b c d e f g h i j k l m n o p qu r s t u v w x y z
Schulausgangsschrift	A B C D E F G H I J K L M N O P Qu R S T U V W X Y Z a b c d e f g h i j k l m n o p qu r s t u v w x y z
Grundschrift	A B C D E F G H I J K L M N O P Qu R S T U V W X Y Z a b c d e f g h i j k l m n o p qu r s t u v w x y z

Abb. 22: Ausgangsschriften[6] im Vergleich

Die 2011 im Auftrag des Grundschulverbands entwickelte Grundschrift unterscheidet sich von den genannten Schreibschriften, weil sie keine Kurrentschrift ist, sondern eine druckschriftnahe Schreibschrift, die den SchreiberInnen die Verbindung der Einzelzeichen freistellt, nicht jedoch – so wird oft angenommen - die Schreibbewegung der Grundform (s. Grundschrift-App).

Auch im Bereich der Ausgangsschriften wird wie im Hinblick auf die Methode *Lesen durch Schreiben* in Wissenschaft und Presse geradezu leidenschaftlich und nicht selten empiriefrei gestritten. Von der Vereinfachten Ausgangsschrift wurde lange auf umstrittener Datenbasis (ausführlich dargestellt in Topsch 1996) behauptet, sie sei leichter zu erlernen als die Lateinische Ausgangsschrift. Die Untersuchung von Schreibbewegungen mithilfe neuerer technischer Möglichkeiten lässt inzwischen eine differenziertere Einschätzung von verbundenen Ausgangsschriften zu (u. a. Odersky 2018 aufbauend auf den Arbeiten von Mai/Marquardt (u. a. 1995)). In vielfältigen Lerngruppen sind zusätzliche Einflussfaktoren zu berücksichtigen (2.3).

---

6 www.will-software.com, Download: https://www.pelikan.com/pulse/Pulsar/de_DE.CMS.displayCMS.209793./schriften

Wozu braucht man überhaupt eine Ausgangsschrift?

Mittels einer Ausgangsschrift wird jeweils **eine** Buchstabenform und **eine** motorisch sinnvolle Schreibbewegungsvariante festgelegt. Die Vereinheitlichung der Buchstabenformen innerhalb einer Lerngruppe dient der gemeinsamen Anleitung und der Lesbarkeit der Schriftprodukte innerhalb dieser Gruppe. Motorisch sinnvolle Schreibbewegungen sind aber auch individuell für die allmähliche Erhöhung des Schreibtempos wichtig und sollten von der Lehrperson gut beobachtet werden. Eine gemeinsame Ausgangsschrift dient also dem Lernen in der Gruppe und dem individuellen Lernen. Weltweit werden auch für verwandte Alphabetschriftsysteme problemfrei unterschiedliche Ausgangsschriften verwendet. Die Frage nach der „richtigen" Ausgangsschrift könnte also gelassener angegangen werden.

Braucht man eine Kurrentschrift (als Ausgangsschrift)?

Schreibflüssigkeit ist nicht per se gebunden an eine Schreib- oder Druckschrift: Mit beiden Varianten kann man flüssig schreiben. Odersky (2018) weist allerdings empirisch nach, dass ein langes Festhalten an einer Ausgangsschreibschrift die Automatisierung der individuellen Handschrift verzögern kann. Es gibt Alphabetschriften, die über gar keine Kurrentschriftvariante verfügen (z. B. Neugriechisch) und dennoch problemfrei benutzt werden. Zu bedenken ist,

- dass im Alltag die Wahrnehmbarkeit von Druckschrift deutlich überwiegt und Schrifterwerbende möglichst schnell Schrift nutzen können sollen
- dass immer weniger mit der Hand geschrieben wird, weil andere Schreibmedien als Stift und Papier verwendet werden; dass also die Bedeutung der Handschrift **außerhalb** von Bildungsinstitutionen deutlich abnimmt
- dass Handschrift innerhalb von Bildungsinstitutionen nach wie vor von immenser Bedeutung ist und sich mangelnde Schreibflüssigkeit und Lesbarkeit u. a. im Rahmen der Leistungsüberprüfung ausgesprochen nachteilig auswirken kann
- dass Erwachsene in der Regel eine individuelle Handschrift entwickeln, die oft aus einer Mischung aus Schreib- und Druckschriftelementen besteht
- dass Druckschriften in der Regel besser lesbar sind
- dass Schreibschriften motorisch anstrengender sind, weil die Muskelspannung während eines Schriftzuges aufrechterhalten werden muss
- dass inzwischen selbst im Anfangsunterricht vielfältige Stiftarten verwendet werden und auf den Tintenfluss keine Rücksicht mehr genommen werden muss (vgl. Sassoon 1998).

Sinnvoll und üblich ist daher inzwischen, das Lesen- und Schreibenlernen mit einer Druckschrift zu beginnen. Die Vermutung liegt nahe, dass die Grundschrift eine sinnvolle Druckschriftvariante darstellt. Ob danach der produktive Erwerb einer zusätzlichen Schreibschrift sinnvoll ist, sollte bis zur ausreichenden empirischen Klärung **indi-**

viduell entschieden werden: Für Lernende mit feinmotorischen, kognitiven oder orthographieerwerbsbezogenen Einschränkungen ist sie in der Regel nicht sinnvoll, denn sie schreiben in Druckschrift in der Regel mehr, lesbarer und/oder orthographisch richtiger. Der Schrift- und Orthographieerwerb ist komplex und ressourcenintensiv. Der Aufwand des Kurrentschrifterwerbs sollte unbedingt im Verhältnis zu seinem Nutzen stehen.

Langfristig müssen die Lernenden lernen, die Handschriften anderer unabhängig von der eigenen Hand- und Ausgangsschrift zu lesen. Es geht rezeptiv dann darum, eine Vielzahl von Realisierungsvarianten dem jeweiligen Prototyp zuordnen zu können. Dieser Anforderung kommt die Grundschrift wahrscheinlich am nächsten, weil sie am frühesten eine persönliche Handschrift erlaubt. Dadurch ergeben sich allein im Klassenraum schnell viele Varianten und damit vielfältige rezeptive Übungsgelegenheiten.

Ausgangsschriftwechsel bei Schulwechsel?

Das folgende, relativ extreme Beispiel (Abb. 23, analysiert in Berkemeier 1998) zeigt, welche Folgen entstehen können, wenn Kinder aufgrund häufigen Schulwechsels (in mehreren Ländern) mehrere Ausgangsschriften lernen. Der im Libanon geborene Sechstklässler wurde der Analyse nach wahrscheinlich neben dem Arabischen mit einer Ausgangsschrift für das Französische erstalphabetisiert. In Deutschland hat er aufgrund von Schulwechseln augenscheinlich sowohl die Lateinische als auch die Vereinfachte Ausgangsschrift erlernen müssen. Er selbst (und uns geht es nicht anders) konnte seinen handgeschriebenen Text damals kaum lesen, was u. a. am Variantenreichtum der Realisierungsvarianten liegt (vgl. Abb. 24). Solche Probleme sollten durch die Beibehaltung bereits erworbener Handschriften und die Fokussierung auf die Druckschrift unbedingt vermieden werden.

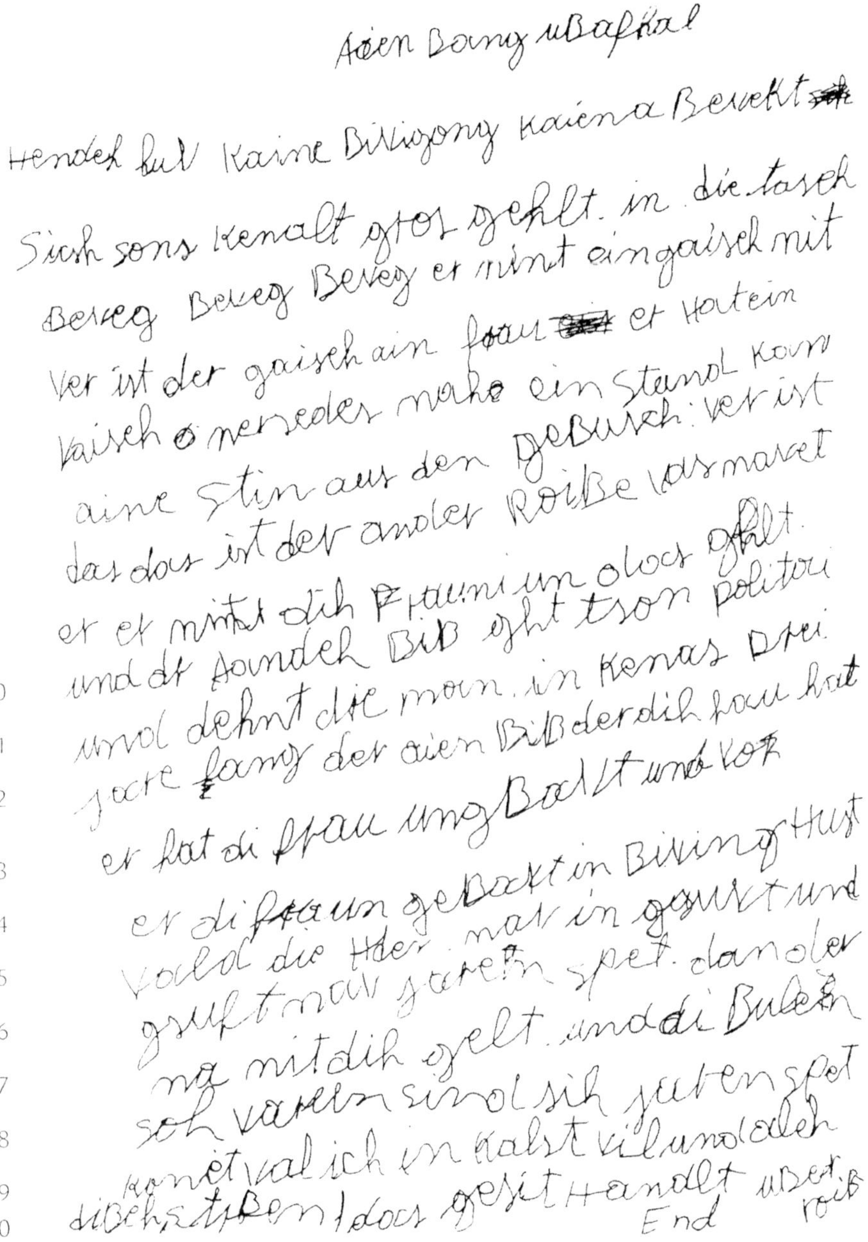

Aöen Bang uBafkal

Hendek hul Kaine Billigong Kaiena Bevekt

Sich sons kenalt gtos gehlt. in die tasch

Beveg Beveg Beveg er nint aingaisch mit

ver ist der gaisch ain foau er Hatein

kaisch ø nerseder nahe ein Stand Korn

aine Stin aus den geBusch. ver ist

das das ist der andler Roiße vasmavet

er et nitst dih Fraun un olocs gfalt.

und dt Aondeh BiB eht tson politoi

und dehnt die moon. in Kenas Drei

jacke fang der aien BiB der dih frau hat

er hat di frau ung Balt und Kor

er di fraun geBackt in Biving Hust

Vald die Hder. nar in gout tund

gruft nau garetn spet. dander

na nitdih gelt. und di Bulen

soh varen sind sih jaten spet

konet val ich in kalst vil und dch

diBehrstBen das gesit Handelt uBer roiB

End

Abb. 23: „Der Banküberfall“: mehrere Ausgangsschriften – (k)eine Handschrift

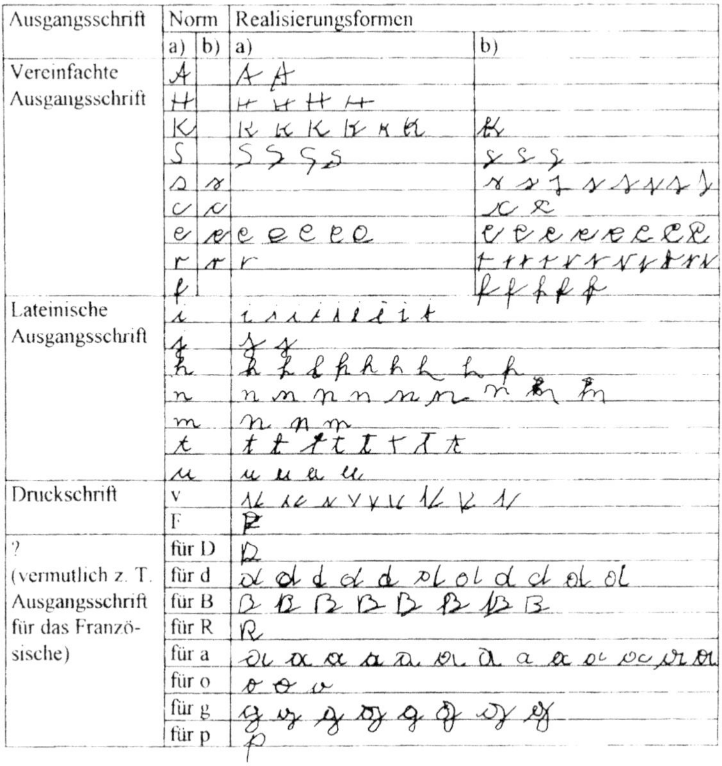

a) isolierte Form b) verbundene Form

Abb. 24: Graphetische Analyse des Textes „Der Banküberfall" (in: Berkemeier 1998)

2.2 Lineaturen

Die Wahl der Lineatur sollte auf die motorischen und visuellen schriftbezogenen Kompetenzen abgestimmt sein und nicht primär auf das Schuljahr. SchreibanfängerInnen verwenden dickere Schreibwerkzeuge und müssen noch auf die Wahrnehmung und Einhaltung von Ober- und Unterlängen achten. Hier gilt: Je dicker der Strich und je weniger gut die Feinmotorik ausgebildet ist, desto größer sollte die Lineatur gewählt werden. Kinder, die mit der Einhaltung von Ober- und Unterlängen Schwierigkeiten haben, können farbige Zeilen und/oder Graphiken am Zeilenrand (Baum: Krone – Stamm – Wurzel; Haus: Dach – Erdgeschoss – Keller) verwenden. Solche Einfärbungen behindern dagegen Lernende mit Sehbeeinträchtigungen, die Kontraststärke verlangen.

2.3 Berücksichtigung von Mehrschriftigkeit

In Kapitel 1.4.2 wurde bereits dargestellt, dass es bei Mehrschriftigkeit zu Graphem-Phonem-Zuordnungsverwechslungen kommen kann, weil gleich oder ähnlich aussehende Grapheme nicht denselben Phonemen zugeordnet sind. Man nennt solche sprach- oder schriftkontrastbezogenen Phänomene „falsche Freunde". Sie begünstigen fehlerhafte Übertragungen (Interferenzen) von einem auf ein anderes System. Haben mehrsprachige Lernende Vorerfahrungen in einem verwandten Schriftsystem in Druck- und Schreibschrift (z. B. Russisch), können zusätzliche „falsche Freunde" den Erwerbsprozess unnötig kompliziert machen: Im Russischen stehen für die Phoneme /g, d, i, z, p/ nicht-lateinische Druckschriftzeichen. Bei diesen Graphemen entstehen in der Druckschrift also keine Verwechslungsgefahren. Im Vergleich der Schreibschriften kommen jedoch Interferenzgefahren zu den ohnehin im Druckschriftvergleich bereits gegebenen hinzu (s. Abb. 25).

Druckschrift Russisch	*Schreibschrift Russisch*	*Phonem-Zuordnung*
Г	*Г*	/g/
д	*д*	/d/
И, и	*И, и*	/i/
э	*з*	/z/
п	*п*	/p/

Abb. 25: Zusätzliche Interferenzgefahren durch Kurrentschriftkontraste (Russisch - Deutsch)

Deshalb ist abzuwägen, ob man den produktiven Schrifterwerb im Deutschen auf die Druckschrift beschränkt.

Alle LernerInnen mit Erstschrifterfahrung können – sofern sie nicht motorisch eingeschränkt sind – feinmotorisch agieren. Allerdings können sich die Zeichen sehr stark vom Deutschen unterscheiden (z. B. Chinesisch, Arabisch oder Tamil). Als wesentliche Herausforderung stellt sich ggf. die graphomotorische Umstellung auf das rechtslaufende deutsche Schriftsystem dar. Auffällige buchstabenbezogene Schreibbewegungen sind ebenso häufig zu beobachten wie eine auffällige Stifthaltung und/oder Blattausrichtung. Da z. B. ältere Geflüchtete sich die Grapheme oft außerschulisch aneignen, ist zu entscheiden, ob die motorikbezogenen Varianten so dysfunktional für den Schreibfluss sind, dass ein Umlernen noch sinnvoll ist. Hier besteht vor allem bei Verkrampfungen, mangelndem Schreibtempo oder Unleserlichkeit Handlungsbedarf. Das gilt in ähnlicher Weise auch für die Schreibhaltung mancher LinkshänderInnen. Motorisches Schreibtraining sollte aber immer im Verhältnis zum Nutzen stehen. Die Umstellung von einer linkslaufenden auf eine rechtslaufende Schrift (dazu genauer Leupolz-Oebel i. V.) beeinflusst auch die Leserichtung von Büchern. Achten Sie darauf, dass Lernende mit arabischer Erstschrift ein Buch in deutscher Schrift nicht von hinten aufschlagen, wenn sie z. B. Seite 3 lesen sollen.

Wenn Lernende bereits eine Alphabetschrift beherrschen, liegt der Gedanke nahe, ein Mehrliniensystem sei für den Schrifterwerb im Deutschen überflüssig. Es ist allerdings dringend anzuraten, wenn SchülerInnen aufgrund von Schriftkontrasten abweichende Ober- oder Unterlängen übertragen (s. Abb. 26).

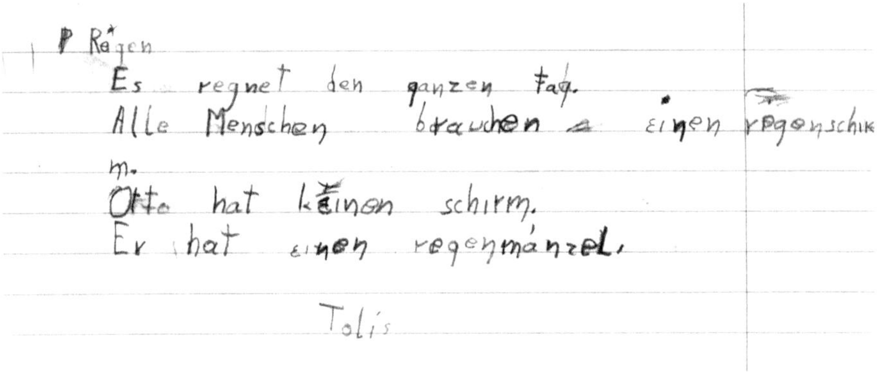

Abb. 26: Ober- und Unterlängeninterferenzen (Neugriechisch – Deutsch)

Dieser Grundschüler überträgt die Unterlänge des griechischen <η> auf <n> und <m>. Da das <τ> (/t/) im Griechischen keine Oberlänge aufweist, neigt das Kind auch im Deutschen dazu. Man sieht es daran, dass er das <t> häufig nach oben verlängert. Abgesehen vom Schreibfluss kann dadurch die Lesbarkeit eingeschränkt werden. Insbesondere der Schreibende selbst wird möglicherweise beim Vorlesen eigener Texte durch Zeichen irritiert, die wie Zeichen des Erstschriftsystems aussehen. Die Verwendung eines Mehrliniensystems lenkt die Aufmerksamkeit auf die schriftzeichenbezogenen (graphematischen) Unterschiede der beteiligten Schriftsysteminventare.

2.4 Kompetenzraster I: Realisierung von Schriftzeichen

Das Kompetenzraster I kann nicht nur für die in Kap. 1.5 genannten Zwecke genutzt werden, sondern auch, um graphetische Fehlerschwerpunkte erkennbar zu machen. Auf der Basis einiger Texte eines schreibmotorisch eingeschränkten Drittklässlers wird sichtbar, dass die Anstrengung beim Schreibschriftschreiben zu Fehlern führt, die eher untypisch für die Klassen- und Kompetenzstufe des Schülers sind. <ie> und <ei> werden ebenso wie <n> und <m> beim Schreiben selten verwechselt. Bei der Ersetzung von <M> durch <H> handelt es sich wahrscheinlich um einen Einzelbeleg für einen Konzentrationsfehler. Systematisch werden jedoch <b> durch <d> und <qu> durch

*<pu> ersetzt, obwohl die Ähnlichkeit in der Vereinfachten Ausgangsschrift weniger hoch als in der Druckschrift <q, p> ist. In einer anschließenden Übung zeigt sich bei <qu> zudem eine deutliche motorische Unsicherheit. Möglicherweise ist dem Schüler aus irgendeinem Grund dieses eher seltene Graphem nicht bekannt. Während bei allen anderen seltenen Fehlern ein Hinweis zur Selbstkorrektur reicht, ist <qu> motorisch nochmals einzuführen und zu automatisieren.

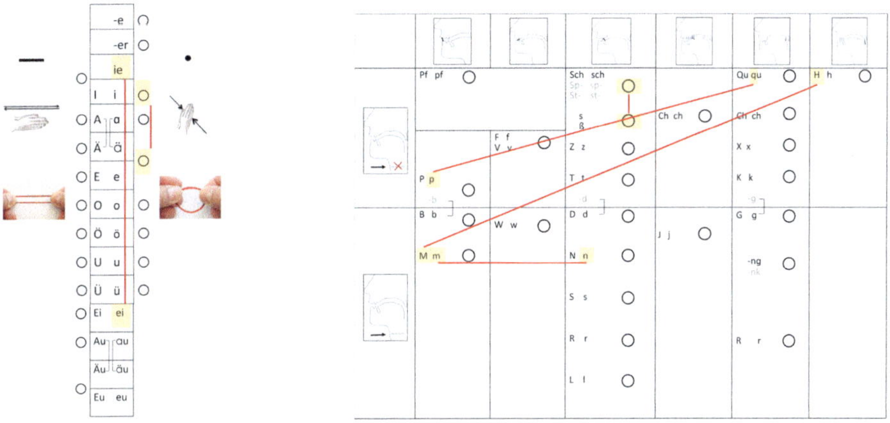

Abb. 27: Graphetische Auffälligkeiten eines Drittklässlers (Muttersprache Deutsch)[7]

2.5 Zusammenfassung

Grundsätzlich ist aus rezeptiven und graphomotorischen sowie visuellen und kommunikativen Gründen die Verwendung einer **Druckschrift** für den Schreibanfang am sinnvollsten. Die Wahl und ggf. sogar Einfärbung der Lineatur hängt von den graphomotorischen und visuellen Fähigkeiten ab. Die produktive Einführung einer Schreibschrift ist aufwändig und verzichtbar, wenn lernerbezogene Gründe dagegensprechen. Handschrift-Lesekompetenz ist allerdings unverzichtbar. Für das individuelle Üben der Schreibmotorik eignet sich die kostenlose Grundschrift-App (http://www.medien-treibhaus.de/grundschrift-app/grundschrift-app/) sehr gut, auch wenn die Graphem-Phonem-Zuordnungen nicht vollständig wiedergegeben werden (vgl. Hörtabelle) und <Qu> auf *<Q> verkürzt wird. Auch die Ziffern können dort gelernt und geübt werden.

7 Die aussprachebedingten Graphemverwechslungen von <i> für /ɪ/ und <e> für /ɛ/ sowie <sch> /ʃ/ und <s> für /s/ erklären sich durch ebenfalls motorisch bedingte leichte Ausspracheungenauigkeiten bzw. Regionalismen und sind in den Belegen ebenfalls relativ selten.

3. Das silbische (syllabische) Prinzip und seine Vermittlung

3.1 Linguistische Grundlagen: Gesprochene und geschriebene Silben des Deutschen

Silbisch ableitbare orthographische Markierungen sind im deutschen Schriftsystem ausgesprochen bedeutsam und eng verwoben mit dem morphologischen Prinzip, weil silbisch bedingte Schreibungen nahezu ausschließlich Stammschreibungen betreffen (s. u.). Um ihre Herleitung zu verstehen, ist die Beschäftigung mit den phonologischen Silbenstrukturen des Deutschen unumgänglich.

Silben – und nicht Einzellaute – sind die Artikulationseinheiten, in denen wir sprechen. Würden wir Einzellaute aneinanderreihen, würde es sich ganz eigenartig anhören, denn Einzellaute passen sich bei der Koartikulation in Silben ihrer lautlichen Umgebung an (Assimilation). Silben sind sprachspezifisch systematisch beschreibbar: Sie haben einen vokalischen Kern, der von einem konsonantischen Anfangsrand und/oder einem konsonantischen Endrand umgeben sein kann.

Schematisch lassen sich Silbenbau und Klangfülle (Sonorität) für das Deutsche folgendermaßen abbilden (s. Abb. 28):

(evtl.) Onset (Anfangsrand) (K)(K)(K)	Nucleus (Kern) V	evtl. Coda (Endrand) (K)(K)(K)(K)
	Reim	
/ʃtʀ/	/ʊ/	/mpf/
<Str>	<u>	<mpf>

(Anfangsrand) (K)(K)(K)	Kern	(Endrand) (K)(K)(K)
	Reim	
/ʃʀ/	/ʊ/	/mp/
<schr>	<u>	<mp>

(Anfangsrand) (K)	Kern V	(Endrand) (K)(K)
	Reim	
/f/	/ə/	/n/
<f>	<e>	<n>

Abb. 28: Silbenbau im Deutschen (K = Konsonant, V = Vokal)

Die Silbenstruktur hat im Deutschen folgende Besonderheiten, die für den Sprach-, Schrift- und Orthographieerwerb relevant sind:

- Im Anfangsrand (Onset) können null bzw. ein[8] bis drei Konsonantphoneme stehen: /ʔai/ - <Ei>, /ze:/ - <See>, /ʃne:/ - <Schnee>, /ʃtro:/ - <Stroh>[9]. Im Endrand (Coda) stehen null bis vier bzw. fünf Konsonantphoneme: /ʃʀʊmpfst/ - <schrumpfst>. Die Zahl hängt davon ab, ob man die Affrikate /pf/ als ein oder zwei Phoneme wertet. Solche Konsonantphonemhäufungen (Konsonantencluster) sind für das Deutsche typisch und in vielen anderen Sprachen nicht möglich. Das Japanische verwendet beispielsweise nur K-, V- und KV-Silben, wie man an Firmennamen erkennen kann: /tojota/ - <Toyota>. Sind Deutschlernende aus ihrer Muttersprache nicht gewohnt, mehrere Konsonanten in Folge auszusprechen, kann das zu Aussprache- und Schreibfehlern führen. Solche Abweichungen können die Verständlichkeit von Gesprochenem oder Geschriebenen einschränken (s. 3.5).
- Der vokalische Silbenkern kann im Deutschen gespannt/lang oder ungespannt/kurz sein. Dieser Unterschied wirkt im Deutschen in betonten Silben von Wortstämmen bedeutungsunterscheidend: /be:t/ bedeutet etwas anderes als /bɛt/ (<Beet> vs. <Bett>). Diese Bedeutungsunterscheidung durch die Vokalgespanntheit/-länge gibt es in vielen anderen Sprachen nicht, was beim Deutschlernen ebenfalls zu Aussprache-, Schreib- und Verständigungsproblemen führen kann.
- Dem Silbenkern kann ein Endrand folgen oder nicht: Geschlossene Silben enden konsonantisch (<von>), offene Silben vokalisch (<da>). In erstbetonten Zweisilbern (Trochäen) mit /ə/ oder /ɐ/ in der zweiten Silbe gehen offene Erstsilben in der Regel mit gespanntem/langem Vokal einher (<Fa-den>), geschlossene mit ungespanntem (<fan-d*en*>).
- Die Schallfülle (Sonorität) innerhalb der Silbe nimmt zum Kern (= Vokal) hin zu und im Anschluss an den Kern wieder ab. Stimmhafte Konsonanten (Sonoranten) stehen in komplexen Rändern daher näher am Vokal als stimmlose Konsonanten.

In Kap. 1 wurde deutlich, dass das Deutsche insbesondere im Vokalbereich über deutlich mehr Phoneme als Grapheme verfügt. Außerdem können im Deutschen durch Komposition und Ableitung (Derivation) sehr lange Wörter gebildet werden. Es wäre ohne orthographische Markierung beim Lesen also sehr aufwändig, bei solchen Wörtern an mehreren Stellen entscheiden zu müssen, welches Vokalphonem gemeint ist: *<Schif farts ge sel schaft>. Als Lösung für dieses Problem hält das deutsche Schriftsystem in bestimmten Fällen die Markierung des Stammvokals bereit, sofern bei Verben im Falle des Vokalwechsels phonologisch nichts dagegenspricht: <kommst> wegen

[8] Wenn man den glottal stop, der im Deutschen den Anfangsrand markiert, sofern keine anderen Konsonanten dort stehen, als Phonem (/fɐˈʀaizən/ - <verreisen> vs. /fɐˈʔaizən/ - <vereisen>) wertet, gibt es keine Silbe mit leerem Anfangsrand. Allerdings wird er nicht verschriftet.

[9] Konsonantbuchstaben und Konsonantphoneme werden von Nicht-LinguistInnen leicht verwechselt. <sch> ist ein Graphem, das aus drei Buchstaben besteht und mit einem Phonem korrespondiert.

<kommen>, aber <kam> statt *<kamm>; <genehm> wegen <nehmen>, aber <genommen> statt *<genohmen> und <nimm> statt *<nihm> (s. Kap. 4).

Im orthographiedidaktischen Kontext wird oft vom erstbetonten Zweisilber (Trochäus) als „typischem Betonungsmuster" des Deutschen gesprochen, obwohl die Wortbetonung selbst im Schriftsystem des Deutschen graphisch nicht markiert wird. Dieses Argument für die orthographische Hervorhebung legt nahe, dass die Markierung von Vokalen die Aufgabe habe, dieses Betonungsmuster erkennbar zu machen. Diese Funktion ist aber unwahrscheinlich:

- Ein zusätzliches Betonungszeichen wie im Neugriechischen oder Spanischen wäre viel leichter handhabbar und effektiver rezipierbar.
- Die Benennung „erstbetonter Zweisilber" gilt für weitere, morphologisch komplexere Fälle, die nicht in derselben Weise markiert werden: Bei konjugierten Partikelverben (<Wenn du anfährst, musst du genügend Gas geben.>) oder nominalisierten Partikelverben (<Einfuhr>) wird zwar die erste Silbe, aber nicht das Stammmorphem betont. Bei Präfixverben wird dagegen zwar das Stammmorphem betont, es steht aber in der zweiten Silbe (<beglückt>).
- Für das Deutsche sind nicht grundsätzlich vornehmlich erstbetonte Zweisilber typisch, sondern orthographisch markierte Vokale kommen nahezu nur in **ein- und zweisilbigen** ursprungsdeutschen, morphologisch einfachen Wörtern (autosemantische Simplicia) vor (<Wetter, Sohn, bitten, hohl, wohl>), die als **Wortstämme** (erst)betont sind. Hinzu kommt die etymologisch herzuleitende Schreibung der Junktoren <denn, dann, wenn, wann> (vgl. Eisenberg 2016, https://www.dwds.de/wb/dann), die grammatisch begründbare Schreibung von <dass> und die nebenbetonten Plurale mit den Schlussbausteinen (Suffixen) <nis> und <in> (<Lehrerinnen, Geheimnisse>).

Demnach wäre das silbische Prinzip orthographietheoretisch anders zu begründen:

- Wortstämme sind als Bedeutungseinheiten beim Lesen zentral für die Sinnentnahme.
- Die (Un-)Gespanntheit von Vokalen ist nahezu ausschließlich in Wortstämmen bedeutungsunterscheidend (<Rose> vs. <Rosse>), weder in Wortbildungsmorphemen (außer –nis(se), -in(nen)) noch in Flexionsmorphemen, denen die Reduktionsvokale /ə, ɐ/ vorbehalten sind (vgl. Röber 2012, z. B. verkaufen). Ursprungsdeutsche Wortstämme sind (erst)betont.
- Da Vokalgespanntheit bzw. -länge in fast allen Fällen[10] mit offenen und Ungespanntheit bzw. Kürze mit geschlossenen Silben einhergehen, ergibt sich Un-/Gespanntheit entweder optisch „von selbst" aus der sichtbaren Struktur der betonten Silbe (<Fa-den> vs. <fan-den>) oder wird vereindeutigend orthographisch markiert

[10] Eisenberg (2016) benennt neben den oben behandelten Junktoren <Mond> als Ausnahme. Laut DWDS handelt es bei diesem Wort um eine Durchmischung des mittelhochdeutschen <mone> mit <monot> (Monat) (https://www.dwds.de/wb/Mond). So lässt sich die Ausnahme etymologisch begründen. Dies gilt allerdings nicht für <Freund>.

(<ra-ten> vs. <Rat-ten>) oder muss in seltenen Fällen lexikalisch abgeleitet werden (<(Wasser-)Lachen> vs. <lachen>).

- Silbische Markierungen werden an verwandte Formen vererbt und sind in zusammengesetzten und abgeleiteten Wörtern noch viel wichtiger für die schnelle Bedeutungserfassung der enthaltenen Stämme als in morphologisch einfachen Wörtern (<Schifffahrtsgesellschaft, untergebuttert>).
- Verlängert man einsilbige ursprungsdeutsche, morphologisch einfache Wörter mit einer Schwa-Endung (<Kind-er, Fell-e, gelb-e>), so reicht didaktisch eine einzige Visualisierungsstruktur aus, um ein- und zweisilbige Stammschreibungen zu erklären. Deshalb ist die trochäische Struktur orthographiedidaktisch so zentral.

Das silbische Prinzip gilt also im Wesentlichen für Wörter (und deren Verwandte), für die folgende Merkmale gelten:

- deutscher Herkunft (keine Fremd- oder Lehnwörter)
- weder zusammengesetzt (<Türme, Uhren> statt <Turmuhr>) noch abgeleitet (<wissen> statt <bewusst>, <gelten> statt <gültig>)
- mit selbstständiger Bedeutung, satzgliedfähig bzw. Verb („Brot bleibt lange frisch"). Um didaktisch mit einer einzigen Visualisierungsstruktur auszukommen, wird im Folgenden vorgeschlagen, entsprechende Einsilber zur Klärung ihrer Schreibung mittels Reduktionsvokal zu verlängern (<Brote, bleiben, lange, frischer>).

Solche Wörter werden im Folgenden und im Unterricht vereinfacht „Silbenkettenwörter" genannt. Passen Wörter nicht zu dieser Struktur, sind die silbischen Regeln nicht oder anders anzuwenden (<Fibel, Regal, Nachbarin/nen, Bus/se, spazieren>, vgl. Eisenberg 2016).

Für die Identifizierung von Lehn- und Fremdwörtern und für die Begründung von nichtpassenden Schreibungen gibt das digitale Wörterbuch der deutschen Sprache (https://www.dwds.de/wb/) Hinweise zur Wortherkunft (Etymologie). Für die Sammlung von „Silbenkettenwörtern" für den Unterricht ist die DORA-Suchmaske (Datenbank orthografisch regulärer Ausdrücke: http://dora.hosting.uni-hildesheim.de/index.php) von Bredel/Hlebec/Heid/Jauch empfehlenswert. Hier können z. B. für Übungen Wörterlisten nach Buchstabenverteilungskriterien[11] ausgeworfen werden.

In den nächsten Unterkapiteln werden die Regeln des syllabischen Prinzips mithilfe eines silbischen Visualisierungsmusters erklärt, das didaktisch auf der „Häuschen"-Methode von Röber (z. B. 2009) basiert (vgl. Kap. 3.2.3) und die Grundstruktur des Instrumentes *Silbenkette* (vgl. Kap. 3.2.4) bildet.

---

[11] Bei der Wörtersuche ist darauf zu achten, die Einheiten Buchstabe und Graphem nicht zu verwechseln.

3.1.1 Markierungslose silbische Schreibungen (ungespannter/gespannter Vokal)

Geschlossene betonte Silben gehen in „Silbenkettenwörtern“ in der Regel mit einem ungespannten/kurzen Vokal einher. Das ist im Geschriebenen gut erkennbar, wenn auf das Vokalgraphem zwei Konsonantgrapheme folgen, von denen das erste den Endrand der ersten Silbe und das zweite den Anfangsrand der zweiten Silbe bildet. In der folgenden Visualisierung wird die betone Silbe fett umrahmt, die Vokalfelder sind grau eingefärbt und der Punkt über den Vokalen gibt die Ungespanntheit der Vokale an:

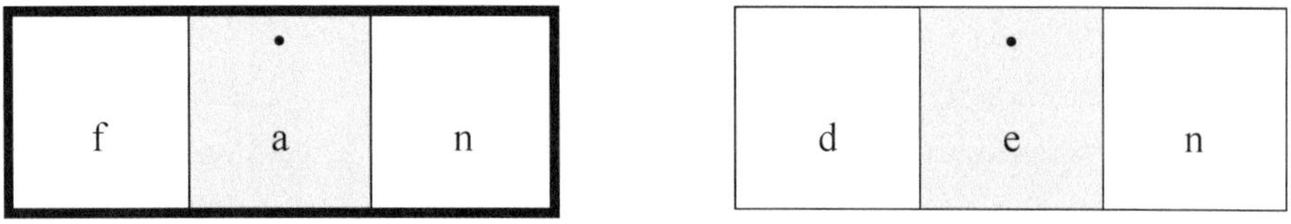

Offene betonte Silben gehen in Silbenkettenwörtern in der Regel mit einem gespannten Vokal einher. Das ist im Geschriebenen gut erkennbar, wenn auf das Vokalgraphem nur ein Konsonantgraphem folgt, das den Anlaut der zweiten Silbe bildet. Der Strich über dem betonten Vokalzeichen und das Doppelfeld geben phonologische Gespanntheit bzw. Länge bzw. Dehnung an:

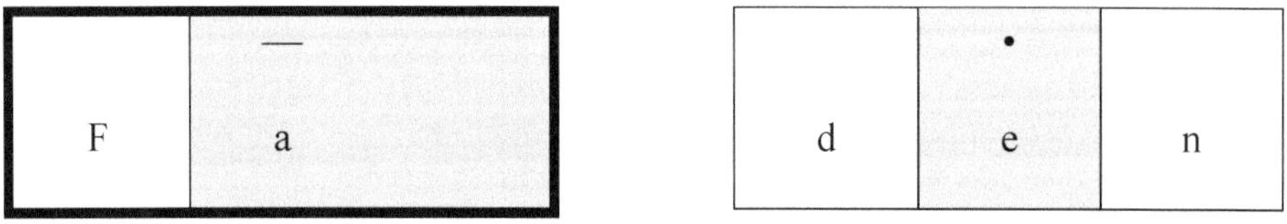

3.1.2 <st, sp> am Stammanfang

<sch> wird in komplexen Anfangsrändern zur besseren Lesbarkeit zu <s> verkürzt (<Straße, springen>, nicht <*Schtraße, *schpringen>) (vgl. Eisenberg 2016).

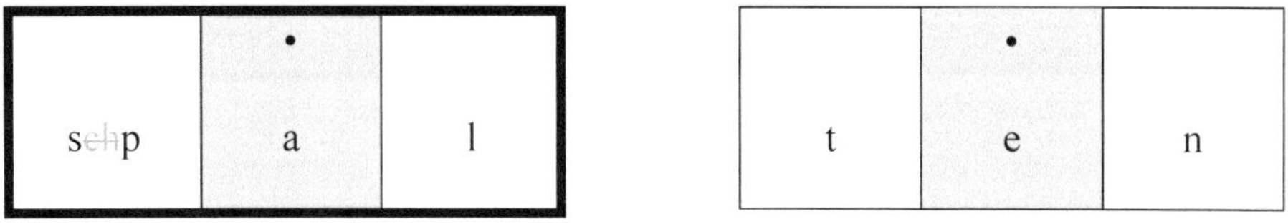

3.1.3 Konsonantgraphemverdopplung (ungespannter Vokal)

Die Orthographie gibt den LeserInnen in Fällen, in denen nach ungespanntem/kurzem betonten Vokal in Silbenkettenwörtern nur ein Konsonantphonem folgt, durch Verdopplung des Konsonantgraphems an, dass der Vokal ungespannt zu lesen ist. Nach Eisenberg (2016) schließt das erste Konsonantzeichen die erste Silbe, das zweite eröffnet die zweite Silbe. Dabei spricht bzw. hört man aber nur **einen** Konsonanten, der phonologisch zu beiden Silben gehört (ambisilbisch, vgl. Eisenberg 2016): Das zweite Konsonantgraphem hat keine phonetische oder phonologische Entsprechung. Die rein optische Markierung wirkt der Gefahr entgegen, die Silbengrenze vor dem Konsonanten und somit einen gespannten Vokal zu vermuten (*<fa-len>).

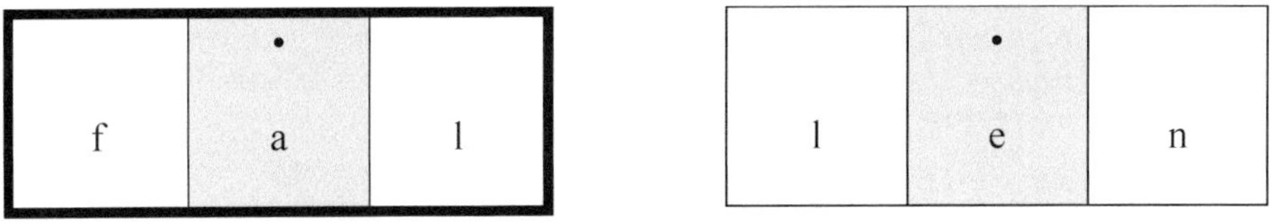

Eisenberg, Maas und Augst beschreiben dieses Phänomen orthographietheoretisch allerdings sehr unterschiedlich (ausführlich dazu in Berkemeier 2007):

Eisenberg geht phonologisch von ungespannten und gespannten Vokalphonemen aus und interpretiert das Konsonantphonem als „ambisilbisch“: Es gehört zu beiden Silben, die Silbengrenze liegt **auf** dem Konsonantphonem. Durch die Zeichenverdopplung wird optisch angezeigt, dass dasselbe Konsonantphonem die erste Silbe schließt und die zweite eröffnet.

Maas (1992) argumentiert nicht von gespannten und ungespannten Vokalphonemen aus, sondern von jeweils zwei phonetischen Varianten desselben Vokalphonems, die sich durch „losen“ oder „festen“ Konsonantenanschluss ergeben. Demnach wirkt die Anschlussart bedeutungsunterscheidend. Die Silbengrenze liegt nach Maas **vor** dem Konsonantphonem. Der konsonantische Anschluss bewirkt eine „Dehnung“ oder „Schärfung“ des vorausgehenden Vokalphonems. (Man stelle sich vor, die erste Silbenkarte wäre mit einem Gummiband mit der zweiten Silbenkarte verbunden: Zieht man an der zweiten Karte, wird der Vokal gedehnt, lässt man die zweite Karte los, staucht („schärft“) sie den Vokal.) „Schärfung“ wird nach Maas durch Konsonantgraphemverdopplung angezeigt.

Augst (2005) wiederum präferiert mit dem „Vokalansatz“, nur die betonte erste Silbe zu betrachten, und formuliert die Regel „Folgt nach Kurzvokal nur ein Konsonant, wird dieser verdoppelt.“

Daraus ergeben sich bei Augst andere Ausnahmen als bei Eisenberg und Maas: <Him> in <Himbeere> hat keine zweite unbetonte Silbe und auch kein Silbengelenk und ist nach Eisenberg und Maas regelgemäß, nach Augst dagegen eine Ausnahme. Die von Augst gewählten niedrigfrequenten Gegenbelege lauten <Boll-werk> und <fuff-zig>.

Da Augst nur die erste Silbe betrachtet, kann er gut mit solchen morphologisch komplexen Wörtern, Zusammensetzungen (Komposita) und Ableitungen (Derivaten), argumentieren. Allerdings ist bei <Bollwerk> etymologisch unklar, ob nicht doch mit <Bohle> (vgl. https://www.dwds.de/wb/Bollwerk) ein Silbengelenk vorliegt. Und wenn nicht-standardsprachlich mit <fuffzig> argumentiert wird, könnte auch umgangssprachlich <Fuffi> bedacht werden.

Zur Verdopplung kommen folgende Sonderfälle hinzu: <k> wird zu <ck>, <z> zu <tz>. Nicht verdoppelt werden Buchstabengruppen (die mehrgliedrigen Grapheme <ch, sch, ng>) und die Lautfolgen, die mit <nk, x, chs> verschriftet werden.

3.1.4 <ie>-Schreibung (gespannter Vokal)

Langes /i:/ wird in betonten Silben von Wortstämmen außer am Wortanfang fast immer <ie> geschrieben.

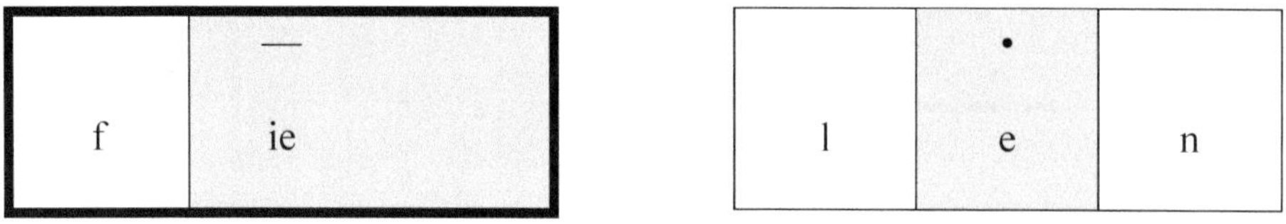

Das gilt nicht für Lehnwörter: <Igel, Tiger, Fibel>. Bei sehr wenigen, aber hochfrequenten Wörtern wird Gespanntheitsmarkierung mit Dehnungs-<h> markiert (s. 3.1.5). Fortführenden Proformen (<ihn, ihm, ihnen, ihre, ihren, ihrer, ihres>) spielen grammatisch eine besondere Rolle und werden möglicherweise deshalb orthographisch anders hervorgehoben. Außerdem steht <ie> nie am Wortanfang.

3.1.5 Dehnungs-<h> (gespannter Vokal)

Die Grapheme <r, l, m, n> stehen für stimmhafte Konsonanten (Sonoranten). Wegen der Sonoritätshierarchie der deutschen Silbe (s. graues Feld in Abb. 28) stehen sie am Anfang komplexer Endränder (<Ernst, Herbst>). Komplexe Endränder finden sich insbesondere bei konjugierten Verben (<kommst, gibst>). Ein Dehnungs-<h> kann nach Eisenberg (2016) der Fehlinterpretation „Viele Konsonantgrapheme lassen einen ungespannten Vokal vermuten" vorbeugen, weil das <-h> Gespanntheit signalisiert: <lahmst, fährst, bohrst> statt *<lamst, färst, borst>.

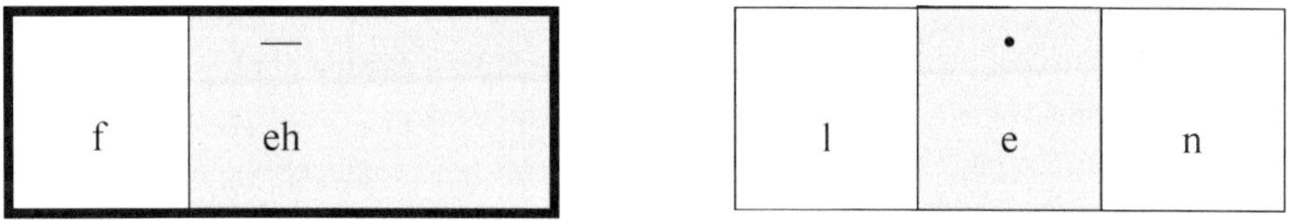

Allerdings folgen nicht alle Schreibungen dieser Regel: <krönst, grämst, tränt>. Außerdem greift dieser Erklärungsansatz bei Nomen oder Adjektiven nicht im gleichen Maße, weil dort nur im Genitiv bzw. Superlativ (etwas) komplexere Endränder folgen können: <Lohn, kühn> weist gegenüber <Ton, grün> keine Unterschiede auf. Man kann also klar sagen, wo ein Dehnungs-h stehen kann, aber nicht, wo es stehen muss.

3.1.6 Silbenanfangs-<h> (gespannter Vokal)

Endet die erste Silbe mit einem Vokal und beginnt die zweite ebenfalls mit einem Vokal, ist die Silbengrenze nicht gut zu erkennen. Verwechslungen mit alternativen Umlautschreibungen oder Vokalgraphemverdopplung wären denkbar (<gruen> vs. *<ruen> statt <ruhen>, *<seen> statt <sehen>). Das silbeninitiale -h markiert diese Grenze. Dies gilt aber nicht nach Vokalgraphemverdopplung (<die Seen>) und Diphthongen (<raue>) außer manchmal nach <ei> (<Geier – Reiher>) (vgl. Eisenberg 2016). Das Silbenanfangs-h wie das Dehnungs-h hat keine phonetische oder phonologische Entsprechung und wird deshalb auch „stummes h" genannt.

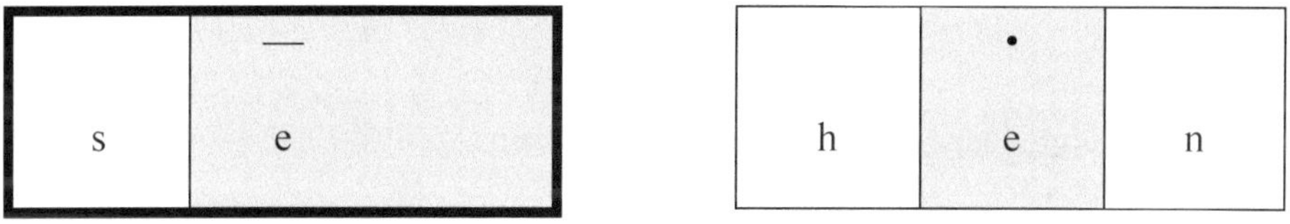

3.1.7 Vokalgraphemverdopplung (gespannter Vokal)

In insgesamt nur vergleichsweise wenigen Schreibungen wird Vokalgraphemverdopplung für die Gespanntheitsmarkierung verwendet. Häufig geht es hier um die Sichtbarmachung semantischer Unterschiede: <Seen – sehen, Beete – bete, Meer – mehr>.

Die deutsche Orthographie ist ein historisch gewachsenes System, in das hin und wieder (1901, 1996, 2006) durch normierende Reformen eingegriffen wurde. Nicht alle Schreibungen entsprechen den Regeln. Insbesondere für Dehnungs-h, Vokalverdopplung und Lehnwörter gilt: Wenn man nicht weiß, ob die Regel zutrifft oder nicht, muss man das Wort nachschlagen – über die Regel allein kann man zu keiner eindeutigen Lösung kommen. Immerhin erkennt man anhand der Regel aber, an welcher Stelle kein doppeltes Vokalzeichen, Silbenanfangs-h nach <ei> oder Dehnungs-<h> stehen kann.

3.2 Didaktische Modellierung silbischer Schreibungen

Um didaktische Modellierungen von Lerngegenständen einzuschätzen, lohnt ein sehr genauer Blick auf das Modellierte und die zugrundliegenden Prämissen. Auf dieser Basis lässt sich besser erkennen, worin genau die Lernenden durch die Modellierung unterstützt werden.

3.2.1 Explizitlautung statt Pilotsprache

In der gesprochenen Sprache kommt es zu artikulatorischen Verschleifungen, Auslassungen, regionalen oder dialektalen Realisierungsvarianten: [laufn] für /laufən/-<laufen> oder [hama] für /ha:bən vi:ɐ/-<haben wir> oder [haʃt] für /hast/-<hast>. Solche lautlichen Veränderungen werden nicht in die Schrift übernommen, damit man beim Lesen nicht bei jedem Wort rekonstruieren muss, wie VerfasserInnen Wörter aussprechen und welches Wort sie meinen. Das Schriftsystem bildet die sogenannte Explizitlautung ohne Auslassungen und Verschleifungen ab. Explizitlautung ist allerdings nicht mit der „Pilotsprache" (Breuninger/Betz 1996[4]) zu verwechseln. Wenn eine Lehrkraft Wörter so ausspricht, wie man sie schreibt (z. B. [ʃʀaibt] statt [ʃʀaipt] für <schreibt> oder [ʃʀaibe:n] statt [ʃʀaibən] für <schreiben>), führt das zwar jeweils aktuell zur richtigen Schreibung, nicht aber zu orthographischer Kompetenz. Nur, wenn Schreibende bereits wissen, wie ein Wort orthographisch zu schreiben ist, können sie es in „Pilotsprache" sprechen (ausführlicher dazu Röber-Siekmeyer/Spiekermann 2000: 762 ff.). **Explizitlautung**, also vollständige Aussprache ohne Auslassungen, ist dagegen zu Beginn des Schrifterwerbs unerlässlich.

3.2.2 Optische Unterscheidung von Silben (Mildenberger Verlag; Pracht)

In den letzten Jahren hat sich bei Erstleselektüren seit der Fibel „ABC der Tiere" (Handt/Kuhn 2005) immer mehr durchgesetzt, Silben farbig alternierend abzudrucken. Viele Lehrkräfte, insbesondere in Sonderschulen, zeigen sich begeistert von der Wirkung beim lauten Vorlesen. Wie Röber/Olfert (2010) zutreffend monieren, handelt es sich hierbei aber nicht um die Abbildung des silbischen Prinzips. Die Markierung zeigt ihre Wirkung nicht aus orthographischen Gründen, sondern ausschließlich, weil die Silbe die grundsätzliche **Sprech**einheit ist. Die LernerInnen bekommen also über die Farbmarkierung einen Hinweis auf die Silbengrenze, nicht aber auf Vokal(un)gespanntheit: z. B. bei insbesondere. Auch funktioniert die Grenzmarkierung nicht bei mehrgliedrigen Konsonantgraphemen, die nicht verdoppelt werden (waschen). Das lösen Silbenbögen unter Wörtern besser. Sprecheinheiten für das Lesen zu markieren, ist darüber hinaus nur solange hilfreich, wie der indirekte Zugriff über Graphem-Phonem-Zuordnungen, also der Umweg über die Lautung für das Wortlesen genutzt wird. Kundige

LeserInnen stört die Markierung der Silbeneinheiten bei abweichenden morphologischen Grenzen bei der Sinnentnahme eher (Zählung).

Ausgehend von Röber (z. B. 2009) geht Pracht (2012) bei ihrem Vorschlag für die Basisalphabetisierung schriftungewohnter VHS-LernerInnen nicht vom Laut-, sondern vom Schriftsystem aus, um Betonungsmuster beim (lauten oder subvokalen) Lesen erkennbar zu machen: Betonte Silben werden durch einen großen Kreis visualisiert, Reduktionssilben mit kleinen, damit die Lernenden beim Lesenlernen schneller zur richtigen Lautung von Einzelwörtern wie <eine, keine, meine, gegeben, einladen> gelangen. Dieses System zeigt in bestimmten Fällen die Silbensegmentierung, die Reduktionssilbe und die Betonung eines Wortes an, führt aber – mit Ausnahme der Konsonantgraphemverdopplung – nicht in das silbische Prinzip ein (was für die genannte Zielgruppe auch noch nicht angestrebt werden muss, aber vermittelt werden könnte). Morphologische Überformungen und phonologische Besonderheiten des Betonungsmusters werden dabei nicht differenziert: <einladen> ist als Partikelverb im Gegensatz zum Präfixverb <entladen> erstbetont, <laden> allein aber auch. Ohne Kreis-Markierung ist den Lernenden also nicht ersichtlich, welche Silbe zu betonen ist. Die Methode verhilft zu Beginn des Schrifterwerbs zum richtigen Betonen, aber nur bei bestimmten Wörtern bzw. Wortformen zur richtigen Vokalrealisierung: Bei „einlegen“ könnte beispielsweise in der zweiten Silbe ein Reduktionsvokal vermutet werden.

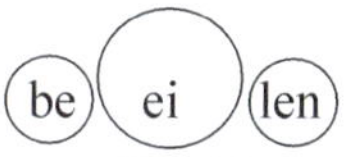

Abb. 29: Betonungsmarkierung nach Pracht (2012)

3.2.3 „Häuschen“-Methode (Röber)

Röber kommt das bedeutsame Verdienst zu, als wohl erste Methoden entwickelt zu haben, die frühes systematisches orthographisches Lernen ermöglichen. Sie legt mit Bezug auf Maas (1992) didaktische Vorschläge zur Großschreibung (Röber 1999, hier s. Kap. 5) und zum silbischen Prinzip (z. B. Röber 2009) vor. Die sogenannte „Häuschen“-Methode macht erklärbar, auf welche Weise die deutsche Orthographie mit dem Ungleichgewicht von Vokalen und Vokalzeichen umgeht. Röber geht es darum, LernerInnen keinesfalls zu Beginn des Schrifterwerbs „vorzugaukeln“, die Ermittlung von Graphem-Phonembeziehungen mittels Anlauttabelle (vgl. Kap. 1) reiche zum Richtigschreiben aus. Ihre Pionierleistung geht mit einer starken Fokussierung des syllabischen Prinzips einher. Orthographietheoretisch bedeutsam ist m. E. aber nicht das trochäische Betonungsmuster selbst, sondern die Tatsache, dass die Vokalgespanntheit **ausschließlich in Wortstämmen** in Fällen mit Verwechslungsgefahr markiert wird (vgl. S. 42).

In der Visualisierung von Trochäussilben verwendet Röber ein „Haus mit Dach“ für die betonte Silbe und eine „Garage ohne Dach“ für die unbetonte Silbe, das in Röber (2016) durch bedachten Zirkuswagen mit Anhänger ohne Dach ersetzt ist. Es werden vier „Haustypen“ unterschieden:

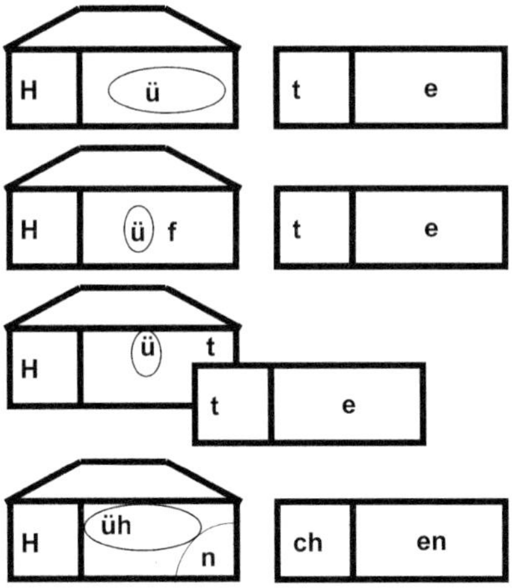

Abb. 30: Darstellung der Silbenstrukturen in der „Häuschen"-Methode (n. Röber, z. B. 2009)

Metaphorisch gesprochen hat der Vokal im zweiten Zimmer des Hauses viel Platz (kann sich also aus-„dehnen"), wenn sich zusätzlich kein Konsonantzeichen im Zimmer befindet (<Hüte>). Andernfalls wird der Vokal durch das Konsonantenzeichen „gequetscht" (<Hüfte>), weil es im zweiten Zimmer „eng" wird. Bildlich nicht mehr wirklich motiviert ist die „Garagenverschiebung" im Falle der Konsonantgraphemverdopplung: Weil es im Zimmer „eng" werden muss, damit die Metapher des „Quetschens" erhalten bleibt und Kinder dadurch auf einen geschärften Vokal schließen können, schiebt sich die Garage ins Haus und das Konsonantenzeichen wird verdoppelt. Diese Visualisierungsidee setzt also die Vorstellung des gedehnten oder geschärften Anschlusses (Maas 1992) um. Ausgesprochen „eng" wird es allerdings im Zimmer, wenn der Langvokal mit Dehnungs-<h> markiert wird und die „Besenkammer" für das <n> des gewählten Beispielwortes zusätzlich vom Zimmer „abgezwackt" werden muss. Abgesehen vom Verlust sprechender Bildlichkeit ist festzustellen, dass es der vierten „Häuschen"-Variante bzw. des auch vorgeschlagenen angehängten „Balkons" gar nicht bedarf: Bei dem Wort <Hühnchen> handelt es sich nicht um eine rein syllabische Schreibung, sondern um eine morphologische Vererbung der silbischen Schreibung an ein abgeleitetes Wort (Derivat), das zwar selbst ein Trochäus ist, aber nicht mehr derjenige, der die Schreibung hervorruft (<Hühner>).

Die „Häuschen"-Visualisierung erweist sich m. E. wegen der „Garagenverschiebung" und der aus unterschiedlichen Gründen zunehmenden „Enge" nicht als optimale Visualisierungsform. Bei arbiträren Zuordnungen von Visualisierungsformen zum Visualisierten (hier „Haus" = „Silbe") ist eine Ersetzung durch eine andere Visualisierungsform grundsätzlich problemlos möglich, ohne den Gehalt der zugrundeliegenden Idee zu schmälern (das gilt natürlich ebenso für die in diesem Buch vorgeschlagenen Formen). Neuerdings ersetzt Röber (2016) selbst das „Häuschen" durch einen Zirkuswagen mit Anhänger. Während der Anhänger in der ersten Auflage noch zum Wohnwagenanbau ohne Zwischenwand wird, was die Trochäusstruktur verschleiert, gibt es in der neuen Auflage (i. E.) eine Doppeltür, welche die beiden Wohnwagen miteinander verbindet. Diese Visualisierung macht die Konsonantgraphemverdopplung sehr gut sichtbar.

Von den vier „Häuschen"-Varianten bleiben jedoch nur drei relevant: Abgesehen von wenigen Ausnahmen wie <Mond, Freund> hat das Deutsche außer in morphologischen Überformungen keine betonte geschlossene Silbe mit gedehntem Vokal. <Hühnchen> erklärt sich morphologisch. Bredel führt das Häuschen-Garagen-Modell sogar zu einer einzigen Visualisierung mit eingefärbtem Stamm zusammen. Der Endrand der „Hauptsilbe" ist optional belegt:

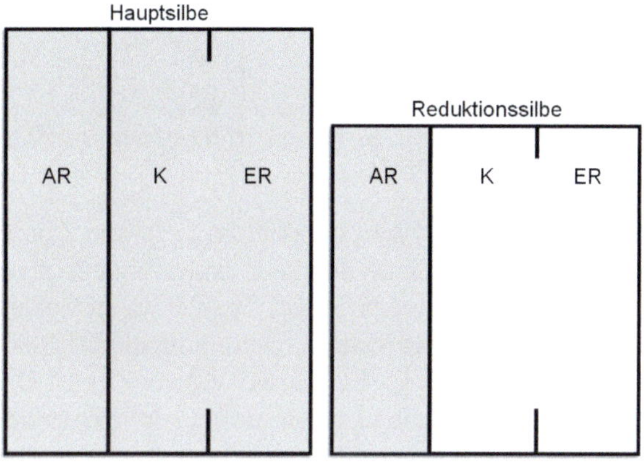

Abb. 31: Reduziertes Häuschen-Modell bei Bredel (http://dora.hosting.uni-hildesheim.de/main/download.php)

Im Hinblick auf die im Deutschen sehr häufigen abgeleiteten und zusammengesetzten Wörter sollte neben der Silbenstruktur möglichst früh gelernt werden, Wortstämme in morphologisch komplexen Wörtern zu erkennen und zu markieren (s. dazu Kap. 4: Bredels Erweiterung der „Häuschen"-Methode).

3.2.4 „Silbenkette"

Ausgehend von Röbers und Bredels (s. Kap. 4) Arbeiten wird hier das Instrument „Silbenkette" vorgeschlagen, das sukzessive durch Klapp- oder Schiebekärtchen ergänzt wird und den Lernenden dadurch einen direkten Zugang zur Orthographie bietet. Die Basis für die Verdeutlichung des syllabischen und morphologischen (s. Kap. 4) Prinzips sieht zwei getrennte Varianten für den ungespannten und gespannten Stammvokal vor, um modellintegriert die einzelnen Orthographieregeln visualisieren zu können und die Anzahl an Klapp- oder Schiebekärtchen dabei noch überschaubar zu halten. Eine Reduzierung auf nur eine Variante wie bei Bredel wäre möglich. Die Frage, ob diese Variante dann didaktisch zu komplex ist oder nicht, wird nur empirisch zu beantworten sein. Das „Dach" aus Röbers „Häuschen" ist in der „Silbenkette" durch Rahmen-Fettdruck der betonten Silbe ersetzt. Bei der offenen betonten Silbe umfasst das graue Vokalgraphemkästchen zwei Kästchenbreiten, bei der geschlossenen betonten folgt auf das graue Vokalgraphemkästchen ein weißes Konsonantgraphemkästchen.

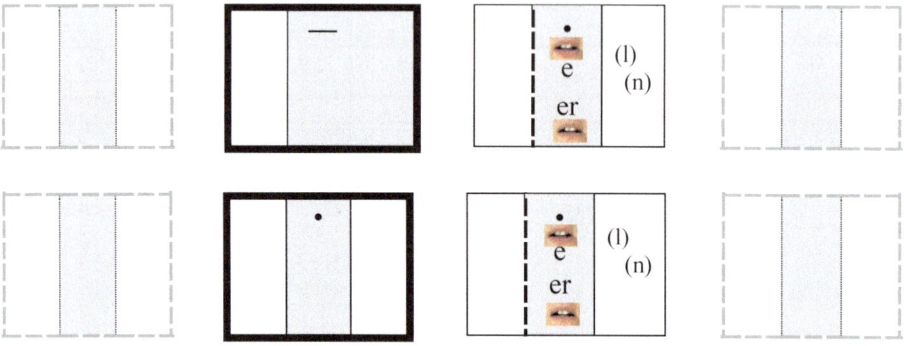

Die phonologische Vokalquantität bzw. -qualität ist durch die Zeichen — und • gekennzeichnet, die Mundbilder für die Reduktionsvokale vereindeutigen die Grapheme <e, er> (≠ /e:, ɛ/). <er> ist didaktisch reduzierend als a-Schwa im Vokalfeld eingetragen, obwohl dies nur eine Realisierungsvariante darstellt. Im Falle der Realisierung als [əʀ] z. B. in <weiteren> wird die Auslautanlegekarte (s. u.) verwendet. Da in der Reduktionssilbe außer im Wort <anders> nur <l, n, ln> auf <e, er> folgen können, sind diese Einträge schon vorgenommen. Damit ergibt ein handgeschriebener Eintrag die Stammschreibung. Diese Visualisierungsvariante ist – wie die „Häuschen"-Methode – kombinierbar mit der Hörtabelle (s. Kap. 1), den Methoden zur Ermittlung der Silbenanzahl und der Betontheit (s. Kap. 3.3). Die Alternativsetzung von Röbers und Reichens Ansatz sollte keine sein: Man kann sowohl mit der Hörtabelle anfangen und die Funktion der Schriftzeichen, die mehreren Hörpunkten zugeordnet werden, mit der Silbenkette erklären als auch mit der Silbenkette anfangen und die Hörtabelle nutzen, um an ausgewählten Silbenkettenwörtern die Phonem-Graphem-Beziehungen einzuführen. Die Funktion des silbischen Prinzips wird mit zwei stabilen Varianten visualisiert und verzichtet auf jegliche Art von Visualisierungsveränderungen („Garagenverschiebung", „Balkon", „Besenkammer", „Verbindungstüren"). Wie bei Pracht und Röber wird zunächst die Schreibung orthographisch unmarkierter, also unauffälliger Trochäen eingeführt, um dann sukzessive und individuell differenziert komplexere Schreibungen einzuführen. Die Silbenkette eignet sich auch als Prüfinstrument für die Schülerhand. Lernende können bei Unsicherheiten mit non-permanentem Folienstift nach einer Einführung selbstständig Wortschreibungen herleiten. Lehrende können durch — • bzw. •• oder „Sk" für „Silbenkette" am Heftrand auffordern, das Instrument für Korrekturen und Rechtschreibgespräche zu nutzen. Die allmähliche Erweiterung von zusätzlichen Klapp- oder Schiebekärtchen ermöglicht individualisiertes Arbeiten in vielfältigen Lerngruppen. Im fließenden Übergang wird auch das morphologische Prinzip zugänglich (s. Kap. 4). Vollständig, aber umständlich müsste das Instrument also eigentlich „Silben- und Wortbaukette" heißen.

Silbenkettenwörter werden so in die mittleren beiden Silbenkästen eingetragen, wie es in Kap. 3.1.1 ff. demonstriert wurde. Die gestrichelte Trennlinie in der zweiten Silbe zeigt mit dem Ende des handschriftlichen Eintrags zusätzlich das Ende des Wortstamms an (s. Kap. 4). Die grau gerahmten Klappkarten rechts und links stehen für die Wortbildungselemente (Prä- und Suffixe). Durch Kombination mehrerer Silbenketten können zusammengesetzte Wörter hergeleitet und abgebildet werden.

Individuell zugeordnete oder im Plenum bzw. in Kleingruppen thematisierte Aufgabenkarten können in den Gebrauch der Silbenkette einführen (Berkemeier i. V.). Da die Lernenden die geschriebenen Wörter vor ihrem Silbenketteneintrag nicht sehen dürfen, wird entweder mit abhörbaren Bild-Wort-Karten gearbeitet oder das zu schreibende Wort in Partnerarbeit von einem Kind vom Lösungsblatt abgelesen.

3.2.4.1 Einführung der „gespannten" Silbenkette

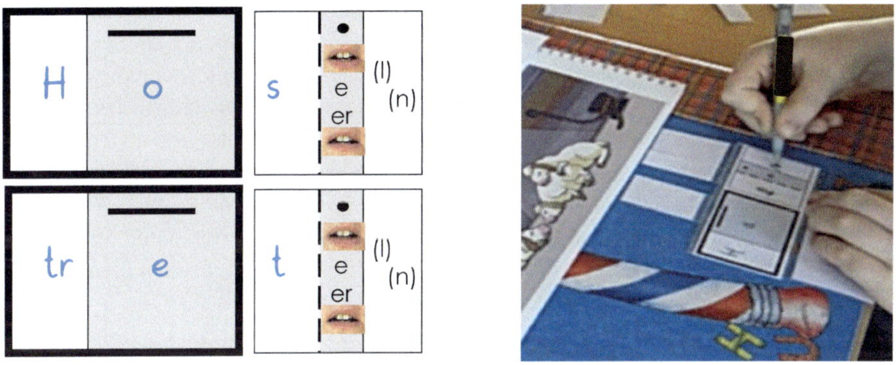

Abb. 33: Silbenketteneinführung: orthographisch unmarkiert, gespannter Stammvokal

Sofern bei der Einführung der ungespannten Silbenkette die Unterscheidung von ungespannten/kurzen und gespannten/langen Vokalen bereits thematisiert und geübt wurde, bleibt nun nur noch, die gespannte Silbenkette auf Silbenkettenwörter mit /e:, o:, u:, ø:, y:, ɔɪ, aɪ, aʊ/ anzuwenden. Lernende, denen die lautliche Unterscheidung noch schwerfällt, arbeiten zunächst nur mit passenden Silbenkettenwörtern. Möglicherweise fällt ihnen die Zuordnungsentscheidung über den späteren Silbenkettenvergleich leichter.

Gelingt die Zuordnung der Silbenkettenvarianten, beginnt im Folgenden jede Verwendung der Silbenkette mit der Frage, welche der beiden Varianten zu wählen ist. Dabei werden die in 3.3 beschriebenen Strategien eingesetzt.

Mit diesem Instrument bzw. auch in diesem zweiten Vermittlungsschritt kann über Großschreibung und e/ä- und eu/äu-Schreibung nicht entschieden werden.

3.2.4.2 Einführung der „ungespannten" Silbenkette

Zunächst werden orthographisch unmarkierte Silbenkettenwörter in die „ungespannte" Silbenkettenvariante[12] eingetragen. Beispiele zeigen den Lernenden, dass Konsonanten in die weißen und Vokale in die grauen Kästchen einzutragen sind:

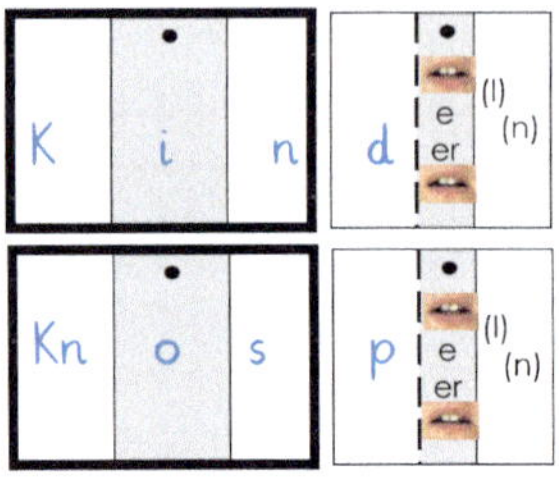

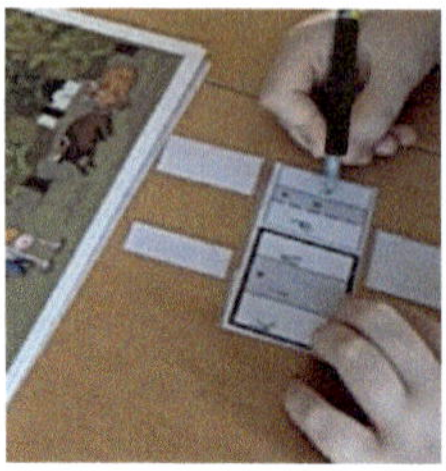

Abb. 32: Silbenketteneinführung: orthographisch unmarkiert, ungespannter Stammvokal

Sofern die Kinder Vokale und Konsonanten unterscheiden können, gelingt der Eintrag unmittelbar. Falls nicht, wird erklärt, dass der Luftstrom bei Vokalen an keiner Stelle im Mund gestoppt oder eingeschränkt wird. Gelingt der Eintrag passender vorgegebener Wörter, werden die Lernenden aufgefordert, mit den Fingern zu fühlen, dass sich die Lippen und Wangen während der Aussprache des Stammvokals (des ersten Vokals) ganz locker anfühlen. Im nächsten Schritt werden Silbenkettenwörter mit gespanntem /e:, i:, o:, u:, ø:, y:/ und ungespannten /ɛ, ɪ, ɔ, ʊ, œ, ʏ / im Stamm zur Auswahl angeboten. Alternativ wird das Unterscheidungskriterium der Vokallänge angeboten, das für die Unterscheidung von /a:, a/ und /ɛ, ɛ:/ ausschließlich gilt. Die Lernenden identifizieren die Wörter, die in die ungespannte Silbenkette passen, und tragen sie ein.

Wie bei Röber wird der Zugriff auf die Zuordnungen von /ə, ɐ/ und <-e, -er> in der Reduktionssilbe unmittelbar möglich.

Mit diesem Instrument bzw. in diesem ersten Vermittlungsschritt kann über Großschreibung und e/ä-Schreibung nicht entschieden werden. Diese Markierungen sind ggf. vorzugeben.

3.2.4.3 <ie> und <st/sp> am Stammanfang

<ie>- und <sp, st>-Schreibung werden in den meisten Lauttabellen bereits berücksichtigt und sind den Lernenden möglicherweise schon bekannt. Diese einfachen Regeln bieten sich an, um die ersten Klappkarten unten anzuhängen und auszuprobieren. Das optionale <r> im Anfangsrand ist eingeklammert. In der unaufwändiger zu erstellenden

[12] Die unterscheidende Benennung der Varianten mittels „gespannte" und „ungespannte" Silbenkette ist nicht günstig, weil sich das Attribut auf das Wort *Silbenkette* und nicht auf den betonten Vokal der ersten Silbe bezieht. Diese sprachliche Ungenauigkeit wird aber in Kauf genommen, um umständlichere Formulierungen wie „Silbenkette mit gespanntem Vokal in der ersten Silbe" zu vermeiden.

Schiebekarten-Variante wird die sp/st-Klappkarte durch einen Erinnerungshinweis im ersten Feld ersetzt (s. Anhang).

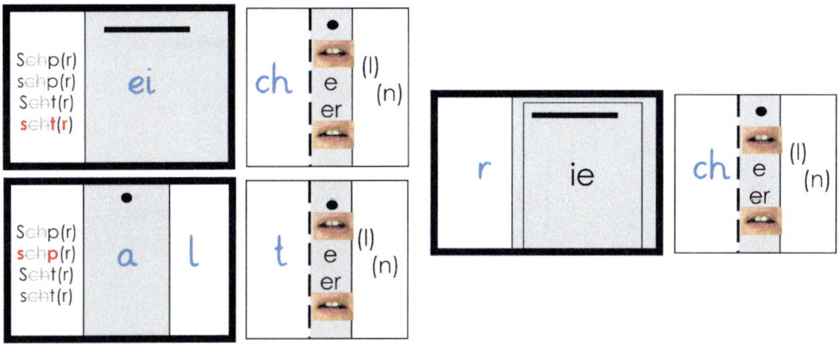

Abb. 34: Klappkarteneinführung: <ie> und <st/sp> am Stammanfang

Wenn Lernende ihre eigenen Texte überprüfen, erinnern die Klappkärtchen sie an die Überprüfung dieser Schreibungen: „Gilt diese Klappkarte bei meinem Wort? – Nein./Ja, so muss das Wort an dieser Stelle geschrieben werden."

3.2.4.4 Verdopplung von Konsonantgraphemen

Die Verdopplung von Konsonantgraphemen wird mit der einfachen Regel eingeführt: „Bleibt in der Mitte der ungespannten Silbenkette ein Feld frei, verdopple den Konsonantbuchstaben[13]."

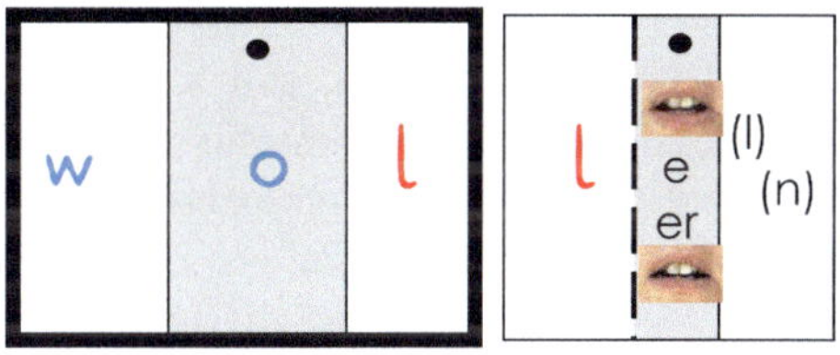

Abb. 35: Einführung der Konsonantgraphemverdopplung

Die Sonderregeln, die bei der Konsonantgraphemverdopplung greifen (<ck, tz> statt <*kk, *zz>; <x> und mehrgliedrige Grapheme ohne Verdopplung), sind auf dem zweiten Klappkärtchen unten bzw. auf der Schiebekarte verfügbar. Beim Hochklappen überdeckt es die relevanten Felder mit der Sonderlösung. So kann sukzessive jeder Sonderfall eingeführt und erklärt werden. Eigene Schreibungen werden daraufhin überprüfbar.

---

13 An dieser Stelle ist der Ausdruck „Buchstabe" korrekt, weil sich die Regel ausschließlich auf einteilige Konsonantgrapheme bezieht.

Damit sich die Lernenden nicht entscheiden müssen, wie sie die mehrgliedrigen Grapheme auf die beiden Konsonantenkästchen verteilen sollen, ermöglicht ein weißes Klapp-/Schiebekärtchen, Buchstabengruppen mittig mit Folienstift einzutragen.

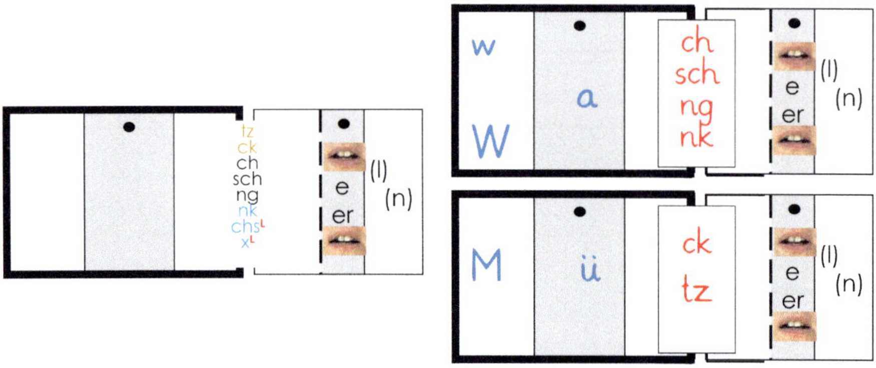

Abb. 36: Einführung der Gelenksonderregeln

Kärtchen, die parallel zu anderen umgeklappt werden können, zeigen, dass die Regeln auch in Kombination vorkommen können (z. B. <Spatzen, stricken>), man also bei der Wortschreibung auf mehrere Aspekte achten muss. Kärtchen, die nicht gleichzeitig sichtbar sein können, kommen nicht in Kombination vor. Diese Option entfällt in der vereinfachten Schiebekartenvariante aus technischen Gründen.

Die eigentlich komplexe /z, s/-Schreibung ist klar erkennbar auf die Silbenkettenvarianten verteilt: <ss> für /s/ kommt nur in der ungespannten Variante vor (<Kissen>), <ß> für /s/ und <s> für /z/ nur in der gespannten (<Füße, niesen>). Lediglich bei Unterscheidungsschwierigkeiten von /s/ und /z/ z. B. im Süddeutschen entsteht hier für <ß, s> ein Problem, das durch Bewusstmachung und Artikulationsübungen behoben werden kann (s. Kap. 1). Ob <s> in der ungespannten Silbenkette für /z/ oder /s/ steht, ergibt sich aus der Stellung im Wort (<Kiste, erste, grinsen>). Da hier nie <ß> geschrieben wird, ist sind /s, z/-Unterscheidungsschwierigkeiten hier nicht relevant.

3.2.4.5 Silbenanfangs- und Dehnungs-h sowie Vokalgraphemverdopplung

Sowohl Silbenanfangs- als auch Dehnungs-<h>-Regel gelten nicht durchgängig. Wenn man die Schreibungen eingrenzbarer Fälle nicht kennt, muss man sie im Wörterbuch nachschlagen. Lernwörter werden am besten in einer Kartei oder in einem Lernheft sortiert gesammelt und geübt. Dafür steht das rote, hochgestellte „L" auf den Klapp-/Schiebekarten. So steht das **Silbenanfangs-h** eigentlich nicht nach Diphthongen, nur bei <ei> ist es manchmal so. Nach allen langen Vokalen steht es in der Regel (weil <sähen> wegen <sehen> ein Silbenanfangs-h verlangt, ist <säen> wegen <Saat> sinnvoll). Das Silbenanfangs-h wird nicht gesprochen. Es markiert nur die optische Grenze zwischen zwei Vokalen, von denen der erste lang/gespannt/gedehnt ist.

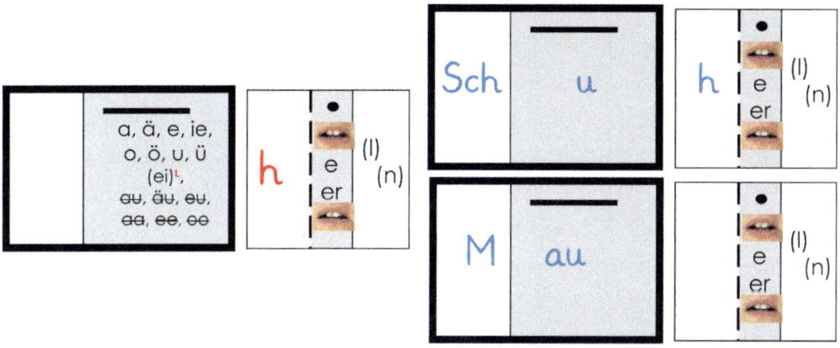

Abb. 37: Einführung des Silbenanfangs-hs

Das **Dehnung-<h>** kann ausschließlich vor einfachem <r, l, m, n> nach Langvokal stehen und muss immer nachgeschlagen werden, wenn man sich nicht sicher ist.

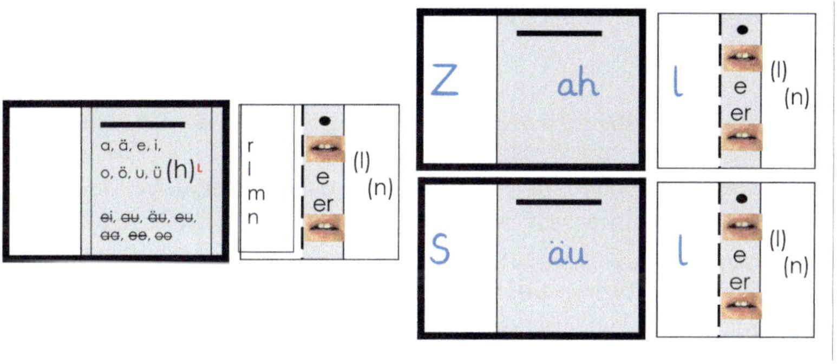

Abb. 38: Einführung des Dehnungs-hs

Vokalgraphemverdopplung beschränkt sich auf so wenige Wörter, dass man sie bei Erscheinen ausschließlich als Lernwörter behandeln kann. Die Regelerklärung verdeutlicht lediglich, in welchen Umgebungen Vokalgrapheme nie verdoppelt werden.

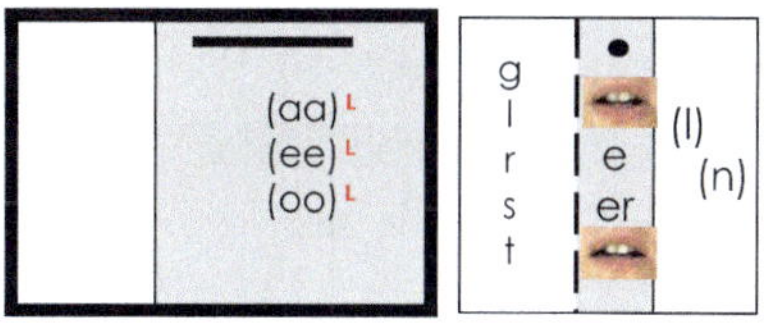

Abb. 39: ggf. Einführung der Vokalgraphemverdopplung

Hinzu kommen allerdings Einsilber, denen – sofern Plural möglich – die Schwa-Endung ohne Silbenanfangs-<h> folgt (z. B. <See(n), Fee(n), Schnee, Klee, Zoo>). Das spricht gegen die Verwendung dieser Klappkarte und für die Beschränkung auf Lernhefteinträge.

Mittels dieser insgesamt maximal sechs verschiedenen unten angehängten Klappkärtchen sind die Regeln des silbischen Prinzips abgedeckt. In der Schiebevariante sind es ohne sp/st und Vokalgraphemverdopplung nur vier. Die Regeln können sukzessive, ggf. individuell differenziert eingeführt und angeheftet werden, nach dem erfolgreichen Erwerb einzelner Regeln aber auch wieder entfernt werden. Die Lernenden prüfen, ob eine ihrer Schreibungen überarbeitet werden muss bzw. im konkreten Fall in Frage kommt. Nur wenn eine potenzielle Schreibung möglich und nicht bekannt ist, kommen Wörterbuch und Lernheft zum Einsatz. Sind Klapp-/Schiebekarten eingeführt, werden die entsprechenden Fehlerarten nur noch angestrichen und die Lernenden erarbeiten sich die Lösung mithilfe der Silbenkettenvarianten selbstständig.

3.3 Phonologische Bewusstheit II: Methoden zur Förderung silbenbezogener Bewusstheit (Silbenanzahl, Betontheit, Vokalgespanntheit/Vokallänge)

Da die beiden in 3.1 genannten Silbenstrukturvarianten für die Vokalgraphemmarkierung so bedeutsam sind, müsste eigentlich selbstverständlich sein, dass phonologische Bewusstheit nicht nur phonographisch, sondern auch silbenbezogen relevant für den Schrift- bzw. Orthographieerwerb ist. Dies wird vermutlich deshalb oft übersehen (ausführlich s. Berkemeier/Drinhaus (2014)), weil sich die meisten Arbeiten zur phonologischen Bewusstheit auf Vorschulkinder und damit nicht auf den Orthographieerwerb konzentrieren. Demgegenüber ist den meisten Grundschullehrkräften bewusst, dass die Unterscheidung von betont/unbetont und lang/kurz vielen Lernenden lange schwerfällt. Ebenso wie im phonographischen Kontext (s. Kap. 1.3) kann auch hier angenommen werden, dass die Unterscheidungskompetenz sowohl über die Lautung als auch über die Schrift entwickelt werden kann:

Entweder es gelingt über die Beschäftigung mit dem silbischen Prinzip, die phonologische Aufmerksamkeit zu schärfen (s. 2.3), oder man entlastet die Lernenden, indem sie **zusätzlich** schriftunabhängig, Gehörtes auf Betonung und Vokalqualität bzw. -quantität untersuchen (s. 3.3.1 ff.). Wahrscheinlich ist es für die meisten LernerInnen am günstigsten, beides miteinander zu verbinden.

Für die orthographische Markierung von Silbenkettenwörtern muss man Zweisilber identifizieren bzw. Einsilber verlängern (3.3.1), sie auf Erstbetonung prüfen (3.3.2) und die Vokalqualität bzw. -quantität bzw. (Un-)Gespanntheit feststellen (3.3.3).

3.3.1 Methoden zum Identifizieren von Zweisilbern

Das Einzeichnen von Silbenbögen (z. B. Mann 1991, Hinney 1997) geht mit der körperlichen Bewegung des Silbenschwingens einher, die wiederum mit dem Sonoritätsverlauf der Silbe korrespondiert. Wie in 1.3.1 dargestellt ist, kann man mit dem **Silbenschwingen** nur dann Zweisilber ermitteln, wenn die Schwünge den vollständig realisierten Sprechsilben folgen. Richtig ist, dass durch das Silbenschwingen die Silben**anzahl** eines Wortes ermittelt werden kann. Nicht richtig ist, dass das Silbenschwingen dabei hilft, die Silben**grenze** zu ermitteln. Wie in 3.1 ausgeführt wurde, setzen auch LinguistInnen die Silbengrenze unterschiedlich (Eisenberg in geschlossenen Silben nach bzw. auf dem folgenden Konsonanten, Maas nach dem Vokal). Silbenschwingen ist also nur so lange sinnvoll, bis die Ermittlung der Silbenanzahl ohne weiteren Aufwand gelingt. Für orthographische Entscheidungen ist dies nur ein erster Schritt.

3.3.2 Methoden zum Identifizieren betonter Silben

Um die betonte Silbe eines Zweisilbers zu identifizieren, gibt es verschiedene Herangehensweisen:

Auf betonten Silben kann man während des Sprechens eines Wortes einen **Schritt** nach vorne tun, auf unbetonten fällt das relativ schwer. Die Lernenden brauchen dafür anfangs eine kompetente Beratung oder ein Erklärvideo.

Skandierendes (Nach-)Sprechen (lautes Sprechen der betonten Silbe und leises Sprechen der unbetonten Silbe) übertreibt die natürliche Wortbetonung und kann, evtl. mit einer Bewegung gekoppelt, zur Identifizierung beitragen. Die Erstbetonung von Zweisilbern mit Reduktionssilbe fällt auf den Wortstamm, erleichtert also auch den Zugang zur Bedeutung. Gegenteilig zu skandieren, fällt naturgemäß relativ schwer, weil das die Bedeutungsentnahme verzögert.

Orthographierelevante Trochäen haben einen **Reduktionsvokal** in der zweiten Silbe. Den Reduktionsvokal anhand artikulatorischer Merkmale zu identifizieren, kann helfen, die unbetonte Silbe in orthographierelevanten Wörtern zu finden.

Betonungsmuster zu **trommeln** oder zu klopfen (z. B. Klages/Kaltenbacher 2014, Ermonies-Jargielo/Kaltenbacher 2014) ist ebenfalls ein erster Schritt zum silbischen Prinzip. Das Trommeln von Betonungsmustern ist allerdings komplexer als die vorausgehenden Vorschläge, weil gleichzeitig die Anzahl der Silben eines Wortes durch mehrere Schläge und die Betonung durch einen lauteren Schlag erfolgen muss. Wenn das mühelos gelingt, schlägt man „zwei Fliegen mit einer Klappe“. Wenn nicht, arbeitet man die Anforderungen besser nacheinander ab.

Thematisiert man Silbenkettenwörter im Unterricht sehr oft, kann sich umgekehrt auch durch die Frequenz der schriftlichen Auseinandersetzung ergeben, dass die Lernenden Erstbetonung erkennen.

Die analysierten Betonungsmuster können unabhängig von Schrift mit großen und kleinen Knöpfen nachgelegt werden (z. B. Klages/Kaltenbacher 2014, Ermonies-Jargielo/Kaltenbacher 2014). Alternativ können Bild-Hörkarten nach erst- und zweitbetont (<Regal, Flanell, Kamel>) sortiert werden. So werden (noch nicht) vorhandene Kompetenzen sichtbar, ohne dass die Lehrperson den gesamten Übungsprozess begleiten muss.

3.3.3 Methoden zum Identifizieren von gespannten und ungespannten Vokalen

gespannt/lang		ungespannt/kurz	
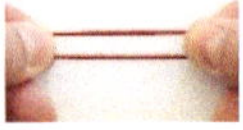		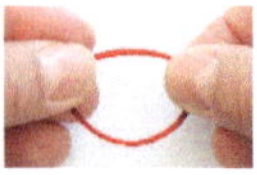	
/iː/, /ai/, /ɔi/	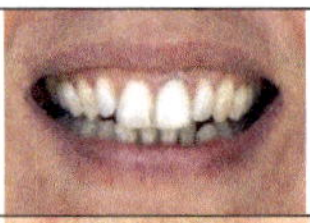	/ɪ/	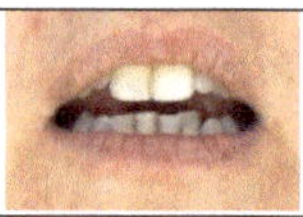
/yː/	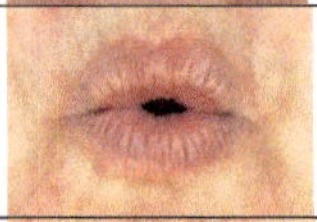	/Y/	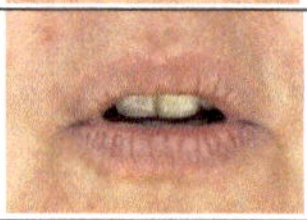
/uː/, /au/	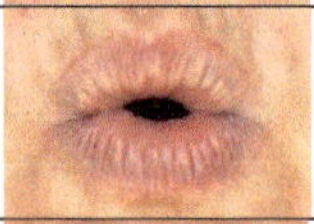	/ʊ/	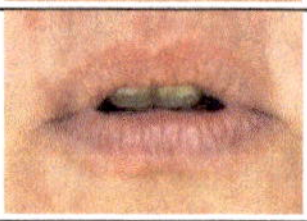
/eː/	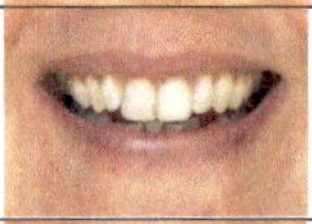	/ɛ/	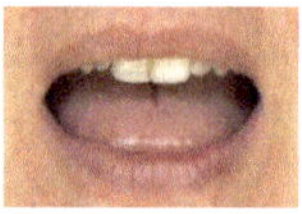
/ɛː/	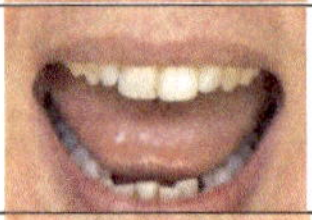		
/øː/	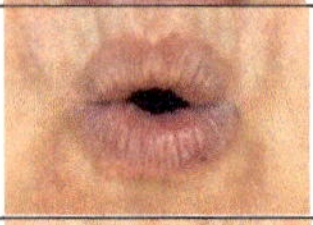	/œ/	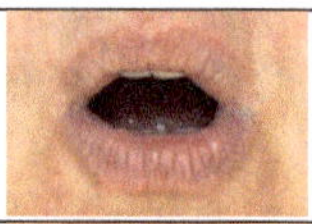
/oː/	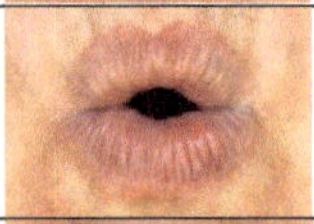	/ɔ/	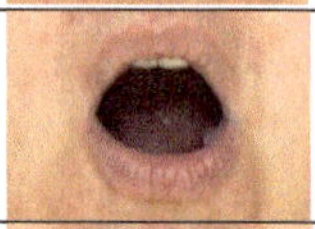
/aː/	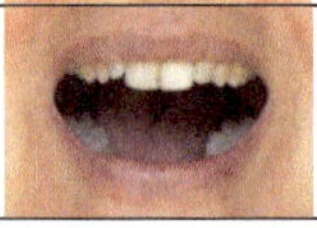	/a/	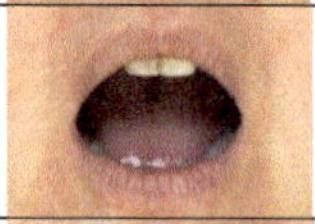
		/ə/	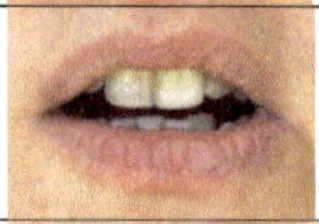
		/ɐ/	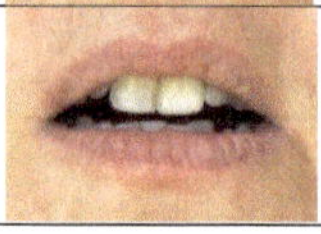

Abb. 40: Lippenbilder zur Unterscheidung von gespannten und ungespannten Vokalen

Um die Unterscheidung „gespannt – ungespannt“ zu üben, bietet sich die Verwendung von Mundbildern an: Vokale sind zwar nicht ausschließlich durch Lippen- bzw. Wangenspannung beschreibbar (s. Abb. 3 in Kap. 1.1), aber im Hinblick auf das syllabische Prinzip ist Gespanntheit außer bei /a:, a/ und /ɛ:, ɛ/ ein leicht wahrnehmbares Unterscheidungsmerkmal der beiden Vokalgruppen. Einerseits ist die Opposition beim Sprechen häufig optisch erkennbar (s. Abb. 40), andererseits kann man sie beim richtigen Artikulieren mit den Fingern an den Lippen und Wangen ertasten. Das fällt LernerInnen leicht.

Zusätzlich kann man die Unterscheidung „lang – kurz“ durch Verwendung von Handbewegungen unterstützen.

Auch hier können übungshalber Bild-(Hör-)Karten nach erstbetontem gespanntem und erstbetonten ungespanntem Vokal sortiert werden. Am besten eignen sich dafür Minimalpaare (Bild-Hörkarten zu <Beet, Bett; Hüte, Hütte …>), weil dann gleichzeitig die bedeutungsunterscheidende Funktion der Vokale deutlich wird. Die Lernenden brauchen auch hier anfangs eine kompetente Beratung durch die Lehrperson, ein Erklärkind oder ein Erklärvideo. Für die Sammlung von „Silbenkettenwörtern“ nutzen Sie die DORA-Suchmaske (Datenbank orthografisch regulärer Ausdrücke: http://dora.hosting.uni-hildesheim.de/index.php) von Bredel/Hlebec/Heid/Jauch oder nach Erscheinen die Materialien zur Silbenkette (Berkemeier i. V.).

3.4 Übergänge zwischen phonographischem und silbischem Prinzip: Silbenbogen (Riegler) und Reimsätze

In den neueren Arbeiten schlägt Riegler (2012, 2016) mit ihrem „Silbenbogen“ eine erste, dringend notwendige Brücke zwischen Laut- und Silbenansatz. Das Charmante der Idee besteht darin, dass die Lernenden mit dem Finger wie bei Reichens Anlauttabelle den Bogen von links unten nach rechts unten entlangfahren können und dabei zunächst auf Konsonant-Graphem-Zuordnungen stoßen, die im Silbenanfangsrand stehen können, dann auf die Vokal-Graphem-Zuordnungen treffen und schließlich zu Konsonant-Graphem-Zuordnungen kommen, die im Silbenendrand möglich sind. Dabei sortiert Riegler die Konsonanten teilweise nach dem Schallfüllegrad und gibt damit Hinweise auf die Abfolge von Konsonanten in komplexen Rändern.

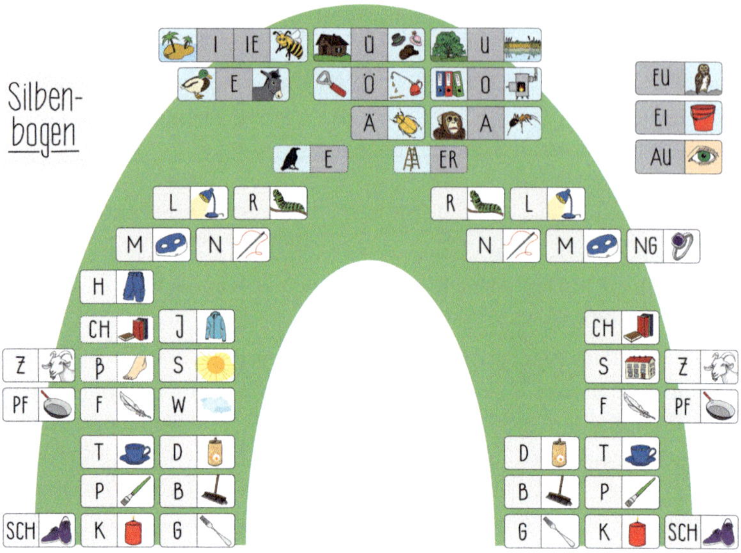

Abb. 41: Silbenbogen (Riegler 2016)

Die Zuordnung <Ä> für /ɛ/ sowie die Grapheme <ÄU, V, X/CHS, QU, NK, ST, SP> fehlen, damit die Lernenden nicht in Konflikt mit <E, EU, F/W, KS, KW, NGK, SCHT, SCHP> geraten. Riegler (2009: 17) argumentiert damit, dass vollständige Lauttabellen mit Wahlmöglichkeiten „zu viel auf einmal" wollten. Dann allerdings – und das entspricht durchaus dem Ursprungsgedanken „Lesen durch Schreiben" von Reichen – eignet sich der Silbenbogen nur zum Schreiben, nicht aber für das Erlesen von Wörtern, weil nicht alle Grapheme auffindbar sind.

Hinzu kommt: Der Silbenbogen bezieht sich auf erstbetonte Trochäen des Deutschen, besteht aber aus nur einem Bogen, obwohl die beiden Trochäus-Silben nicht dieselben GPK-Verteilung zulassen und dieses Wissen für das anfangs noch mühsame „Erschreiben" von Wörtern nützen kann:

- Das kleingeschriebene <ß> zeigt zwar, dass es nicht am Anfang von Nomen stehen kann, nicht aber, dass es nie in der ersten Silbe, also am Wortanfang stehen kann.
- Gespannte und ungespannte Vokale verteilen sich weitgehend systematisch auf offene und geschlossene Silben.
- Der Endrand bleibt bei Silben mit gespannten Vokalen frei.
- e- und a-Schwa stehen nur im Kern von Reduktionssilben.

Solche Unterschiede zwischen erster und zweiter Silbe werden im Silbenbogen nicht deutlich, sodass die Lernenden mehr prüfen müssen, als tatsächlich notwendig ist.

Wenn man silbisch schreiben soll, geht an der Konsonantgraphemverdopplung kein Weg vorbei. Nur in diesen Fällen können <b, d, g> im Endrand der betonten Silbe stehen. Geht Riegler davon aus, dass Kinder automatisch <baggern> schreiben, obwohl nur ein Konsonant gesprochen wird? Schreiben sie dann auch *<WASCHSCHEN>? Dass <NG> in der Variante von 2016 nicht mehr im Anlaut (der zweiten Silbe) steht, ist nicht konsequent, wenn <ß> enthalten ist.

Um die Verteilung der Graphem-Phonem-Zuordnungen silbisch abzubilden, wären insgesamt drei verschiedene Silbenbögen nötig: offene und geschlossene betonte erste Silbe mit gespannten bzw. ungespannnten Vokalen und jeweils eine Reduktionssilbe mit den Reduktionsvokalen. Der Anfangsrand würde in beiden Bögen für betonte Silben übereinstimmen, der Endrand bliebe in der einen Variante leer, in der anderen mit den möglichen Konsonanten-Endrandkombinationen gefüllt. Der Anfangsrand der beiden Bögen für unbetonte Silben würde nicht übereinstimmen (auch nicht mit dem Anfangsrand der Varianten für die betonten Silben), der sehr übersichtliche Endrand schon, sofern die Lernenden nur Silbenkettenwörter schreiben. Diese Dopplungen wären materialtechnisch aufwändig. Abb. 42 zeigt eine Variante der Silbenkette (s. Kap. 3.2.4), welche diese Graphem-Phonem-Kombinatorik wiedergibt. Konsonantgrapheme, die im jeweiligen Feld weiter links gelistet sind, können mit mittig und/oder rechts positionierten kombiniert werden. Lediglich die mit einer Ecke gekennzeichneten Konsonanten stehen nur allein im Anfangsrand der ersten Silbe. Alle anderen Konsonanten(zeichen) können in Konsonantenclustern mit anderen kombiniert werden. <leugnen, widmen, hübsch> enthalten in älteren Sprachstufen des Deutschen eine Silbe mehr und sind daher gesondert zu betrachten; die ehemalige Stimmhaftigkeit von <b, d, g> ist heute nicht mehr nicht ableitbar. Der mittige Zusatzkasten bei geschlossenen betonten Silben betrifft die Silbengelenksschreibungen. Die Audiosticker wären entweder nur einmal vorhanden oder zeigten an, welche Lautvariante auf der angegebenen Position möglich ist.

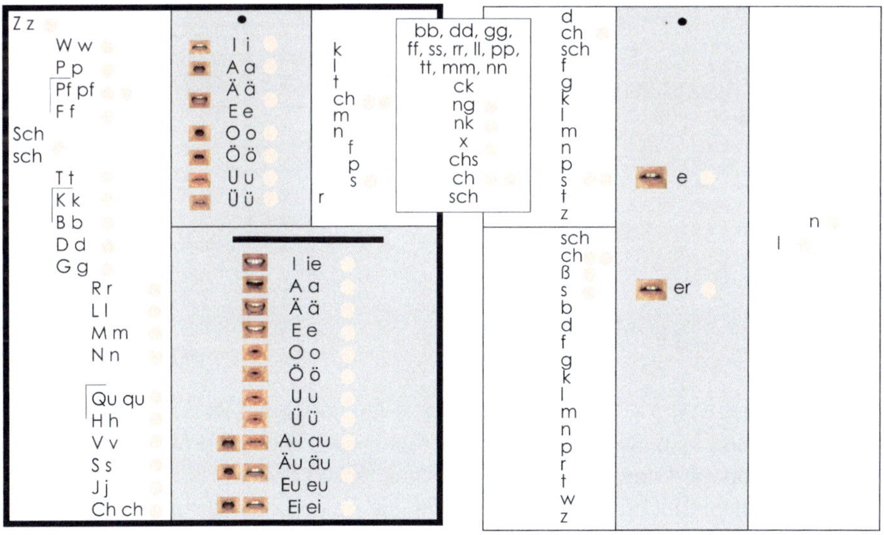

Abb. 42: Transferversuch der Silbenbogenidee

Die Abbildung zeigt die hohe Komplexität, die Rieglers Idee nach sich zieht, wenn die Lernenden vollständige Verteilungshinweise bekommen sollen. Auf diese Weise kann Lehrkräften die Komplexität des deutschen Silbenbaus insbesondere im Hinblick auf die Erklärung von Ausspracheschwierigkeiten anschaulich gemacht werden. Für schnelllernende, komplexitätsgewohnte Mehrschriftige mag diese Variante eine Hilfe sein. Alle anderen LernerInnen dürften mit dieser Darstellung überfordert sein.

Möglicherweise kann folgende Idee für den Brückenschlag zwischen Laut- und Silbenansatz sowie für vielfältige Lerngruppen nützlich sein: Drei bis vier gereimte Sätze mit einem Silbenkettenwort am Satzende werden über Audiosticker akustisch (in Abb. 43 ersatzweise verschriftet) individuell zugänglich, weil sie noch nicht gelesen werden können. Das Silbenkettenwort ist mittels Silbenkette dargestellt und über Audiosticker gesondert zugänglich. Der Anfangsrand der betonten Silbe bleibt frei. Eine Visualisierung des Silbenkettenwortes verhilft Sprachlernenden zur Wortbedeutung immerhin dieses Wortes. Neben den gereimten Sätzen stehen drei bis vier Konsonantenzeichen mit Audiostickern zur Auswahl, um den – zunächst einfachen – Anfangsrand zu füllen.

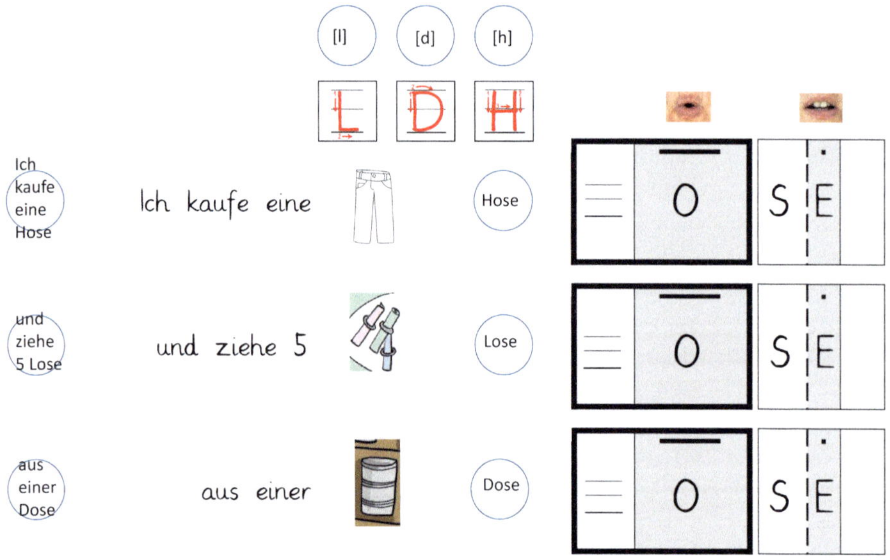

Abb. 43: Silbengedicht als Brückenschlag zwischen phonographischem und silbischem Prinzip

Auf diese Weise ist das Silbenkettenwort ohne orthographische Markierung (immerhin) in einen Satz und in immer dieselbe Silbenstruktur eingebettet. Die aktuelle Erprobung wird zeigen, ob die Lernenden sich so die Graphem-Phonem-Zuordnungen selbst erschließen können. Blockschrift ist gewählt, um die Anforderungen anfangs zu minimieren. Aussprache und Hörunterscheidung sind integriert. Silbenkette und Silbenkettenwörter werden an dieser Stelle nur implizit eingeführt. Möglicherweise werden so nicht nur die Zuordnungen der Anfangsränder, sondern auch die restlichen Graphem-Phonem-Zuordnungen des Wortes zunehmend intuitiv erfasst. Ob das funktioniert, ist ebenfalls empirisch zu klären. Insbesondere bei Seiteneinstieg könnten im Deutschen noch zu Alphabetisierende ggf. relativ selbstständig am Erwerb der Graphem-Phonem-Zuordnungen arbeiten, sind aber parallel in der Aussprache zu unterstützen.

3.5 Berücksichtigung von Mehrsprachigkeit: Auswirkungen nichtdeutscher Silbenstrukturen auf Aussprache und Schreibung

Um Entscheidungen über silbische Markierungen vornehmen zu können, müssen sich LernerInnen mit Deutsch als Muttersprache (nur) der Betonung und Aussprache von Silbenkettenwörtern bewusst werden, Mehrsprachige brauchen außerdem Aussprache- und Hörübungen, wenn

- Vokale nicht ausreichend unterschieden werden (s. Kap. 1.4.1)
- Betonungsregeln aus der Erstsprache übertragen werden
- Lautverbindungen verändert werden oder
- Segmentierungsstrategien aus dem Erstleseunterricht in der Erstsprache übertragen werden.

Anhand weniger Beispiele soll verdeutlicht werden, inwiefern Unterschiede von Silbenstrukturen verschiedener Sprachen zu Schwierigkeiten führen, wenn sie nicht bearbeitet werden. Nur das, was richtig gehört bzw. ausgesprochen wird, kann richtig verschriftet werden, wenn die Schreibung nicht bekannt ist. Schreibfehler, die auf Aussprache- und Hörfehlern beruhen, können also nur mit Artikulations- und Hörunterscheidungsübungen effektiv bearbeitet werden – nicht mithilfe schriftlicher Übungen.

Ein gutes Beispiel für silbenbezogene Artikulationsprobleme im Deutschen sind die **Konsonantenhäufungen**, die in vielen Sprachen nicht vorkommen. Wenn SprecherInnen nicht gewohnt sind, mehrere Konsonanten hintereinander auszusprechen, liegt dies an den ungewohnten Artikulationsbewegungen. Versuchen Sie z. B. den polnischen Städtenamen /ʃtʃɛˈtʃiːn/ auszusprechen – das ist nicht so leicht, wenn man das Konsonantencluster [ʃtʃ] nicht auszusprechen gewohnt ist. Z. B. das Türkische verfügt – mit Ausnahme von Fremdwörtern – im Anfangsrand in der Regel über keinen oder einen einzelnen Konsonanten. Um sich die Aussprache zu erleichtern, schieben manche Deutschlernende mit türkischer Erstsprache unbewusst Vokale (sogenannte Sprossvokale, vgl. Belke 2012: 125) ein, die sie, wenn sie sich selbst einen Text diktieren, auch schreiben (s. Abb. 44).

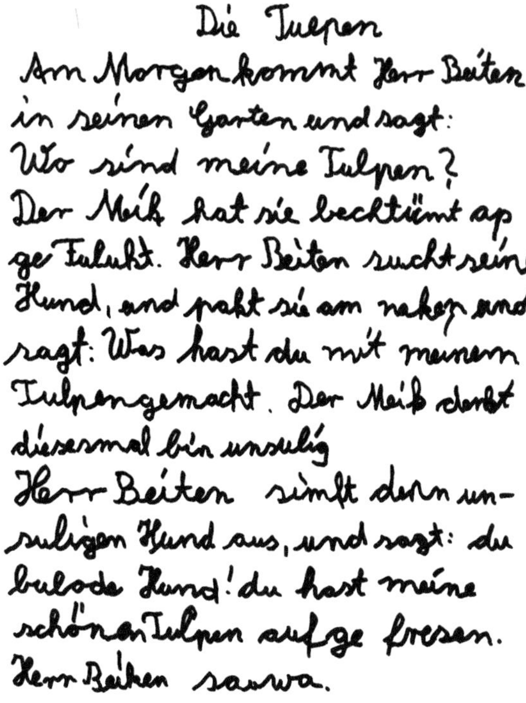
Die Tuepen
Am Morgen kommt Herr Baiten
in seinen Garten und sagt:
Wo sind meine Tulpen?
Der Meiß hat sie becktümt ap
ge Fulukt. Herr Beiten sucht seinen
Hund, and pakt sie am nakep and
sagt: Was hast du mit meinem
Tulpengemacht. Der Meiß darbt
diesermal bin unsulig
Herr Beiten simft denn un-
suligen Hund aus, und sagt: du
bulode Hund! du hast meine
schönenTulpen auf ge fresen.
Herr Baiken sauwa.

Abb. 44: Text einer Drittklässlerin mit Türkisch als Erst- und Deutsch als Zweitsprache

Sowohl die Schreibung <<abgeFulukt>> für <abgepflückt> als auch die Schreibung <<bulode Hund>> für <blöder Hund> zeigen, dass sich Sprossvokale aufgrund artikulatorischer Schwierigkeiten ins Schriftbild vererben. Nur Aussprache- und Hörunterscheidungsübungen (<bereit> vs. <breit>) helfen, solche Schreibungen zu vermeiden. Zunächst werden die entsprechenden Konsonanten getrennt voneinander gesprochen ([f] – [l]), dann miteinander kombiniert ([fl]) und schließlich die ganze Silbe und das ganze Wort gesprochen. Da die Affrikate /pf/ im Anfangsrand von vielen SprecherInnen des Deutschen als [f] realisiert wird, kann an dieser Stelle auf die Aussprache [pfl] verzichtet werden. Allerdings ist zu vermitteln, dass man dort zwar [f] sprechen kann, aber <pf> schreiben muss. Im Endrand ist dagegen [pf] zu realisieren ([kɔpf], nicht *[kɔf], sofern kein [m] vorangeht: [ʃɪmfən] für <schimpfen> ist aufgrund von Assimilation möglich und üblich).

Eine weitere Abweichung besteht darin, dass Konsonanten ausgelassen werden. In diesem Text ist das möglicherweise in der Schreibung <<unsuligen>> der Fall. Allerdings handelt es sich hier nicht um ein Konsonantencluster, sondern um zwei Konsonanten mit einer Silbengrenze dazwischen, von denen der zweite weggelassen wird.

Auch wenn kein Ausspracheproblem gegeben ist, kann es sein, dass der Silbenschnitt einer Sprache auf das Deutsche übertragen wird – vor allem dann, wenn dies durch den

Erstschrifterwerb in dieser anderen Sprache forciert wird. Im griechischen Erstleseunterricht wird auf die Segmentierung nach Vokalen Wert gelegt (s. Abb. 45).

Abb. 45: Silbische Segmentierung in der neugriechischen Fibel „Η γλώσσα μου 1" (Velalidis u. a. 1991: 70)

Außerdem verfügt das Neugriechische über Konsonantencluster im Silbenanfang, die sich von denen des Deutschen unterscheiden, allerdings silbenübergreifend auch im Deutschen vorkommen. Beides führt zu Segmentierungen bei bilingualen LeseanfängerInnen beim Zweitschrifterwerb im Deutschen, die der deutschen Sprechsilbe nicht entsprechen und zu Schwierigkeiten bei der Sinnentnahme führen:

Fu-ßball:	vgl. [sp] in <σπάνια>,
Sto-ppschild:	vgl. [ps] in <ψιλός>,
Do-ktor:	vgl. [kt] in <κτίριο>,
la-cht:	vgl. [xt] in <χτενίζομαι>,
Fa-tma:	vgl. [tm] in <τμήμα>,
re-gnen:	vgl. [ɣn] in <γνωρίζω>,
Mo-ndsch[a]- in:	vgl. [nd] in <ντομάτα>,
au-fge-stellt:	vgl. [vɣ] in <βγάζω>.

Mithilfe der Silbenkette können die Silbenstrukturen des Deutschen sichtbar gemacht und thematisiert werden.

In Abb. 45 ist ersichtlich, dass die betonte Silbe im neugriechischen Schriftsystem durch ein Akzentzeichen verschriftlicht wird. Mitunter übertragen Deutschlernende diese Markierung auf das Deutsche. Im folgenden Beispiel handelt es sich um ein Diktat. Der bilinguale Lerner korrigiert die Akzente bei <Regen, Regenschirm, keinen> und setzt der diktierten Betonung entsprechend einen Akzent auf <Regenmantel>:

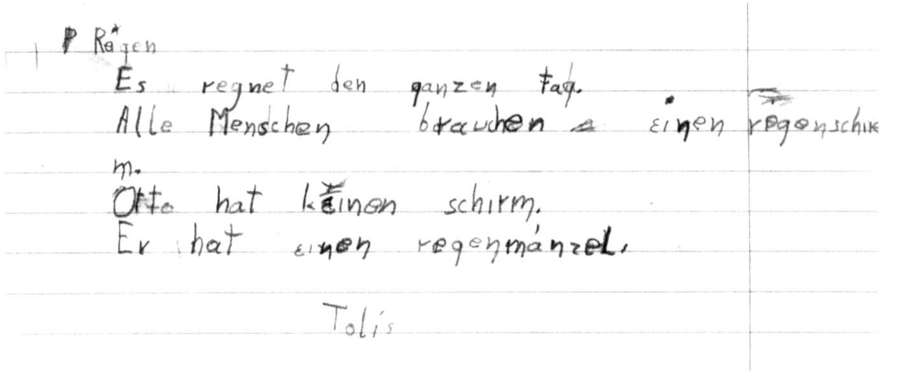

Abb. 46: Diktatniederschrift eines bilingualen, griechisch erstalphabetisierten Drittklässlers

3.6 Kompetenzraster II: silbische Schreibungen

Der Text „Die Tulpen" eines Drittklässlers mit Türkisch als Erstsprache (Abb. 44) legt folgende Annahmen nahe:

Das phonographische Prinzip (Kompetenzraster I) ist bis auf wenige Ausnahmen erworben. Die /ʃ/- und /x/-Schreibung ist wahrscheinlich durch das türkische Schriftsystem (<ş>-/ʃ/; <h>-/x/) beeinflusst und schlägt sich auch auf die <st, sp>-Regel nieder. Ob es sich bei der Zuordnung /ɪ/-<ü> um eine regional bedingte Aussprachevariante oder um einen Schreibfehler (<i>- statt <m>-Verdopplung) handelt, kann im Gespräch mit dem Kind leicht überprüft werden. Silbisch fallen Sprossvokale auf (<<ab ge fulukt, bulode>>), die sich aus der Schwierigkeit, mehrere Konsonanten in Folge auszusprechen, ergeben und unbedingt mit Aussprachübungen in Verbindung mit der Silbenkette zu bearbeiten sind.

Name: Die Tulpen		Schuljahr: 3
Bewusstheit	**Erhebungs-/Förderinstrument**	**DaZ/Dialekt/Idiolekt** mit Sprachförderbedarf
Reime ☐ Silben ☐ Anlaute ☐	**Bild-Wort-Hörkarten** sortieren ☐	Aussprache-/Hörschulung: Wörter, Silben ☒
Segmentier.g/ (K)V(K) ☐	**Hörtabelle** (GPK) ☐	Aussprache-/Hörschulung: Laute ☒
Synthetisierung (K)V(K) (K)V ☐	**Silbenketten** ohne Klappkarten ☐	Graphem-Phonem-Korrespondenzen: Interferenzen ☒
Buchstabenformen ☐	**Mehrliniensystem** ☐	graphetische Interferenzen ☐

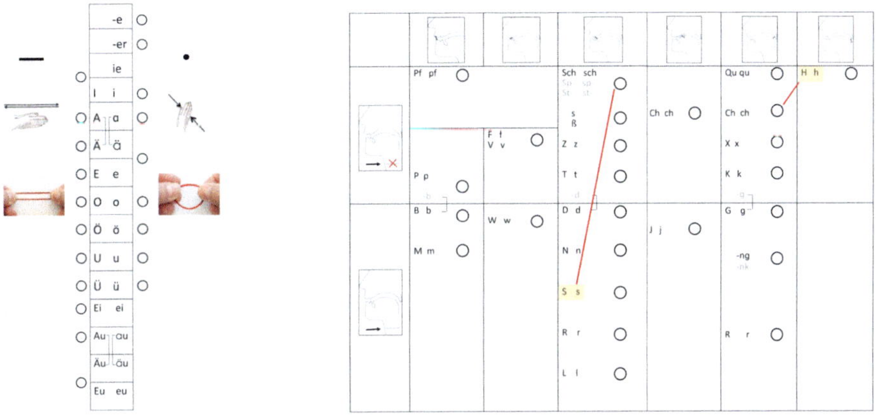

Abb. 47: „Die Tulpen“: Kompetenzraster I

Im Hinblick auf das silbische Prinzip (und weitere Prinzipien; Kompetenzraster II) lässt sich erkennen, dass die <ie>-Regel stabil erworben zu sein scheint. <sp, st>-Schreibung ist – zumindest in komplexen Wörtern – zu wiederholen (s. o.). Konsonantgraphemverdopplung gelingt nur bei hochfrequenten Wörtern (<kommt>) und bietet insbesondere mit den Sonderregeln <ck, tz> den vorerst wichtigsten Förderansatz nach den in Kompetenzraster I benannten Details.

Name: Die Tulpen							Schuljahr: 3
Bewusstheit		**Erhebungs-/Förderinstrument**					**DaZ/Dialekt/Idiolekt**
Vokal(un)-gespanntheit	☐	**Silbenketten**			in Silbenkettenwörtern	in komplexen Wörtern	Aussprache/Hörschulung
			— •	ie	✓	☐	Silben ☒
				Silbenanfangs-h: nicht hörbar	✓	✓	Silbentrennung ☐
				Dehnungs-h: nicht hörbar/Lernwörter	☐	☐	
			• •	Konsonant-Graphem-Verdopplung	☒	☒	
				Nicht-Verdopplung ch, sch, ng, nk	☐	☐	
				ck, tz	☒	☒	
Stimmhaftigkeit	☐		beide	st/sp	✓	☒	
				Auslautverhärtung: b, d, g, s	✓	✓	
				Umlautschreibung: ä/äu	☐	☐	
Wortbildung	☐			Vor-/Schlussbausteine		☐	Wortschatz ☒
Wortgruppenaufbau	☐	**Wortgruppenkarten**		Großschreibung: Kerne nominaler Gruppen		✓	Grammatik ☒
				Zusammenschreibung: Derivate (Ableitungen)		☒	
				Komposita in Nominalgruppen		☐	zur Förderung von Wortschatz und Grammatik s. Berkemeier/Schmidt (2019)
				Komposita in Adjektivgruppen		☐	
				Verb-Komposita		☐	
Satzbau	☐	**Satzleisten**		Großschreibung: Satzanfang		✓	
				Satzschlusszeichen: . ? !		✓	
				Kennzeichnung wörtlicher Rede		☒	
				Komma: Aufzählungskomma		☐	
				Komma		☐	

Abb. 48: „Die Tulpen“: Kompetenzraster II

Die anderen identifizierten Schwierigkeiten beziehen sich auf das morphologische und syntaktische Prinzip (s. u.) sowie grammatische Formen (s. Berkemeier/Schmidt i. E.). Dieses Beispiel macht sehr deutlich, dass Ausspracheschulung, Orthographieunterricht und grammatikbezogene Sprachförderung ineinandergreifen sollten (s. u.).

3.7 Zusammenfassung: Das syllabische Prinzip und seine Vermittlungsprogression

Die Hörtabelle zeigt: Das deutsche Sprachsystem umfasst 20 Vokale, die mit den vorhandenen Schriftzeichen nicht ausreichend genau abgebildet werden können. Die lautliche Unterscheidung von gespannter/langer/gedehnter und ungespannter/kurzer/geschärfter Variante wirkt in Wortstämmen bedeutungsunterscheidend und ist daher für das hörende und lesende Verstehen von großer Bedeutung. Dies ist insbesondere vor dem Hintergrund zu reflektieren, dass im Deutschen sehr lange und komplexe Wörter gebildet werden können. Wortstämme bestehen im Deutschen aus (erst)betonten Ein- oder Zweisilbern. Da einsilbige Wortstämme zu erstbetonten Zweisilbern verlängert werden können, reicht ein zweisilbiges System zur Vermittlung silbischer Schreibungen aus. Die gesprochene Trochäusstruktur ist klar beschreibbar: In fast allen Fällen korrespondieren gespannte/lange/gedehnte Stammvokale mit offenen Silben und ungespannte/kurze/geschärfte mit geschlossenen Silben. Die Reduktionssilbe ist nur sehr begrenzt besetzbar. Dieses Grundprinzip bildet Röber (z. B. 2009) mit dem sogenannten „Häuschen"-Modell ab. Das Instrument „Silbenkette" basiert auf diesem Modell und erweitert es um „Klapp-" bzw. „Schiebekarten", die den gezielten Zugriff auf die syllabischen Schreibregeln ermöglichen. Abb. 49 fasst die geschilderten Bezüge zusammen.

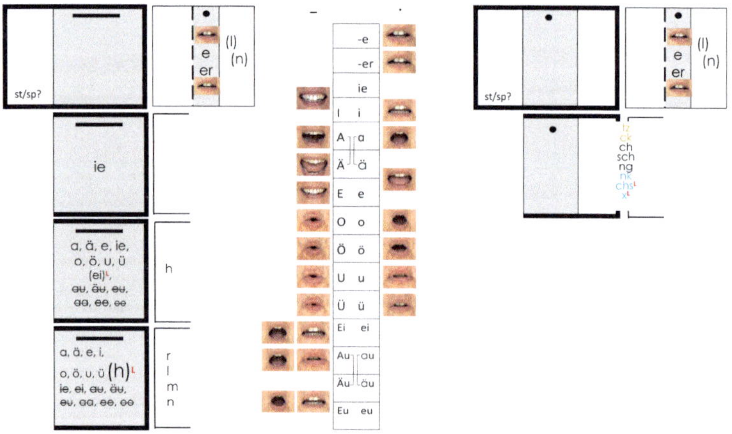

Abb. 49: Zusammenwirken phonographischer und syllabischer Schreibungen

Wenn man bei der Schriftvermittlung phonographisches und silbisches Prinzip gleichzeitig einführen will, sind in Koordination mit der Silbenkette die Graphem-Phonem-Korrespondenzen mittels Hörtabelle und/oder möglicherweise „Silbengedichten" (Berkemeier i. V.) zu vermitteln. Will man dabei nicht mit einzelnen Wörtern, sondern mit Sätzen oder Texten arbeiten, verwendet man anfangs die Bilderschrift und lässt nur ausgewählte Wörter in Blockschrift schreiben.

Man beginnt mit orthographisch unmarkierten Wörtern, um die Unterscheidung von gespannt/ungespannt zu thematisieren und zu festigen. Evtl. notwendige Ausspracheschulung wird integriert.

Für die ungespannte Silbenkette eignen sich entsprechende unmarkierte Silbenkettenwörter, z. B. <gelbe, Kante, Kinder, rasten, binden, finden, falten, knöpfen>. Die <sp, st>-Schreibung am Stammanfang gilt für beide Silbenkettenvarianten. Als nächstes wird verdeutlicht, dass in der Mitte kein Feld frei bleiben darf und ggf. durch Verdopplung eines einzelnen Konsonantbuchstabens gefüllt wird. Wird diese Markierung sicher beherrscht, werden die Sonderschreibungen <ck, tz> und die Nichtverdopplung von <x> und der mehrgliedrigen Grapheme <ng, nk, sch, ch, chs> eingeführt.

Für die Einführung der gespannten Silbenkette eignen sich entsprechende Silbenkettenwörter ohne /i:, a:, ɛ:/, ohne Dehnungs- und Silbenanfangs-<h>, ohne Vokalgraphemverdopplung und ohne <st, sp> am Stammanfang, z. B. <rote, blaue, grüne, schöne, Besen, Hose, Bluse, Rose, Flöße, Größe, lesen, malen, laufen …>. <ie> wird bereits über die Hörtabelle eingeführt. Zuletzt folgen im Abstand zueinander die „Kann-Regeln" für das Silbenanfangs- und Dehnungs-<h>.

Ausnahmeschreibungen werden in einer Lernkartei oder einem Lernheft gesammelt.

Bei der Arbeit mit heterogenen Lerngruppen werden die Klappkarten individuell allmählich ergänzt. Im fortgeschrittenen Orthographieunterricht wiederholt man die bereits bekannten Regeln mithilfe der Silbenkette sukzessive, sodass das vollständige Instrument von den Lernenden relativ schnell genutzt werden kann. In persönlichen Kompetenzrastern werden Förderbedarfe und Erwerbserfolge durchgängig dokumentiert. Korrekturdurchgänge nach dem Formulieren und Schreiben eines eigenen Textes sollten zur Regel werden, was bedeutet, dass sie in der Zeitplanung und beim Zeilenabstand immer von Beginn an zu berücksichtigen sind. Lehrerseitige Korrekturzeichen verweisen auf das je nach Schreibfehler zu verwendende Instrument: Hörtabelle oder Silbenkette. Nutzt man die Instrumente auch für Rechtschreibgespräche, werden funktionierende Problemlösewege in der (Klein-)Gruppe diskutierbar.

4. Das wortbaubezogene (morphologische) Prinzip und seine Vermittlung

4.1 Linguistische Grundlagen: Beibehaltung orthographischer Markierungen beim Schreiben verwandter Wörter

Im Deutschen können durch Ableitung (Derivation, z. B. *Ab*-**leit**-*ung,* **Süß**-*igkeit*) und Zusammensetzung (Komposition, z. B. **Butter**-**brot**) immer neue und auch sehr lange Wörter gebildet werden (z. B. *Um*-**leit**-*ung-s-be*-**schild**-er-*ung*). Dabei werden Wortbausteine (Morpheme) unterschiedlicher Art kombiniert:

- **Stammmorpheme** mit eigenständiger Bedeutung (Stämme)
- *Wortbildungsmorpheme*: Prä- und Suffixe (Vor- und Schlussbausteine)

Darüber hinaus werden grammatische Bezüge zwischen Wörtern in Sätzen durch Flexionselemente durch die Deklination vornehmlich der Nomen, Adjektive und Artikelwörter, durch die Konjugation der Verben sowie durch die Komparation vornehmlich der Adjektive erfassbar („Ein_ älterer Schüler_ erklärt einem jüngeren die aktuellen Mathematikaufgaben").

Anhand der Beispiele ist deutlich erkennbar, dass Morphemgrenzen bei Zusammensetzungen (Komposita) und Vorbausteinen (Präfixen) mit Silbengrenzen zusammenfallen. Bei Schlussbausteinen (Suffixen) ist dies z. T. und bei Flexionselementen selten der Fall. Manchmal gehen Wortbildungsprozesse mit lautlichen Veränderungen einher (z. B. Haus – Häuschen), sehr häufig ergeben sich durch Wortbildung oder Flexion veränderte Silbenstrukturen (z. B. ˈkom-men – ˈkommst - ˈab-kom-men). Würden diese Wörter wegen der lautlichen bzw. silbischen Unterschiede unterschiedlich geschrieben (*Heuschen, *komst), wären sie ebenso gut laut zu lesen; der Bezug auf dieselbe Bedeutung wäre aber nicht mehr sichtbar. LeserInnen müssten dann den indirekten Weg über die Lautung wählen (sich das Wort also innerlich vorsprechen) und den Kontext nutzen, um zur Bedeutung zu gelangen. Um den direkten Weg zur Bedeutung zu ermöglichen, wird die Schreibung gleicher Wortbausteine (Morpheme) in verwandten Wörtern daher möglichst beibehalten (morphologisches Prinzip). Lautbezogene (phonologische) Veränderungen werden in verwandten Wörtern möglichst nicht abgebildet, damit die „Erscheinung" des Wortbausteins oder Flexionselementes – soweit möglich – erhalten bleibt. Die folgenden Fälle sind zu unterscheiden:

- Ein phonologisches Phänomen betrifft die flexionsbedingte Änderung des **Stammvokals** durch Deklination oder Konjugation. <Häuschen> wird nicht mit <eu> geschrieben, weil das Wort mit <Haus> verwandt ist. Bei **Umlautung** erhält das Vokalgraphem zwei Punkte im Oberlängenbereich. Bei der Konjugation von Verben kann sich der Stammvokal zum **Ablaut** verändern: trinken – trank – getrunken. Hier entstehen allerdings nur wenig frequente Entscheidungsfälle wie z. B. <tränke/tranken> vs. <kenn(t)e/kennen>.

- Ein häufiges phonologisches Phänomen des Deutschen betrifft die stimmhaften Laute [b, d, g, z] am Anfang der Reduktionssilbe, die ihre Stimmhaftigkeit verlieren, wenn sie in verwandten Formen im Auslaut stehen (= **Auslautverhärtung**). Der Trochäus /hʊnde/ wird im Einsilbler [hʊnt] und nicht [hʊnd] ausgesprochen. Die Schreibung bleibt erhalten: <Hunde>, <Hund>. Statt der Auslautverhärtung wird [g] standardsprachlich bzw. in den meisten Regionen nicht nur stimmlos (also zu [k], sondern zusätzlich spirantisiert: [ve:nɪç] für <wenig>. Spirantisierung heißt: Ein Verschlusslaut (Plosiv, hier: [k]) wird zum Reibelaut (Frikativ: hier [ç]). Auch hier bleibt die Schreibung <g> erhalten. Auslautverhärtung bzw. Spirantisierung betrifft alle Morphemarten: Wortbildungsmorpheme (<-ig, -los>), Stammmorpheme (<Hund>) und Flexionselemente (<liegend>).
- Die in Kapitel 3 dargestellten **silbenbezogenen** orthographischen Kennzeichnungen werden in verwandte Wörter übernommen, auch wenn nicht der gesamte Trochäus erhalten bleibt, sondern nur das **Stammmorphem** des Wortes (z. B. <schwimmen, schwimmt, Schwimmbad>). Stammschreibungsregeln beschränken sich auf Stammmorpheme und können in ursprungsdeutschen Wörtern in der Regel aus Trochäen abgeleitet werden (vgl. Kap. 3).
- Auch **Wortbildungsmorpheme** sind durch Beibehaltung der Schreibung schnell erkennbar:
    - „Vorbausteine" (Präfixe, alltagssprachlich „Vorsilben") wie z. B. ge-, be-, ab-, an-, um-, vor-, ver-, er-, her-, zer-, dar-, ent- oder weg-
    - und „Schlussbausteine" (Suffixe) wie z. B. -ig, -isch, -lich, -sam, -los, -bar, -heit, -keit, -schaft, -ung, -chen, -lein, -in(nen) oder -nis(se).
- Darüber hinaus werden unterschiedliche Schreibweisen verwendet, um **gleichklingende Morpheme** mit unterschiedlicher Bedeutung zu unterscheiden (z. B. <mehr, Meer>).

Bedeutungsverwandte Wörter werden also im Schriftlichen (möglichst) konstant gehalten, selbst wenn sie sich phonologisch verändern. Allerdings darf phonologisch nichts gegen die Konstanthaltung sprechen: <kam> ist zwar eine Form von <kommen>, die Übernahme der Konsonantgraphemverdopplung würde aber zu falscher Lautung und falscher Bedeutungszuordnung führen (/kam/ statt /ka:m/) (vgl. Eisenberg 2016).

Zweck der Konstanthaltung des geschriebenen Morphems – der kleinsten bedeutungstragenden Einheit im Sprachsystem – ist, die Sinnentnahme dadurch zu stärken, dass nicht der indirekte Weg der Worterkennung über die Lautung bemüht werden muss. Was allerdings das sinnentnehmende Lesen erleichtert, erschwert das korrekte Schreiben. Schreibende müssen Morpheme erkennen und ggf. herleiten, um sich orthographisch richtig entscheiden zu können. Abb. 50 zeigt, welche Fälle dabei zu unterscheiden sind.

Stammmorpheme	größtenteils silbisch ableitbare Stammvokalmarkierung	Auslautverhärtung	(Hund)
Wortbildungsmorpheme	Prä- und Suffixschreibungen (z. B. ver-; -innen)		(ab-)
Flexionselemente	Umlaut, Ablaut (ä/e, äu/eu)		(-end)

Abb. 50: Arten morphologischer Schreibungen

4.2 Didaktische Modellierung

4.2.1 Auslautverhärtung: Vom Stamm zur Ableitung

Sehr früh in ihrer Schullaufbahn lernen die Kinder für die Auslautschreibung die sog. Verlängerungsregel kennen. Manns (1991) Vorschlag, morphologische Rechtschreibentscheidungen dadurch zu entlasten, dass die Verlängerung mittels zweizeiliger Schreibweise über das Wort in die jeweils freie Zeile notiert wird, ist überaus hilfreich, weil dem Nachdenken über Schrift Platz für „Notizen" eingeräumt ist, der getrennt vom Textproduktionsprozess orthographisch genutzt werden kann. Vermutlich aufgrund didaktischer Reduktion kommt Auslautverhärtung in Manns Beispielen nur am Wortende vor. Die „Verlängerungsregel" ist aber oft nicht so unkompliziert anzuwenden, wie man meint, weil das Morphem häufig eingebettet ist (<Schreibschrift, schiebst>): Der Hinweis „Verlängere!" reicht hier nicht aus.

4.2.2 Stammschreibung: „Der Trick mit dem Knick" (Bredel) – vom Trochäus zum Stamm

Die Einführung von Stammschreibungen durch den „Trick mit dem Knick" betrifft nicht nur die Auslautverhärtung, sondern alle silbischen Markierungen. Diese Methode ist sozusagen das Gegenteil zur Verlängerungsregel, da hier die „Verlängerung" getilgt wird. Bredel entwickelt dazu die „Häuschen"-Methode von Röber (z. B. 2009) weiter, indem im Trochäus markiert wird, an welcher Stelle das Stammmorphem endet. Der „Trick mit dem Knick" (Bredel/Fuhrhop/Noack 2011) zeigt: Diese Schreibung wird in verwandten Wörtern mit demselben Wortbaustein übernommen (<Hühn-er> - <Hühnchen>). Die Schreibweisen der Wortbildungsmorpheme und Flexionselemente sind hier nicht erfasst.

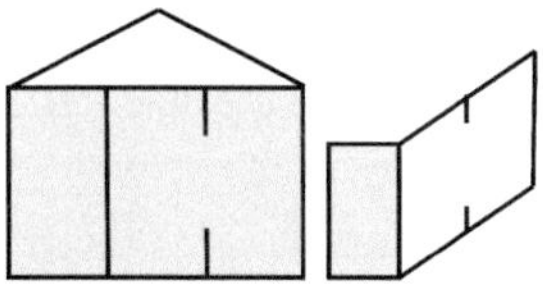

Abb. 51: Einführung der Stammschreibung mit dem „Trick mit dem Knick" (Bredel/Fuhrhop/Noack 2011)

4.2.3 Morphologische Schreibungen mit der „Silbenkette" erarbeiten

Der „Trick mit dem Knick“ von Bredel ist durch eine gestrichelte Linie in die „Silbenkette“ eingearbeitet. Dadurch, dass Kern und Endrand der Reduktionssilbe in der „Silbenkette“ bereits ausgefüllt sind, wird der Stamm zweitens durch den handschriftlichen Eintrag quasi automatisch optisch hervorgehoben. Drittens können Kern und Endrand der Reduktionssilbe optional durch eine weiße Klappkarte abgedeckt werden. Während silbische Regeln bei der „Silbenkette“ unten befestigt werden, werden morphologische Klappkarten oben, rechts und links angehängt. In der Schiebevariante werden die Vor- und Schlussbausteine auch geklappt.

4.2.3.1 Wenn <a/au>, dann <ä/äu>

Wie die silbische <ie>- und <sp/st>-Schreibung kann die morphologische Bedeutung von <ä/äu> ggf. bereits im Kontext des phonographischen Prinzips (Hörtabelle, Silbengedichte) thematisiert werden. Bei Nomen hilft die Vorstellung einer „Verkleinerungs-“ oder „Verdopplungsmaschine“: In die „Maschine“ werden <Hut>, <Rock>, <Apfel>, <Maus> hereingeschoben – <Hütchen/Hüte>, <Röckchen/Röcke>, <Äpfelchen/Äpfel>, <Mäuschen/Mäuse> kommen heraus. Auf dem umgekehrten Weg wird aus <Mäuschen/Mäuse> dann <Maus>. Auf diese Weise lässt sich früh ein sehr einfacher Zugang zum Stamm und zum Schlussbaustein <-chen> ebnen, der später weiter ausgebaut wird (s. Kap. 4.2.3.3).

Umlaut (und Ablaut) werden in beiden Silbenketten mit der ersten oberen Klapp- bzw. Schiebekarte thematisiert. Da nur <ä, äu> und nicht <ö, ü> orthographisch bedeutsam sind, enthält die Klappkarte für die „ungespannte“ Silbenkette nur den Hinweis <a/ä>. Die Klapp-/Schiebekarte der „gespannten“ Silbenkette zeigt neben <au/äu> ein einzelnes <ä>, weil /ɛ:/ regelhaft mit <ä> und nie mit <e> verschriftlicht wird (norddeutsch artikulierende Lernende brauchen hier Hinweise auf die Standardlautung). Während <ä> nur an die stabile Graphem-Phonem-Zuordnung erinnert, sollen <a/ä> und <au/äu> zur morphologischen Prüfung animieren. Die sich ergebende Silbenkettenansicht macht die Verwandtschaft im gegebenen Fall direkt ablesbar. Nicht (mehr) ableitbare <ä, äu>-Schreibungen wie in <dämmern, Säule, Knäuel, sträuben> werden auf Karteikarten oder im Merkheft notiert.

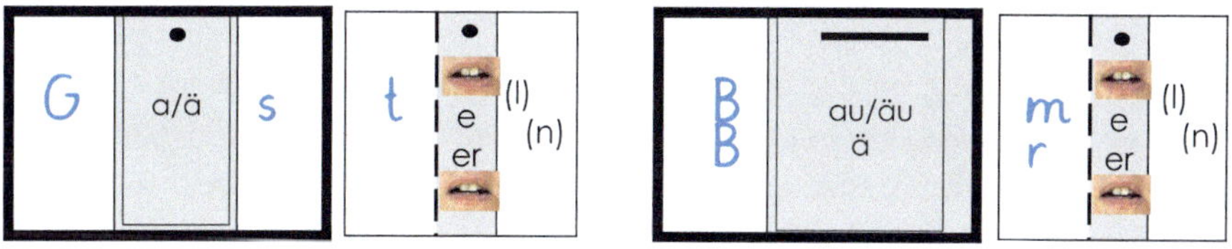

Abb. 52: <ä/äu>-Prüfung mit der „Silbenkette“

4.2.3.2 Silbisch ableitbare Schreibung der Auslautverhärtung und der /r/-Vokalisierung

Auslautverhärtung ([kɪnt] - <Kind>) und /r/-Vokalisierung ([tü:ɐ] - <Tür>) stellen einen Sonderfall silbisch ableitbarer morphologischer Schreibungen dar, weil die orthographische Markierung mit einer überprüfbaren lautlichen Veränderung einhergeht (s. Kap. 4.3). Da die Schreibung der stimmhaften (<b, d, g, s>) bzw. konsonantischen Variante (<r>) völlig problemfrei ist, eignet sich die Auslautverhärtung für eine frühe Positionierung im Vermittlungsprozess morphologischer Schreibungen.

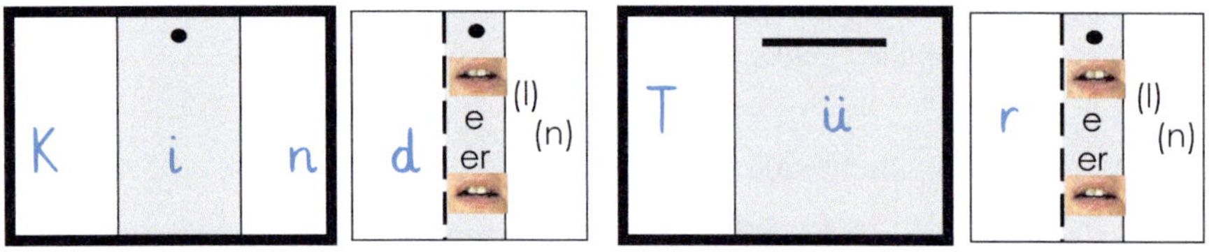

Abb. 53: Herleitung der Auslautverhärtung und /r/-Vokalisierung

Auslautverhärtung und /r/-Vokalisierung betreffen nicht nur Silbenkettenwörter, sondern auch Wörter mit mehr als zwei Silben. Die Einzeltestkarte (s. Abb. 54) wird direkt an den eigenen Text angelegt. Sie ist unabhängig von der Silbenanzahl und auch innerhalb von komplexen Wörtern anwendbar.

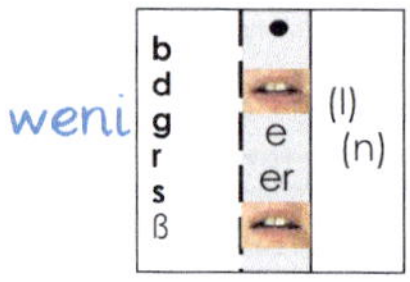

Abb. 54: Anlegeprüfkarte für Auslautverhärtung und /r/-Vokalisierung

Das Zusammenspiel von silbischem und morphologischem Prinzip bewirkt, dass die /s/-Schreibung so komplex ist:

- <s> steht am Silbenanfang für stimmhaftes /z/ (<flie-sen>), das im Auslaut aber stimmlos [s] (<gefliest >) realisiert wird.
- Zwischen zwei Vokalen kann stimmloses /s/ daher nicht mit <s> verschriftet werden, sonst würde man /z/ lesen.
    - Sind beide Vokale kurz und ist der erste betont, liegt ein Silbengelenk bzw. Schärfung vor und man schreibt <ss> (<beflissen>).
    - Ist der erste lang und betont schreibt man <ß> (<fließen>). Damit schließen LeserInnen weder auf einen Kurzvokal noch auf /z/ (wie bei <fliesen>).
    - Nach morphologischem Prinzip ist <ß> in verwandte Schreibungen zu übernehmen, sofern phonologisch wie z. B. bei <floss> (mit Kurzvokal, aber <fließen> mit Langvokal) nichts dagegenspricht.

Mithilfe der „Silbenkette“ lassen sich diese Fälle durch Ausprobieren gut voneinander unterscheiden.

4.2.3.3 Weitere silbisch ableitbare Stammschreibungen

Wenn man die Vermittlungsschritte nach Komplexitätsgrad reiht, würden <ie>-Schreibung, Konsonantgraphemverdopplung, die Sonderregeln der Gelenkschreibung, Silbenanfangs- und Dehnungs-h (vgl. Kap. 3) in dieser Reihenfolge jeweils zunächst silbisch eingeführt und geübt und dann morphologisch thematisiert. Dieser Übergang darf allerdings nicht zu schnell erfolgen (s. Kap. 4.4). Morphologisch am leichtesten sind Komposita zu entschlüsseln (s. Abb. 55: <Schwimmbad, Zugtür, hellgelb>).

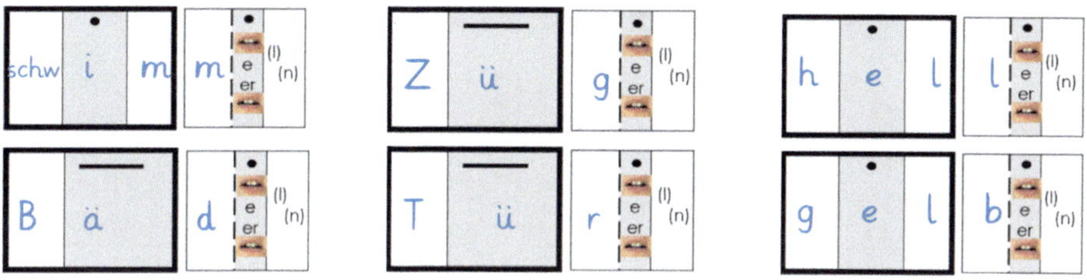

Abb. 55: Silbische Herleitung von zusammengesetzten Wörtern mit der „Silbenkette“

Obwohl gleiche Laute an Morphemgrenzen in der Regel nur einfach ausgesprochen werden (ˈʃifa:ʀt]), werden immer alle Morpheme vollständig verschriftet. Weil Explizitlautung (s. Kap. 3.2.1) hier unnatürlich wäre, sollte die morphologische Bewusstheit geschult werden (s. Kap. 4.4).

4.2.3.4 Schreibung von Vor- und Schlussbausteinen sowie Flexionselementen

Die Klappkarten rechts und links stehen für mögliche Vor- und Schlussbausteine sowie für Flexionselemente. Während z. B. <-los, -ig, end> (heute noch) ableitbar sind, müssen u. a. <weg-, ver-, ab-, -innen> auswendiggelernt werden. Zusätzlich sind sie über die Klappkarten immer verfüg- und damit überprüfbar.

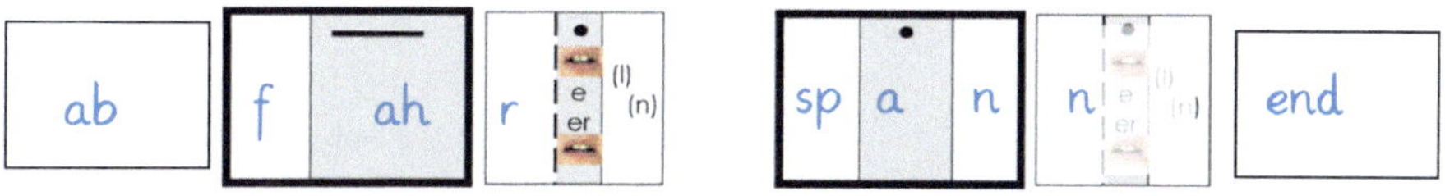

Abb. 56: Klappkarten für Vor- und Schlussbausteine sowie Flexionselemente

Die Silbenkette wird also nach und nach um die beschriebenen Kärtchen zu Umlautung und Auslautverhärtung sowie zur Schreibung häufiger Prä- und Suffixe ergänzt (s. Abb. 57).

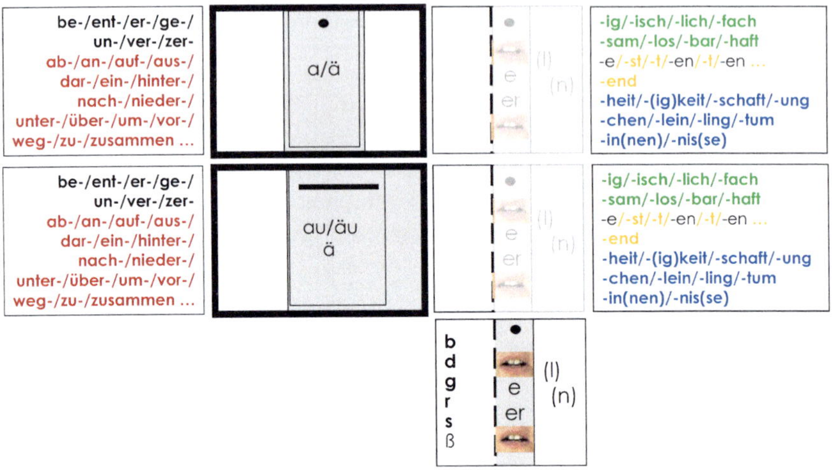

Abb. 57: Klappkarten des morphologischen Prinzips im Überblick

4.3 Phonologische Bewusstheit III: Stimmhaftigkeit und Umlautung

In Kap. 4.2.3.1 wurden bereits Zugänge zu Umlaut und Auslaut über die Vorstellung einer „Verkleinerungs-" oder „Verdopplungsmaschine" sowie über die Silbenkette skizziert. Bei Bedarf kann die Unterscheidung von stimmhaften und stimmlosen Konsonanten zusätzlich losgelöst von der Silbenkette bewusstgemacht und geübt werden. Stimmhaftigkeit entsteht durch Beteiligung der Stimmlippen, deren Hin- und Herschwingen mit den Fingern am Hals spürbar sind. In der Hörtabelle (Konsonanten) ist Stimmhaftigkeit deshalb so visualisiert wie in Abb. 10 (1. Spalte).

Wortkarten mit Bildern und Hörpunkten können übungshalber danach geordnet werden, ob sich [t, p, k, s] zu [d, b, g, z] verändern oder nicht (Gans – Gänse vs. blass - blasser). Ein Lösungsblatt zeigt, welche Wortkarten zu welcher Gruppe gehören. Bei Unschlüssigkeit hilft das fühlende Überprüfen am Hals. Da Vokale grundsätzlich stimmhaft sind, ist unbedingt darauf zu achten, beim Test ausschließlich den fraglichen Konsonanten und nicht die ganze Silbe oder den Buchstabennamen auszusprechen. Mit einer solchen Übung können sich Lernende bei Bedarf unabhängig vom Schriftsystem auf diese Differenzierung konzentrieren. Sie sollten sich der orthographischen Relevanz der Übung aber bewusst sein.

4.4 Grammatische Bewusstheit I: Wortbausteine

Bisher spielt das Morphem jenseits von Wortfamiliensammlungen im Deutschunterricht eine eher marginale Rolle. Allenfalls für den Orthographieunterricht liegen vereinzelt Vorschläge zur Förderung morphologischer Bewusstheit vor, obwohl Morpheme auch für das Formulieren, den Zweitspracherwerb und den Bildungssprachausbau von wesentlicher Bedeutung wäre. Orthographisch sind Morpheme bei silbisch ableitbaren Schreibungen von Einsilbern, bei weiteren Schreibungen nach morphologischem Prinzip, bei der Großschreibung, bei der Getrennt-Zusammenschreibung und beim sinnentnehmenden Lesen (vgl. Bangel/Müller 2014) relevant.

Lessmann (https://www.beate-lessmann.de/material/category/86-wortbausteine.html) verwendet vierseitig beklebte Holzklötze, die nicht nur nebeneinandergestellt, sondern für Groß- und Kleinschreibung oder flektierte Formen gedreht werden können. Auf diese Weise können die Lernenden mit Wortbausteinen hantieren, indem sie die Klötze kombinieren, anpassen und austauschen. Alle Arten von Wortbausteinen kommen vor: Vor- und Schlussbausteine sowie Flexionselemente. Auf diese Weise kann man mit einem begrenzten Inventar von Wortbausteinen arbeiten.

Abb. 58: Darstellung von Wortbausteinen als Klötzchen (Lessmann) (https://www.beate-lessmann.de/filme/rechtschreibgespraeche.html)

Grundsätzlich bestehen folgende Möglichkeiten zur Förderung morphologischer Bewusstheit:

- Wortbausteine (mithilfe der „Häuschen"-Methode oder der „Silbenkette") identifizieren (s. Kap. 4.2.3)
- die Schreibung von Wortbausteinen (mithilfe der „Häuschen"-Methode oder der „Silbenkette") ableiten (s. Kap. 4.2.3)
- Kombinierbarkeit von Wortbausteinen (mithilfe der „Silbenkette" oder den Wortbau-Klötzchen) ausprobieren und Wörter sammeln
- gegebene Wortbausteine zusammenfügen (z. B. im Wortbausteinrätsel „Was gehört zusammen?": Männ-, Män-, -chen, -tel; Wol-, Woll-, -ke, -strumpf)
- Wörter in Morpheme zerschneiden (z. B. Woll|decke, schwimm|st, Männ|chen).

Im Rahmen des Orthographieunterrichts besteht langfristig das Ziel darin, **selbstständig „versteckte" Silbenkettenwörter in Wörtern zu finden**. Dass dies keine einfache Aufgabe ist, zeigt das folgende Beispiel.

Der sprachbegabte rechtschreibschwache Drittklässler erwarb die Stammschreibung mit Konsonantgraphemverdopplung nach Neueinführung der Silbenkette bei vorgegebenen Wörtern sehr schnell (s. Abb. 59: 1. u. 2.). In diktierten Wörtern fehlte diese Markierungsart bei ihm zunächst nach wie vor, das Problem konnte aber mit der Silbenkette bearbeitet werden (s. Abb. 59: 3.). Als die Schreibweise auch in diktierten Wörtern richtig realisiert wurde, schrieb er bevorzugt Übergeneralisierungen wie *<wellche, mannche, sollche> (s. Abb. 59: 4.), die aufwändig mittels Silbenkette korrigiert werden mussten. Die mentale Vorstellung der Einheit Wortbaustein war also noch nicht stabil genug und wurde von der Einheit Silbe überdeckt. Internalisiert wurde die falsche Regel „Nach Kurzvokal folgt Konsonantgraphemverdopplung am Silbenende“.

1.	2.	3.	4.
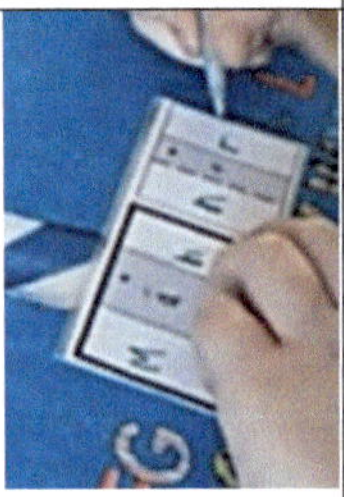	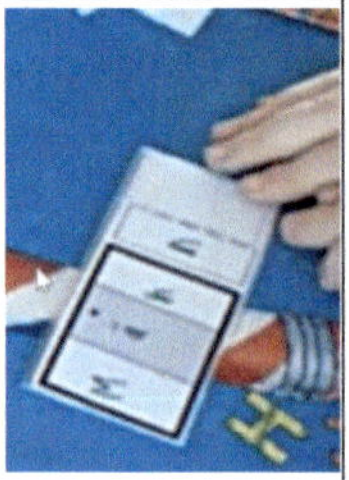	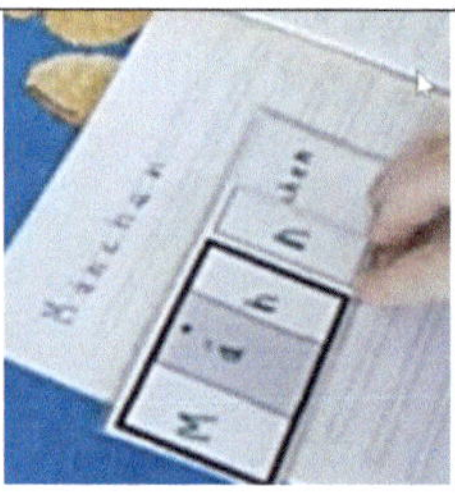	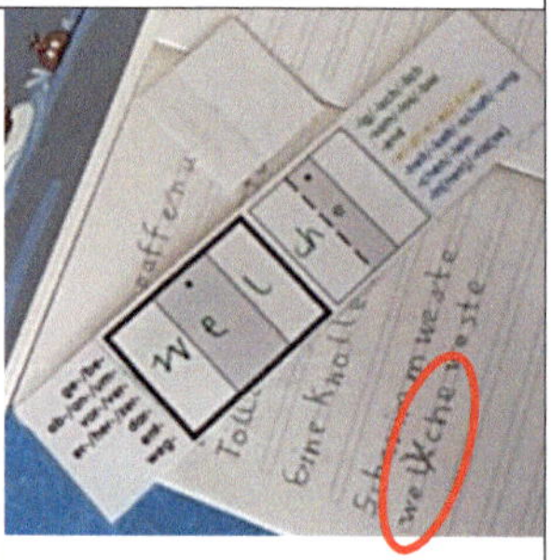

Abb. 59: Individueller Erwerbsprozess des morphologisch vererbten Silbengelenks

Die Einheiten „Silbenkettenwort“ und „Wortbaustein“ müssen demnach ausreichend begriffen worden sein, bevor entsprechende morphologische Schreibungen erfolgen können. Wiederholende Erklärungen und Rechtschreibgespräche waren in diesem Fall umständlich und nicht nachhaltig. Erst das Üben mit einem Wortbausteinrätsel (s. o.), das den Unterschied von Silbe und Morphem in den Fokus rückt, bewirkte das Begreifen. Dieses Beispiel zeigt, dass es manchmal wirksam sein kann, die sprachliche Struktur – vom aktiven Wortschreiben getrennt – auf vorgegebene Beispiele bezogen zu üben.

4.5 Übergänge zwischen silbischem und morphologischem Prinzip

Mögliche optimale orthographische Vermittlungsreihenfolgen sind noch nicht ausreichend erforscht, möglicherweise auch individuell unterschiedlich (vgl. Bulut 2018). Um die Beachtung einer eingeführten silbischen Schreibung zu stärken, scheint aber überlegenswert, im Folgeschritt nicht die nächste silbische Schreibregel zu thematisieren, sondern zunächst den morphologischen Transfer zu üben, die Vermittlung des silbischen und morphologischen Prinzips also zu verzahnen. Voraussetzung dafür ist die Schulung morphologischer Bewusstheit (vgl. Kap. 4.4). Die Silbenkette unterstützt die Begriffsbildung durch den handschriftlichen Eintrag des Stammes, die Klappkarten der Vor- und Schlussbausteine sowie Flexionselemente und durch die Kombination mehrerer Silbenketten. Die zur Schulung morphologischer Bewusstheit verwendbaren Wörter hängen vom jeweiligen individuellen Wortschatz ab.

4.6 Berücksichtigung von Mehrsprachigkeit

Die Förderung der Aussprache von Um- und Ablauten wurde in Kap. 1.4.1 thematisiert. Ihr Vorkommen muss – mit der Wortschatzarbeit verknüpft – beim Zweitspracherwerb über Memorierung erworben werden. Auslautverhärtung ist typisch für das Deutsche (im Englischen ist Stimmhaftigkeit im Auslaut dagegen bedeutungsunterscheidend), aber in der Regel keine auffällige Schwierigkeit.

Sprachlernen ist immer lexikalisches und grammatisches Lernen. So gesehen sollte die Verbindung der Förderung von Sprach- und Schriftkompetenz möglichst Hand in Hand gehen. Dabei sollte die Komplexität der orthographisch zu berücksichtigen Wörter natürlich dem aktuellen Sprachstand oder der Zone der nächsten Entwicklung entsprechen. Morphologisch ist in dieser Hinsicht zu berücksichtigen:

- Komposita sind für Deutschlernende grammatisch einfach, weil diese Wörter sich grammatisch so verhalten wie das Grundwort (das letzte Simplex des Kompositums). Schwierig ist allerdings zuweilen die Bedeutungszuweisung, weil die semantische Beziehung zwischen den Bestandteilen nicht erkennbar ist und sehr unterschiedlich sein kann: „Schweineschnitzel", „Jägerschnitzel" und „Kinderschnitzel" sind in ihrer Bedeutung nicht parallel erschließbar wie etwa „Erdbeer-", „Kirsch-" oder „Nuss-joghurt". Daher muss die Thematisierung von Komposita im Rechtschreibunterricht mit Wortschatzarbeit z. B. über Abbildungen einhergehen, wenn die entsprechenden Wörter noch nicht bekannt sind.
- Das Flexionssystem des Deutschen ist sehr komplex und wird erst allmählich erworben. Das Präteritum wird relativ spät erworben, daher sind die Ablautreihen der starken Verben (beißen – biss – gebissen, nehmen – nahm - genommen) erst relativ spät zu thematisieren.
- Die Wortbildungsmorpheme wirken bei der Wortbildung im Deutschen ausgesprochen produktiv (ab-, an-, ent-lehnen). Die Bedeutungszuweisung ist häufig nicht ableitbar. Rechtschreibübungen mit Präfixen müssen daher mit intensiver Wortschatzarbeit (z. B. dem „robusten Wortschatztraining", s. Kurz u. a. 2015) einhergehen.

4.7 Kompetenzraster II: morphologische Schreibungen

Der abgebildete Text eines Drittklässlers zeigt, dass der Schüler phonographisch schreiben kann und auch über viele Sichtwörter verfügt (<die, dann, fertig, komm, Idee, Thomas, hallo>). In der Aussprache wird [ç] durch [ʃ] ersetzt, was orthographisch bis auf einen Fall aber bereits erfolgreich reflektiert wird. Dem Regiolekt entspricht die Ersetzung von [ɪ]-<i> durch [i:]-<ie>. Der komplexe Schreibprozess und die Konzentration auf die Schreibschrift führen vermutlich zu manchen Fehlschreibungen (ue/eu, dann/dan, Junen/Jungen). Sehr deutlich ist die Unsicherheit der silbischen Schreibung <gehen> vermutlich auch aufgrund von lautlichen oder graphophonologischen Übertragungen aus dem Türkischen (<y>-/j/). Im Rahmen dieses Kapitels sind die fehlenden morphologischen Markierungen aber am interessantesten:

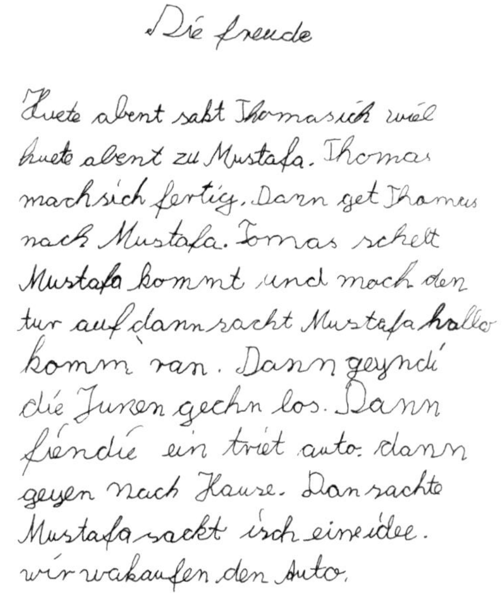
Die freude

Huete abent sakt Thomas ich wiel
huete abent zu Mustafa. Thomas
mach sich fertig. Dann get Thomas
nach Mustafa. Tomas schelt
Mustafa kommt und mach den
tur auf dann sacht Mustafa hallo
komm ran. Dann geyndi
die Junen gechn los. Dann
fiendie ein triet auto. dann
geyen nach Hause. Dan sachte
Mustafa sackt isch eine idee.
wir wakaufen den Auto.

Abb. 60: Text eines Drittklässlers mit Türkisch als Erst- und Deutsch als Zweitsprache

- Auslautverhärtung im Stamm: *<abent, sakt, sacht, sachte, sackt>
- Stammvokalmarkierung: *<get/geyn/gechn/geyen, fien, schelt>
- Vorbaustein: *<wakaufen> sowie
- morphologisch unvollständige Schreibungen und fehlerhafte Zusammenschreibungen: *<geyndi, fiendie>.

Da das Kind im Ruhrgebiet lebt, erklärt sich die Spirantisierung in *<sacht/e>. In diesem Falle empfiehlt sich, zunächst mit der Anlegeprüfkarte für die Auslautverhärtung zu beginnen und die silbischen Schreibungen zu festigen, bevor die Stammvokalmarkierung morphologisch thematisiert wird. Mittels der Präfix-Klappkarte könnte die <ver->-Schreibung auch schon vorher überarbeitet werden.

Name: Die Tulpen							Schuljahr: 3	
Bewusstheit		**Erhebungs-/Förderinstrument**					**DaZ/Dialekt/Idiolekt**	
Vokal(un)-gespanntheit	☐	**Silbenketten**		in Silbenkettenwörtern		in komplexen Wörtern	Aussprache/Hörschulung	
			— •	ie	✓	☐	Silben	☒
				Silbenanfangs-h: nicht hörbar	✓	✓	Silbentrennung	☐
				Dehnungs-h: nicht hörbar/Lernwörter	☐	☐		
			• •	Konsonant-Graphem-Verdopplung	☒	☒		
				Nicht-Verdopplung ch, sch, ng, nk	☐	☐		
				ck, tz	☒	☒		
Stimmhaftigkeit	☐		beide	st/sp	✓	☒		
				Auslautverhärtung: b, d, g, s	✓	✓		
				Umlautschreibung: ä/äu	☐	☐		
Wortbildung	☐			Vor-/Schlussbausteine		☐	Wortschatz	☒
Wortgruppenaufbau	☐	**Wortgruppenkarten**		Großschreibung: Kerne nominaler Gruppen		✓	Grammatik	☒
				Zusammenschreibung: Derivate (Ableitungen)		☒		
				Komposita in Nominalgruppen		☐	zur Förderung von Wortschatz und Grammatik s. Berkemeier/Schmidt (2019)	
				Komposita in Adjektivgruppen		☐		
				Verb-Komposita		☐		
Satzbau	☐	**Satzleisten**		Großschreibung: Satzanfang		✓		
				Satzschlusszeichen: . ? !		✓		
				Kennzeichnung wörtlicher Rede		☒		
				Komma: Aufzählungskomma		☐		
				Komma		☐		

Abb. 61: „Die Freude": Kompetenzraster II

4.8 Zusammenfassung: Das morphologische Prinzip und seine Vermittlungsprogression

Das morphologische Prinzip erleichtert es LeserInnen, möglichst schnell die Bedeutung von Wörtern zu erfassen: Gleiche Wortbausteine werden – sofern möglich – orthographisch gleich markiert. Trotz lautlicher Veränderungen des Vokals (Um-/Ablaut) und des silbenschließenden Konsonanten (Auslautverhärtung) werden morphologisch verwandte Wörter auf diese Weise erkennbar. In Stämmen verhindert die silbisch ableitbare Vokalmarkierung falsche Bedeutungsannahmen. Vor- und Schlussbausteine sind z. T. ebenfalls durch orthographische Markierungen optisch schnell erkennbar.

Über die Vermittlungsreihenfolge im Orthographieerwerb ist im Einzelnen wenig bekannt. Bulut (2018) weist zwar bei 20% ihrer sehr großen Probandengruppe die Reihenfolge phonographisch – Reduktionsvokale – Auslautverhärtung – Silbengelenk nach, ihre Analysen basieren aber auf nur wenigen Testwörtern, bei deren Schreibung Sichtwortschatz nicht ausgeschlossen werden kann.

Auslautverhärtung und Umlaute bieten sich an, um die Einheit Wortbaustein einzuführen. Logisch erscheint, dass morphologische Schreibungen, die aus silbisch markierten Stammvokalen abgeleitet werden, direkt nach deren silbisch hergeleiteten Markierung thematisiert werden sollten. Es dürfte unproblematisch sein, das morphologische Prinzip anhand von silbisch unmarkierten Wörtern vor der Stammvokalmarkierung gemeinsam mit der Auslautverhärtung über die Silbenkette einzuführen. Auch Prä- und Suffixschreibungen können vorgezogen werden, weil sie ohnehin am besten auswendigzulernen und nicht abzuleiten sind. Allerdings gehen sie im Gegensatz zu Silbenkettenwörtern mit komplexeren Wortformen einher.

Solange allerdings in der Frage günstiger Vermittlungsreihenfolgen keine empirischen Hinweise vorliegen, folgt man wahrscheinlich am besten den (individuellen) Präferenzen der Lernenden.

5. Das satzbaubezogene (syntaktische) Prinzip und seine orthographiedidaktische Vermittlung

Schreibungen nach satzbaubezogenem (syntaktischem) Prinzip zeigen größere grammatische Einheiten an durch

- Zusammenschreibung von Wortbausteinen, die ein Wort bilden (s. Kap. 5.2)
- Großschreibung von Nomen, die als Kerne von Nominal- und Präpositionalgruppen hervorgehoben werden (s. Kap. 5.1)
- Interpunktionszeichen wie Punkt und Komma zwischen mehrfachbesetzten grammatischen Einheiten und zwischen (Teil-)Sätzen (s. Kap. 5.3).

Diese Markierungen lassen Lesende satzbezogene Strukturen erkennen und unterstützen deshalb das Leseverstehen. Um solche Strukturen als SchreiberIn markieren zu können, braucht man explizites grammatisches Wissen. Zu dessen Auf- und Ausbau werden hier die „Satzleistenmaterialien“ (s. Kap. 1.4.3) vorgeschlagen, welche die Grammatik des Deutschen terminologieunabhängig durch Visualisierung erfassbar macht (vgl. Berkemeier/Schmidt i. E.). In den folgenden Unterkapiteln wird allerdings nicht das Gesamtsystem, sondern es werden nur jene Teile der Satzleistenmaterialien fokussiert, die der Vermittlung des satzbaubezogenen Prinzips dienen. Sind die SchülerInnen auch aus anderen Lernbereichen gewohnt, mit der Satzleiste zu arbeiten, stützen sich die Erwerbs- und Reflexionsprozesse verschiedener Kompetenzbereiche erfahrungsgemäß gegenseitig. Auch relativiert sich der Aufwand der Systemeinführung deutlich, wenn Lernende das Instrument „Satzleiste“ häufig und zu verschiedenen Zwecken nutzen.

5.1 Die Großschreibung von Nomen in Wortgruppen

5.1.1 Linguistische Grundlagen: Nominalgruppenaufbau

Ein Merkmal des Deutschen stellt die Möglichkeit dar, Wortgruppen mit Nomen sehr stark ausbauen zu können. Die kleinste Nominalgruppe besteht aus einem Nomen (z. B. „<u>Menschen</u> sprechen. <u>Tiere</u> kommunizieren anders.“). Wortgruppen mit Nomen können u. a. durch ein vorangestelltes Artikelwort, Zahlwort und/oder Adjektiv, ein angehängtes Genitiv- und/oder Präpositionalattribut und/oder einen angehängten Relativsatz sowie durch ein integriertes, ggf. erweitertes Partizipialattribut ausgebaut werden. Dieser Informationsausbau hat die Funktion, genau zu informieren oder z. B. auf einem Wimmelbild (vgl. Berkemeier/Schmidt 2018) ein Element von ähnlichen zu unterscheiden:

„Suche den schwarzhaarigen Jungen mit dem weißen Pullover auf dem roten Fahrrad neben dem gelben Bus.“

„Suche den neben dem gelben Bus auf dem grünen Roller fahrenden Jungen."

Mittels Großschreibung wird nach Maas (1992[14]) der nominale Kern einer Nominal- bzw. Präpositionalgruppe gekennzeichnet. Das gilt auch für die Kerne attributiv integrierter oder angehängter Nominal- bzw. Präpositionalgruppen. Gerade in komplex ausgebauten Wortgruppen, hilft dies Lesenden, den Überblick zu behalten und Zusammengehörendes zu gruppieren:

Suche
den schwarzhaarigen **Jungen** (attributives Adjektiv)
mit dem weißen **Pullover** (Präpositionalattribut)
auf dem roten **Fahrrad** (Präpositionalattribut)
neben dem gelben **Bus** (Präpositionalattribut)
des **Privatunternehmens**. (Genitivattribut)

Suche
den fahrenden **Jungen**.
neben dem gelben **Bus**
auf dem grünen **Roller**
(erweitertes Partizipialattribut)

Während zusammengehörige Wortgruppen mit der Verschiebeprobe identifiziert werden („Es ist dieser Junge." – „Dieser Junge ist es."), prüft man mit der Erweiterungsprobe („Es ist dieser schwarzhaarige Junge."), ob ein Wort den Kern und damit das letzte Wort einer Nominalgruppe bildet (vgl. Glinz 1952).

Für die Schreibenden bedeutet diese orthographische Hervorhebungspraxis, sich der syntaktischen Struktur des Formulierten bewusst zu werden und entsprechende Großschreibungsentscheidungen zu fällen.

5.1.2 Didaktische Modellierung: „Treppengedichte" (Röber) und „Wortgruppenkarten"

Im Gegensatz zur Großschreibung von Satzanfängen (s. u.) und Eigennamen, die in der Regel nur zu Schrifterwerbsbeginn eine Herausforderung bietet, bildet die Großschreibung von Nomen auch noch in den ersten Sekundarschuljahren einen der orthographischen Fehlerschwerpunkte. Hier eine wirksame Entscheidungshilfe anzubieten, ist also durchaus sinnvoll. Das Thema steht seit langem im Fokus und verschiedene Problemlöseangebote sind breit diskutiert worden. Sie werden im Folgenden skizziert.

[14] zu den Quellen dieser Idee s. Funke (2017: 105 ff.)

„Kann man das anfassen?"

Die im Unterricht lange empfohlene Prüffrage nach der Berührbarkeit des Benannten ist bekanntlich für die Klärung von Großschreibung unzureichend. Sie bezieht sich auf die semantische Eigenschaft von Nomen als Benennungen: Sofern es sich um die Benennung von Lebewesen oder Gegenständen handelt, ist das Benannte „theoretisch" berührbar. Auf die „Bedeutungsschiene" gesetzt denken Kinder häufig in inhaltlichen Bezügen weiter (vgl. Spies 1989) und verneinen die Frage nach logischen Kriterien bei Raubtieren (*Tiger*), sehr Heißem (*Feuer*) oder nicht Erreichbarem (*Mond*). Bei Abstrakta (*Liebe*, *Erholung*) funktioniert diese Prüffrage gar nicht.

„Gibt es das Wort im Plural?", „Endet das Wort mit -heit, -keit, -ung?"

Beim wortartenbezogenen (lexikalisch-morphologischen) Ansatz wird die Aufmerksamkeit auf die Veränderbarkeit von Nomen in Bezug auf Kasus und Numerus (*der Mann - den Männern*) oder auf die Anwesenheit solcher Schlussbausteine (Suffixe) gerichtet, die aus Adjektiven Nomen machen („Fröhlich*keit*"). Auch damit gelangen nicht unbedingt alle Wörter in den Blick: *Durst* hat keinen Plural, *Ferien* keinen Singular, beide weisen keinen Schlussbaustein auf. Auch Nominalisierungen von z. B. Adjektiven (*das kühle Nass*) oder Verben (*das ständige Rufen*) sind auf diese Weise nicht erkennbar.

„Kann man einen Artikel vor das Wort setzen?"

Da es um die Vermittlung eines **satzbaubezogenen** Prinzips geht, kann man davon ausgehen, dass eine syntaktische Herangehensweise erfolgversprechender als eine wortartbezogene ist. Deshalb gehen neuere didaktische Konzepte von der satzbaubezogenen Funktion der Großschreibung aus und beziehen die Umgebung des Nomens ein. Die Prüffrage „Kann ein Artikel davorstehen?" bezieht sich zwar auf das syntaktische Kriterium der Artikelfähigkeit, funktioniert aber auch nicht einwandfrei, weil zwischen Artikel und Nomen weitere Wörter stehen können. So kann diese Regel zu bekannten Fehlentscheidungen wie <<die Junge frau>> führen.

„Treppengedichte" (Röber)

Röber-Siekmeyer (1999) legt mit dem „Treppengedicht" eine erfolgreiche satzbezogene didaktische Methode für die Thematisierung der Großschreibung in der Grundschule vor und verändert die orthographiedidaktische Diskussion damit nachhaltig (so auch Funke 2017: 105). Ihre „Treppengedichte" bestehen aus zwei variierten Wortgruppen mit Nomen und einem einteiligen Prädikat. Die Wortgruppen mit Nomen werden im „Treppengedicht" sukzessive durch attributive Adjektive erweitert und können sich um das „Achsenwort" (das einteilige Prädikat) „drehen": In ein kleines, blaues Haus läuft eine kleine, graue Maus. Die „Treppe" ergibt sich durch die Formatierung.

Eine Maus,	Wortgruppe mit Nomen (Treppenwort)
eine kleine Maus,	Wortgruppe mit Nomen (Treppenwort)
eine kleine, graue Maus	Wortgruppe mit Nomen (Treppenwort)
läuft	Achsenwort
in ein Haus,	Wortgruppe mit Nomen (Treppenwort)
in ein kleines Haus,	Wortgruppe mit Nomen (Treppenwort)
in ein kleines, blaues Haus.	Wortgruppe mit Nomen (Treppenwort)

Es gelingt Kindern mühelos, dieses Textmuster zu erfassen und zu variieren. Das Muster „verpackt" also sowohl die Erweiterungsprobe der Nominal- bzw. Präpositionalgruppe als auch die Verschiebeprobe sehr kindgerecht. Dabei geht es beim „Drehen" um das „Achsenwort" nicht um die „Achse" Prädikat, sondern um die Zusammengehörigkeit und die Erststellenfähigkeit der Wortgruppen, die um die „Achse" „gedreht" werden. Die durch die Formatierung des Textes (s. o.) entstehenden „Treppen" zeigen, dass das großzuschreibende Nomen („Treppenwort" genannt) unabhängig von der Anzahl der eingefügten Wörter immer am Ende der Wortgruppe stehenbleibt und genau dieses Wort großgeschrieben wird.

Weil die Flexion des attributiven Adjektivs für viele Lernende mit Deutsch als Zweitsprache aufgrund der vielfältigen Flexionsendungen durch Numerus, Genus und Kasus eine sehr große Herausforderung darstellt, sollte diese Methode sprachlich an das Kompetenzniveau mehrsprachiger Lernender angepasst und zugleich für die Zweitsprachförderung genutzt werden[15] (vgl. Berkemeier/Kaltenbacher 2014, Berkemeier/Schmidt 2018): Mit dem Textmuster wird dann nicht nur die Großschreibung erworben, sondern gleichzeitig grammatisches Lernen befördert. Den Ergebnissen der Zweitspracherwerbsforschung (u. a. Wegener 1995, Kaltenbacher 2013) folgend sind dabei spezifische Reihenfolgen sinnvoll: Maskulinum und Femininum vor Neutrum sowie Nominativ vor Akkusativ, Dativ und Genitiv. Der Erwerb dieser Formen zieht sich relativ lange hin und gehört damit zu den langfristigen Herausforderungen.

Die Arbeit mit „Treppengedichten" findet als Einstiegsmethode in der Grundschule ihre Grenze bei komplexer ausgebauten Wortgruppen mit Nomen, weil diese mehrere Nomen enthalten und **gemeinsam** mit der Bezugsgruppe verschoben werden (vgl. z. B. Günther/Nünke 2005). In solchen komplexeren Fällen greift die Verschiebeprobe nicht:

Am **M**orgen nach dem **F**est | fand | **S**abines **M**utter | einen auf der **S**traße liegenden **H**andschuh eines **K**leinkindes aus der **N**achbarschaft.

---

[15] Bildwortkarten stellen dabei hilfreichen Wortschatz (z. B. Adjektive) zur Verfügung. Je nach Förderbedarf kann weiteres Wortmaterial angeboten werden, das in Genus, Kasus und Numerus an den Sprachstand angepasst nach und nach ausgebaut wird (vgl. Berkemeier/Schmidt 2018 u. i. E.).

Einen auf der **S**traße liegenden **H**andschuh eines **K**leinkindes aus der Nachbarschaft | fand | Sabines **M**utter | am **M**orgen nach dem **F**est.

Sabines Mutter | fand | am **M**orgen nach dem **F**est | einen auf der **S**traße liegenden **H**andschuh eines **K**leinkindes aus der **N**achbarschaft.

Die vereinfachte Regel, dass das letzte Wort der Wortgruppe großgeschrieben wird, führt hier nicht mehr weit genug.

„Wortgruppenkarten"

Die „Wortgruppenkarten" aus den Satzleistenmaterialien (Berkemeier/Schmidt i. E.) visualisieren die Funktion von Wörtern innerhalb von Wortgruppen. Eine Wortgruppe, die ein Nomen und ein Artikelwort enthält, wird als Boot mit Fahne visualisiert. Vor einer solchen Wortgruppe kann eine Präposition stehen, die mit einem gebogenen Pfeil „vorangestellt" wird. Das Wort im Rumpf wird immer großgeschrieben. Die Siglen auf den „Wortgruppenkarten" deuten Ihnen an, welcher aus der Forschung abgeleiteten Spracherwerbsstufe A-F (vgl. Berkemeier/Schmidt i. E.) die Struktur entspricht. Die Verbindungen unterhalb der Satzleiste visualisieren die Verschiebungsmöglichkeit des Subjekts auf die dritte Stelle (*In ein Haus läuft eine Maus.*) und die in diesem Kontext unwesentliche Satzklammer (*... ist ... gelaufen*):

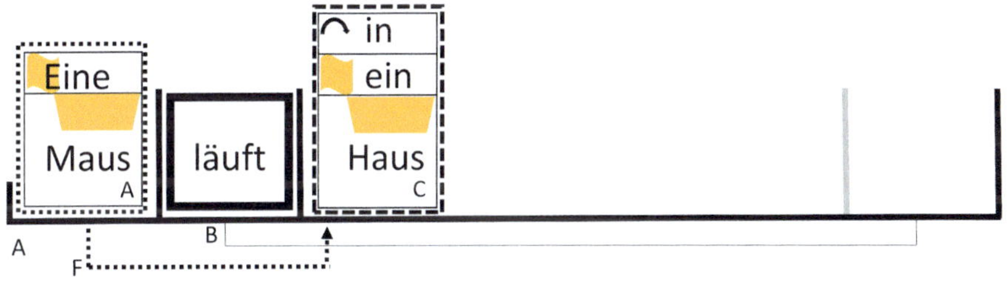

Abb. 61: „Treppengedicht" (Artikel/Nomen) im Satzleistenformat

Wortgruppen können – wie „Treppengedichte" es zeigen – weiter ausgebaut werden. Zwischen Artikelwort und Nomen kann ein attributives Adjektiv stehen. Dann besteht die Wortgruppenkarte aus Boot mit Mast und Fahne am oberen Ende des Mastes.

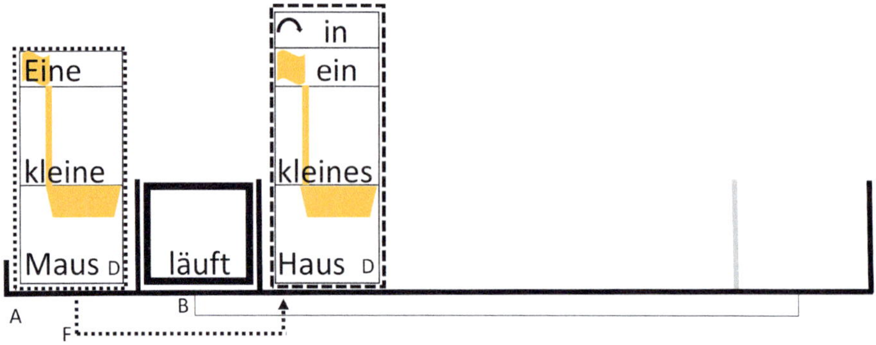

Abb. 63: „Treppengedicht" (Artikel/Adjektiv/Nomen) im Satzleistenformat

Die Mast-Position kann mehrfach besetzt sein. In der Bilderschrift (s. Kap. 1.4.3) würden zwei Wortbildkarten übereinanderliegen. Wenn Positionen ohne ein *und*, *oder*, *sowie* ... dazwischen doppelt belegt sind, ist ein Komma zu setzen:

Abb. 64: Treppengedicht (Artikel/zwei Adjektive/Nomen) im Satzleistenformat

Abb. 65 (ausführlich in Berkemeier/Kiepe/Szubert 2016) zeigt, dass Nominalgruppen des Deutschen immer nach demselben Schema aufgebaut sind. Allerdings sind nur selten alle Positionen besetzt. Bei unbesetzten Positionen werden die entsprechenden Felder weggelassen.

Abb. 65: Aufbau der Nominalgruppenvisualisierung (Satzleistenmaterialien)

Ebenso wie bei der „Häuschen"-Methode oder der „Silbenkette" (s. Kap. 3) ist die Zuordnung der Visualisierungsform selbst völlig arbiträr und ohne weiteres durch ein anderes Visualisierungsmuster ersetzbar. So wählen Hübl/Steinbach (2015) die horizontale Anordnung von Brücke (Präposition) – Stadttor (Artikel) – eines oder mehrerer Wohnhäuser (attributive Adjektive) – Rathaus (Nomen) mit Unterstreichung für das „Stadtzentrum" sowie dieselbe Reihung ohne Unterstreichung bei Attributen.[16] Relevant ist in jedem Fall, dass es sich um ein Gebilde mit festgelegter Elementreihenfolge handeln muss und außer des Nomens kein Element obligatorisch ist (ein Baum ohne Stamm wäre beispielsweise kein Baum, sondern ein Strauch).

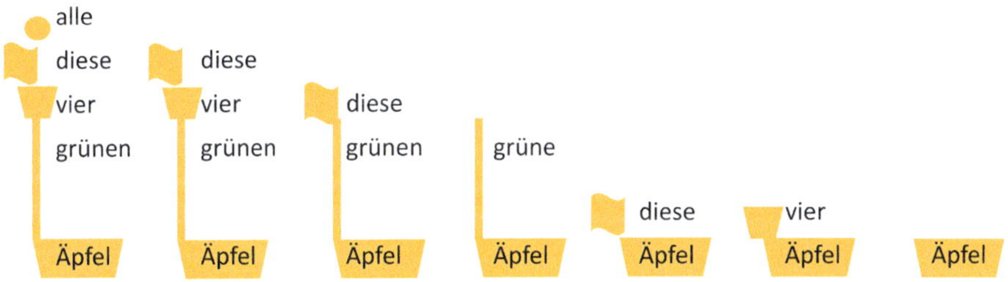

Abb. 66: „Bootvarianten" der Satzleistenmaterialien

[16] Im Vergleich zu den Satzleistenmaterialien wird im Modell der „Nominalstadt" z. B. auf Partizipialattribut und vorangestelltes Genitivattribut verzichtet. Hübl/Steinbach (2015) verfolgen dabei andere Zielsetzungen: Es geht ihnen einerseits lediglich um Wortgruppen mit Nomen (nicht um die Visualisierung weiterer Grammatikelemente) und anderseits nur um die Vermittlung der satzinternen Großschreibung in der Primarstufe. Die Satzleistenmaterialien wurden dagegen ursprünglich für wesentlich umfangreichere Zwecke im (Zweit-) Sprachunterricht entwickelt und sind aufgrund ihrer höheren Komplexität daher auch für die Visualisierung komplexerer Sprachstrukturen geeignet.

Vereinfacht beginnt man mit zwei Prüfkarten (s. Abb. 67), welche den Großteil der Fälle abdecken: Die eine bildet Artikel, Adjektiv und Nomen ab, die andere Zahlwort und Nomen (*vier Fische*) bzw. Mengenangabe und Apposition (*vier Kilo Fisch*).

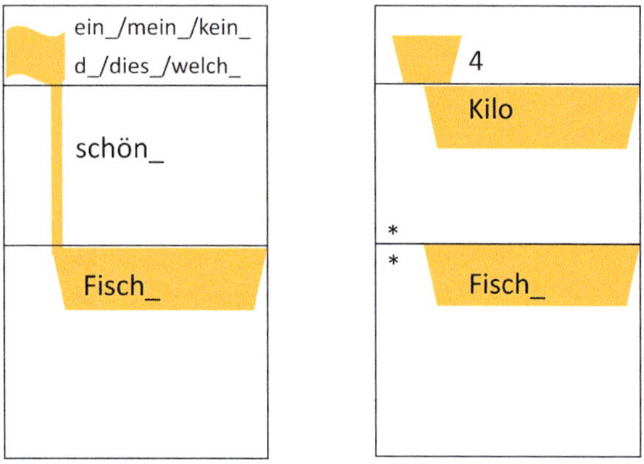

Abb. 67: Großschreibungsprüfkarten (Satzleistenmaterialien)

Die beiden Großschreibungsprüfkarten (s. Abb. 67) werden als Erklärvorlagen und – in geknicktem Format – für Erweiterungsproben verwendet. Die Striche am Ende der Artikelwörter im Fahnenfeld und des Adjektivs im Mastfeld stehen für mögliche Flexionsendungen, damit die Karten in allen Kasus verwendet werden können. Zur Einführung der Methode dient ein Text mit Fehlern in der Großschreibung.

Anhand des Testkartenvergleichs (Fahne/Korb) und des Einbaus dieser Wortgruppen in Sätze erarbeiten die Lernenden, dass das großgeschriebene Wort orthographisch immer gleichbleibt, auch wenn sich die Umgebung verändert.		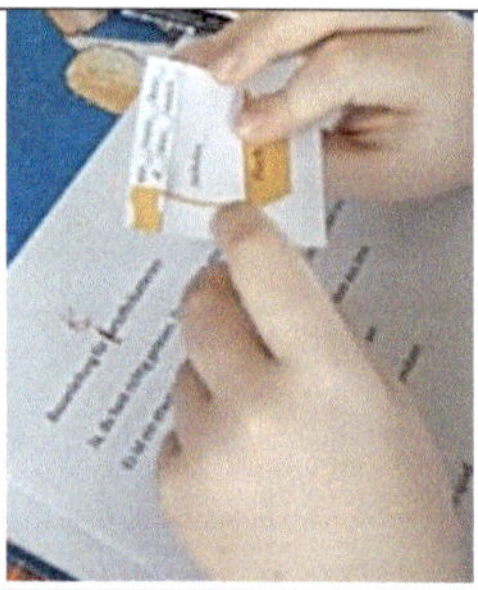
Durch Wegknicken des Mastfeldes besteht die Wortgruppe nur noch aus Artikel und Fahne. Die aufgeführten „Fahnenwörter“ zeigen, welche Arten von Wörtern an dieser Stelle stehen können: ein_, kein_, dies_ ...		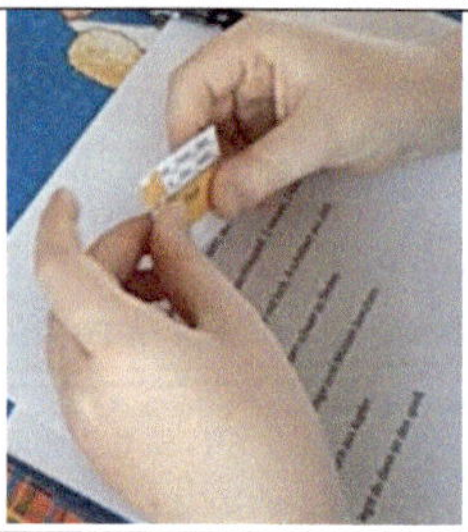

Knickt man das „Boot"-Feld nach hinten, kann die Testkarte an ein zu prüfendes Wort angelegt werden. Die Erweiterungsprobe gelingt auf diese Weise in vielen Fällen sprachlich mühelos. Das Adjektiv muss manchmal ersetzt werden („*schöne/große Geduld").	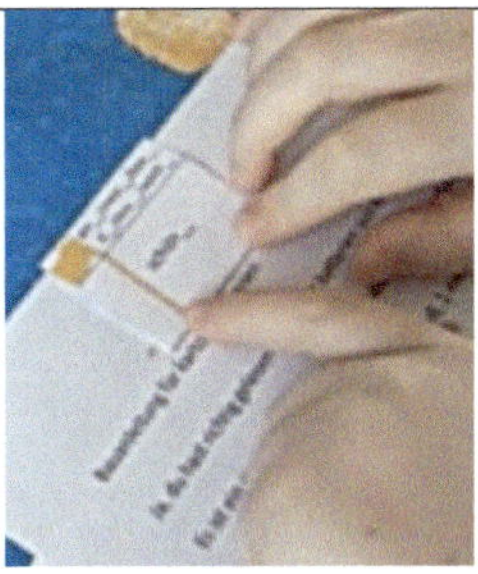	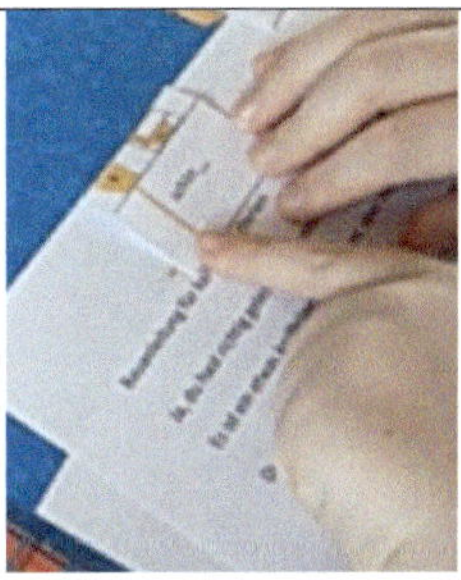
Auf diese Weise kann ein eigener oder fremder Text im Hinblick auf die Großschreibung durchkorrigiert werden. Die Erweiterungen müssen im Rahmen des gegebenen Satzes möglich sein (also ggf. andere Erweiterungen ersetzen). Wenn die Erweiterung nicht funktioniert, handelt es sich in der Regel nicht um ein Nomen.	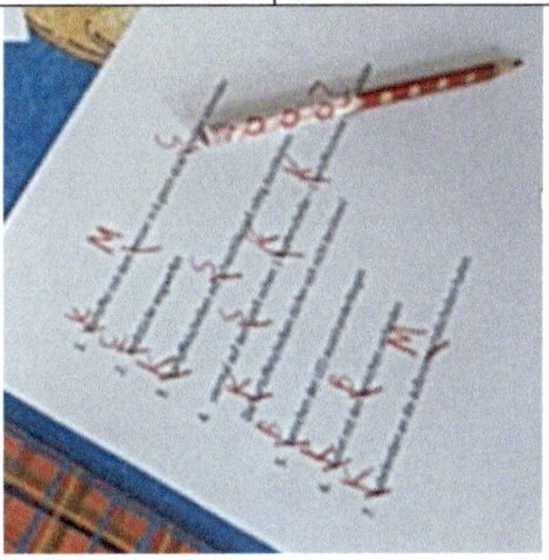	

Abb. 68: Anwendung der Großschreibungsprüfkarten

Auf diese Weise werden auch Genitiv- und Präpositionalattribute (*das Auto* ***des Nachbarn mit dem langen Namen***) auf Großschreibung hin überprüfbar. Allerdings nutzt diese verkürzte Testmethode ebenso wie der von Funke empfohlene Einsatz der Testwörter *schön* oder *groß* zur Identifizierung von Nomen ausschließlich der Rechtschreibkorrektur und nicht dem Verstehen der grammatischen Zusammenhänge (vgl. Funke 2017: 107).

Will man den Wortgruppenausbau gleichzeitig auch für die Zusammenschreibung (s. u.), die grammatische Reflexion, das Formulieren und den erst- und zweitsprachlichen Bildungssprachausbau nutzen, bietet es sich an, die Möglichkeiten des Wortgruppenausbaus insgesamt zu thematisieren. Zur Einführung schlagen Berkemeier/Schmidt (2018) für die Grundschule Wimmelbild-Personenrätsel vor. Für ältere Lernende können z. B. Fotos von größeren Menschengruppen verwendet werden. Je nach Sprachstand wird die Nominalgruppe möglichst weit ausgebaut: Die Rätselstellenden sagen z. B.: „Suche den schwarzhaarigen Jungen mit dem weißen Pullover auf dem roten Fahrrad neben dem gelben Bus." Lernende, die das Deutsche gerade erst erwerben, verteilen diese Information auf mehrere einfache Sätze: „Suche! Der Junge ist schwarzhaarig. Sein Pullover ist weiß. Sein Fahrrad ist rot." Eine der sehr komplexen Formulierungen für sprachlich und orthographisch Fortgeschrittene wäre: „Suche den auf dem grünen Roller fahrenden Jungen!" Die Visualisierung der Nominalgruppenzusammensetzung verdeutlicht die grammatische Struktur.

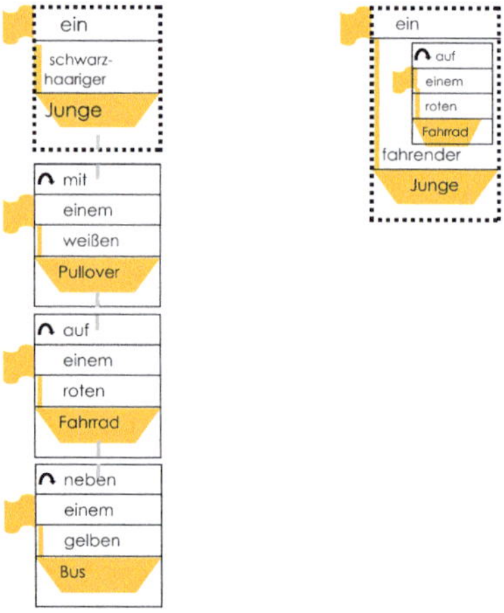

Abb. 69: Beispiele für stark ausgebaute Nominalgruppen (Satzleistenmaterialien)

Die Attribute werden angehängt oder in die Wortgruppe eingebaut. Im „Rumpf" stehen immer die großzuschreibenden Nomen oder Nominalisierungen (*mit einem Pullover in einem hellen Gelb*). Die Nominalgruppe kann zwar auch (mit allen angehängten Wortgruppen) auf die Erststelle verschoben werden. Diese Probe ist allerdings nicht mehr notwendig, wenn der Aufbau von Präpositional- und Nominalgruppen durchschaut wird. Nicht nur die Reihenfolge der Elemente, sondern auch das Verhalten der einzelnen Wortarten innerhalb der Wortgruppe mit Nomen bleibt gleich.

Mit diesem Wissen können in Nominalgruppen vorkommende Wörter ihren Positionen auf den „Wortgruppenkarten" und somit den Wortarten eindeutig zugewiesen werden:

- Eine Präposition (s. Position mit Pfeil) steht am häufigsten am Anfang einer Präpositionalgruppe und wird nicht flektiert.
- Zu den Artikelwörtern gehören bestimmter („!" auf der Fahne) und unbestimmter Artikel (leere Fahne), besitzanzeigendes Artikelwort (Schlüsselloch auf der Fahne), *kein* („X" auf der Fahne[17]), befragendes Artikelwort („?" auf der Fahne) und zeigendes Artikelwort („☞" auf der Fahne). Artikelwörter gleichen sich in Kasus und Numerus dem Nomen der Wortgruppe an („°" steht für Maskulinum: <u>der</u> Kreis, „~" für Femininum: <u>die</u> Tilde/Welle, „^" für Neutrum: <u>das</u> Dach, „°°", „~~" und „^^" stehen für Plural).
- Dieselben Genus-Markierungen gelten für attributive Adjektive, die zwischen Präposition/Artikelwort/Zahlwort und Nomen stehen können.

---

[17] Aus semantischen Gründen verhalten sich die quantifizierenden Artikelwörter unterschiedlich: Während *kein* an der Stelle des Artikelwortes vorkommt, kann *alle* zusätzlich zwischen Präposition und Artikelwort stehen, sofern das Feld des Artikelwortes nicht durch ein anderes quantifizierendes Artikelwort besetzt ist, *manche* und *einige* decken gleichzeitig Artikelwort und Zahlwort ab (vgl. Berkemeier/Kiepe/Szubert 2016).

- Präposition und bestimmter Artikel können in manchen Fällen verschmelzen: *am, beim, ans, fürs* (in diesem Fall deckt ein Wort beide Felder ab).
- Abgesehen vom Zahlwort *ein_* und den Ordinalzahlen (*erst_, zweit_ ...*) werden Zahlwörter nicht flektiert.
- Bei Mengenangaben mit Nomen folgt häufig ein nominaler Zusatz (enge Apposition), der seinerseits erweitert werden kann (*ein Kilo süße Kirschen*).
- Auch Erweiterungsnomina (Herr <u>Müller</u>, Daniela <u>Müller</u>, meine liebe Tante <u>Ulla</u>, das berühmte Hotel <u>Wagner</u>, Ziffer <u>Acht</u>, die schöne Stadt <u>Heidelberg</u>) werden an die Nominalgruppe angehängt.

Die obigen Beispiele zeigen, dass Wortgruppen mit Nomen durch weitere Wortgruppen mit Nomen (Attribute) erweitert werden können. Die Strukturen wiederholen sich dann, unterscheiden sich aber im Kasus (Genitivattribut), durch eine vorangestellte Präposition (Präpositionalattribut) bzw. ihre Stellung innerhalb der Bezugswortgruppe (erweitertes Partizipialattribut). Mittels der kombinierbaren „Wortgruppenkarten" können solche Sprachstrukturen sichtbar gemacht werden (s. Abb. 70).

Dass das vorangestellte Genitivattribut in Abb. 70 nur einen Rumpf aufweist, hat lediglich mit der Gebrauchshäufigkeit zu tun: „*Des alten Mannes Stuhl*" ist eine mögliche, aber eher seltene und eher literarische Formulierung.

Das Wortgruppenkartensystem kann auf die einführenden „Treppengedichte" folgen oder damit kombiniert werden und erlaubt darüber hinaus den allmählichen Ausbau der orthographischen Entscheidungskompetenz. Mithilfe der „Wortgruppenkarte" haben die Lernenden auch die Möglichkeit, die Untersuchung der wortartenspezifischen Merkmale (Veränderbarkeit) im Kontext der zu schreibenden Formulierung auszuprobieren, um über die Großschreibung von Nomen zu entscheiden. Auf diese Weise dürfte es nicht zu einer Verwechslung von attributiven Adjektiven und komparierten Adjektiven in Adverbialgruppen (*immer schneller*) kommen, wie Günther/Nünke (2005) befürchten, weil nicht ein einzelnes Wort in seinen Merkmalen untersucht wird, sondern die Merkmale im Wortgruppenkontext reflektierbar sind.

Herausforderungen bei Großschreibungsentscheidungen bleiben allerdings Veränderungen im Sprachsystem z. B. durch Univerbierungen und Phraseologismen, in denen Wortarten ihre Eigenschaften verlieren (z. B. ist das Nomen in *zustande* nicht attribuierbar (**zugroßemstande*)). Dasselbe gilt naturgemäß für weniger systematische Schreibungen wie z. B. aktuell *Auto/Rad/Zug fahren* vs. *radfahrend, heimfahren, schlafwandeln, pleitegehen*. Großschreibung und Getrenntschreibung (s. 5.2) gehen hier miteinander einher.

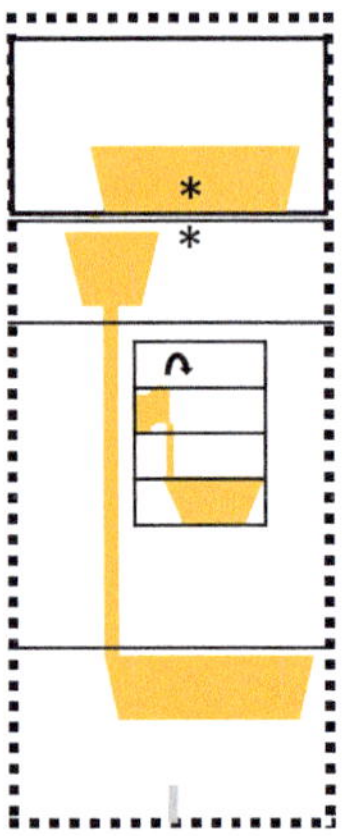	Die mittige Sternchen zeigen an, dass ein **vorangestelltes Genitivattribut** Kugel- (*alle*) und Fahnenposition (Artikelwort) überdeckt.	**Leos**
	Statt Zahlwortes kann eine **Mengenangabe mit Nomen** stehen.	**neun**
	Die in Mast-Position eingefügte Mini-Wortgruppe zeigt an, dass ein **Partizipialattribut eingeschoben** werden kann.	**nach** **Lavendel** **duftende** Stofftiere
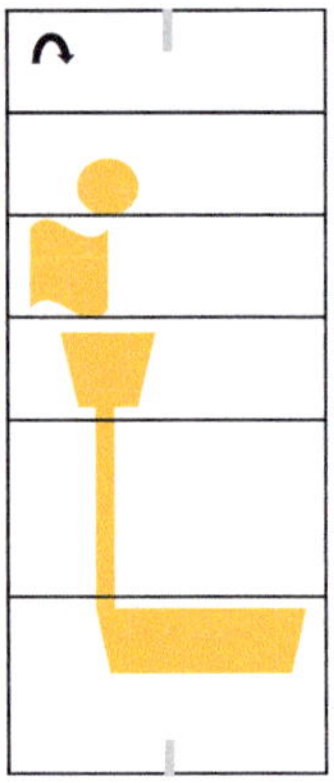	Die grauen Vertikalstriche zeigen an, dass ein **Präpositionalattribut** …	**auf** **dem** **großen** **Dachboden**
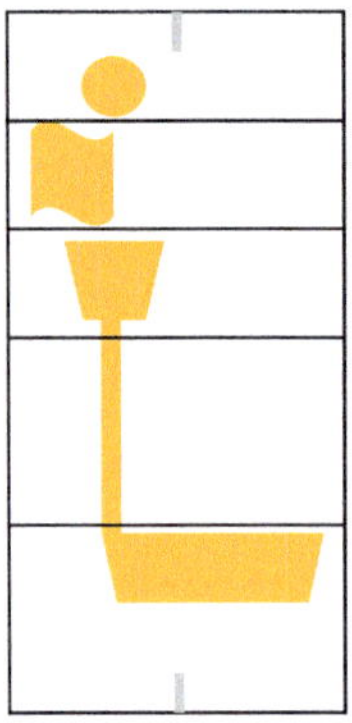	… und/oder ein **Genitivattribut** angehängt werden können.	**der** **drei** **netten** **Nachbarinnen**
		… gerieten allmählich in Vergessenheit.

Abb. 70: „Wortgruppenkarten" mit Nomen für die Großschreibungsprüfung

5.2 Die Zusammenschreibung von Wortbausteinen, die Wörter bilden

5.2.1 Linguistische Grundlagen: Grammatische Proben

Im Deutschen können nicht nur Wortgruppen mit Nomen, sondern auch einzelne Wörter enorm ausgebaut werden (z. B. *Donaudampfschifffahrtsgesellschaft*). Zusammenschreibung signalisiert LeserInnen, dass es sich bei einem solchen Informationskomplex um ein Wort und nicht um mehrere Wörter handelt. Das ist für das Verstehen u. a. deshalb wichtig, weil sich die Grundbedeutung und die grammatische Anpassung des komplexen Wortes (s. Kap. 4) nach dem letzten Kompositionselement, dem Grundwort richtet. Zwar werden Wörter auch durch Ableitung (Derivation) gebildet, abgesehen von Anfängerschreibungen treten Zweifelsfälle in der Regel aber nur bei Komposita auf, weil deren Elemente auch alleine stehen können. Schreibungen wie *<ver spricht> treten in der Regel nur in den allerersten Schuljahren auf (vgl. z. B. Mesch 2011, Bredel 2015) und können z. B. mittels „Silbenkette" bearbeitet werden (s. Kap. 4.2.3). Die folgende Tabelle zeigt, wie vielfältig die Kombinationsmöglichkeiten bei zusammengesetzten Wörtern (Komposita) im Deutschen sind.

Best.w. / Grundw.	**nicht** (ohne sondern)	**Präp**	**Zahlwort**	**Adj**	**N**	**Adv**	**V-Stamm**
Präp		nebenan		rundum	bergab	außenvor	Reißaus
Art.-wort							
Zahl-w.							
Adj	nicht-öffentlich	übergroß	vierfarbig	voll-schlank	himmel-blau	rechts-extrem	wasch-echt
NG/Adv/ Präd.: **Partiz.**	nicht-sitzend	vor-gesungen	ge-vierteilt	kurz_ge-schnitten	freude-strahlend	gern-gesehen	sitzen_ge-blieben
N	Nicht-schwimmer	Neben-straßen	Viereck	Blaulicht	Stadtplan	Gernegroß	Reibe-kuchen
V		vor-kommen	vierteilen	weich_ kochen	kopfstehen	zus.-kommen	kennen_ lernen
VG: Partiz.		vorge-sungen	ge-vierteilt	kurz_ge-schnitten		weg-gegangen	sitzen_ge-blieben
Uni-verb.	zustande(kommen)/zugrunde(gehen), aufgrund, seitdem						

Abb. 71: Kombinationsmöglichkeiten in Komposita (_ : beide Varianten möglich)

Man unterscheidet Determinativ- und Kopulativkomposita. Bei Determinativkomposita bestimmt das vorne angehängte Bestimmungswort (Determinans) das Grundwort (Determinatum) semantisch: Eine *Suppenkelle* ist eine Kelle zum Schöpfen von Suppe. Bei Kopulativkomposita sind beide Elemente semantisch gleichwertig (z. B. *nasskalt*). Flektiert wird immer nur das Grundwort. Damit sind Komposita für Zweitsprachlernende grammatisch leicht, aber semantisch z. T. ausgesprochen herausfordernd, weil die Art der semantischen „Bestimmung" des Grundwortes sehr unterschiedlich sein kann (*Kalbs-/Jäger-/Kinderschnitzel*; dagegen unproblematisch: *Erdbeer-/Himbeer-/Pfirsichjoghurt*).

Linguistisch wurden die Funktionsweisen der Getrennt-/Zusammenschreibung erst vergleichsweise spät insbesondere von Jacobs (z. B. 2005) und Fuhrhop (z. B. 2007) geklärt: Univerbierungen (*zustande*) und Phraseologismen (*pleitegehen*) sowie manche Veränderungen durch die Rechtschreibreformen stellen bei der Getrennt-/Zusammenschreibung Herausforderungen für die systematische Beschreibung dar: Nomen, die sich nicht mehr als Nomen verhalten, werden in festen Wortverbindungen nicht mehr groß und teilweise auch mit den anderen Wörtern der Wortverbindung zusammengeschrieben. Während solche Peripheriebereiche der Getrennt-/Zusammenschreibung weniger gut zu fassen sind, ist der Kernbereich – so ist man sich Jacobs und Fuhrhop folgend einig – gut beschreibbar, was aufgrund der undurchsichtigen amtlichen Regelung(sveränderung)en lange bezweifelt wurde.

Der Grund für orthographische Zweifelsfälle und Fehleinschätzungen besteht darin, dass sich Komposita aus Wörtern zusammensetzen, die auch alleine stehen können. Die grundsätzliche Frage, die sich in diesem Zusammenhang stellt, ist also die, ob ein Element in einem konkreten Satz **ein selbstständiges Element einer Wortgruppe** oder **ein unselbstständiges Wortbildungselement** darstellt. Der erste Fall führt zu Getrenntschreibung (die *getrennte Schreibung*), der zweite zu Zusammenschreibung (die *Getrenntschreibung*). Jacobs und Fuhrhop haben auf je eigene Weise herausgearbeitet, dass die zentrale Entscheidungsfrage darin besteht, ob sich ein Wort als Wortgruppenelement syntaktisch wortartengemäß verhält oder nicht. Während Jacobs auf der Basis der Optimalitätstheorie vier von zehn aufgestellten Regeln als zutreffend nachweist, konzentriert sich Fuhrhop mithilfe der Glinzschen Proben (Glinz 1952) Erweitern, Verschieben, Ersetzen und Weglassen auf die Klärung von Minimalpaaren wie etwa:

Die kranken Schwestern sollen die Decken zusammen falten.
Die Krankenschwestern sollen die Decken zusammenfalten.

Abb. 72 zeigt, wie dieses Beispielminimalpaar nach Jacobs einerseits und Fuhrhop andererseits geprüft wird. Beide Ansätze zielen darauf, dass mindestens eine der jeweils vier Testmethoden greift, um beide Schreibungen von *kranken_schwestern* und *zusammen_falten* satzbau- und bedeutungsbezogen zu unterscheiden.

Proben n. Jacobs		Proben n. Fuhrhop	
erweiterbar	die **kranken**, hustenden **Schwestern** die erfahrenen **Krankenschwestern**		erweitern
-bar ergänzbar	-	-	verschieben
valenz- abgleichend	-	die kranken Geschwister die Pflegerinnen	ersetzen
reihenbildend	Krankenwagen Krankentransport	die Schwestern	weglassen

Proben n. Jacobs		Proben n. Fuhrhop	
erweiterbar	-		erweitern
-bar ergänzbar	zusammenfaltbar	**Zusammen** sollen sie sie **falten**. **Zusammenfalten** sollen sie sie.	verschieben
valenz- abgleichend	-	Sie sollen sie zusammen aufräumen. Sie sollen sie aufräumen.	ersetzen
reihen- bildend	zusammenlegen zusammenknüllen	Sie sollen die Decken falten. *Sie sollen die Decken.	weglassen

Abb. 72: Proben zur Zusammenschreibung nach Jacobs (2005) und Fuhrhop (2007)

Um sich für Getrennt- oder Zusammenschreibung zu entscheiden, ist es also möglich, die syntaktische Verwendung des fraglichen Elementes mithilfe von vier Proben zu untersuchen. Das wirkt auf den ersten Blick sehr übersichtlich. Angesichts der vielen verschiedenen Wortarten, die bei Komposition miteinander kombiniert werden können (s. Abb. 71), bedeutet dies aber eine Vielzahl verschiedener syntaktischer Umgebungsmöglichkeiten, die jeweils spezifisch zu untersuchen sind.

5.2.2 Didaktische Modellierung: Grammatische Proben (Fuhrhop, Mesch u. a.) und Wortgruppen-Prüfkarten

Augst/Dehn (2007) nehmen im Hinblick auf die Getrennt-/Zusammenschreibung noch an: „Vieles lernen die Kinder intuitiv [...] und es ist daher vielleicht besser, gar nicht daran zu rühren.“ (143). Die inzwischen vorliegenden qualitativen und quantitativen Befunde (Mesch 2011, Strübe 2010) zeigen allerdings im Hinblick auf Grund- und SekundarschülerInnen, dass sich nur einige Fehlertypen verlieren (s. o.: z. B. <<ver liebt>>). Schaut man sich weitere Korpora von Schülertexten im Hinblick auf diese Fragestellung an, bestätigt sich der Befund. Eine hier nur ausschnittweise dargestellte Reanalyse der Schülertexte in Knapp (1997) zeigt dies für Lernende mit Deutsch als Erst- oder Zweitsprache sogar unabhängig von der Aufenthaltsdauer ganz eindeutig. Auffällig ist dabei die individuelle Streubreite im Hinblick auf die Fehleranzahl und die

Fehlertypen. Allerdings ergeben sich Fehlerschwerpunkte bei den Verb- und Nominalkomposita. Diese Befunde sprechen also dafür, dass der Getrennt-/Zusammenschreibung Aufmerksamkeit im Orthographieunterricht gewidmet werden sollte und auch dieser Bereich individualisierte Unterstützung erfordert.

Mit dem einfachen Hinweis auf die Hauptbetonung eines Wortes kommt man dabei nicht aus, weil der Satzakzent die Betonung der einzelnen Wörter dominieren kann:
Wir sind am Dienstag zufällig zusammen gekommen.- Tom musste nur einmal öffnen.
Wir sind am Dienstag zufällig zusammengekommen und konnten alles besprechen.

Daher schlagen Fuhrhop, Bredel, Mesch, Noack u. a. in einem Themenheft (Becker/Mesch 2013) auf insgesamt 30 Seiten Übungsformen zur Aneignung der oben aufgeführten Proben vor, die diese Vielfalt für Lernende handhabbar machen sollen. Die einzelnen Übungen sind fast durchgängig gut nachvollziehbar und Mesch (demn.) weist quantitativ schon nach nur drei Schulstunden nach, dass Lernende durch ein syntaktisches Training bessere Entscheidungen im Hinblick auf Getrennt-/Zusammenschreibung von Minimalpaaren fällen. Der kurzfristige Nutzen solcher Übungen darf damit als wahrscheinlich gelten, allerdings ist der langfristige Erfolg noch nicht nachgewiesen. Die vielfältigen Proben sind nicht nur aufwändig zu vermitteln – es wird vermutlich nicht ausreichen, dass die Lernenden die Übungen in Becker/Mesch (2013) oder Fuhrhop (2006) einmal durcharbeiten. Aus grammatikdidaktischen Kontexten ist außerdem bekannt, dass grammatische Proben nicht nur wenig nachhaltig verfügbar, sondern zudem sehr fehleranfällig und damit risikoreich in der Anwendung sind (vgl. Böttcher 1995; Bremerich-Vos 1995, Hoffmann 2016[3], bezogen auf Großschreibung Betzel 2016). Während LinguistInnen nämlich bewusst entscheiden, in welchen Fällen sie welche Probe zur Klärung eines Problems einsetzen, bleibt den SchülerInnen bei einer kontextfreien „Auswahlliste" von Proben die Systematik dahinter verborgen. Die Frage der Lernenden lautet nicht, wie Getrennt-/Zusammenschreibung funktioniert oder was Minimalpaare unterscheidet, sondern: „Habe ich in meinem Text Wörter falsch zusammen- oder getrenntgeschrieben?"

Aus diesen Gründen wird auch in diesem Teilkapitel vorgeschlagen, den Lernenden die Proben **im syntaktischen Zusammenhang** zu vermitteln. Durch Visualisierung mittels der Satzleistenmaterialien sollen diese Zusammenhänge sicht- und handhabbar werden und verfügbar bleiben.

Die in Abb. 71 aufgeführten Wortarten, die in Komposita vorkommen, stehen in Wortgruppen nämlich an bestimmten Stellen und verhalten sich an dieser Stelle grammatisch jeweils spezifisch (vgl. Kap. 5.1.2):

- (Zusammengesetzte) Nomen stehen am Ende von Nominalgruppen, haben ein grammatisches Geschlecht (Genus: symbolisiert durch ° (der Kreis), ~ (die Welle), ^ (das Dach)) und lassen sich meistens in den Plural setzen (*der Sandkasten°* vs. *die Sandkästen°°*).

- (Zusammengesetzte) Adjektive und Partizipien stehen in Wortgruppen mit Nomen vor diesem und passen sich in der Endung an Genus, Numerus und Kasus an das Nomen an (*die helle, gelbe Jacke* vs. *die hellgelbe Jacke*).
- (Zusammengesetzte) Adjektive und Partizipien können auch den Kern adverbialer Bestimmungen bilden. Diese Wortgruppe kann oft durch ein Intensivierungswort oder *nicht* erweitert werden (*nicht besonders lichtempfindlich/niedergedrückt*).
- (Zusammengesetzte) Verben und Partizipien kommen in verbalen Teilen vor. Sie sind teilweise syntaktisch trennbar und verteilen sich dann auf die Satzklammer: *Das soll durchaus vorkommen. – Das kommt durchaus vor.*)
- Präpositionen stehen – sofern sie nicht Teil eines Kompositums sind – am häufigsten vor Wortgruppen mit Nomen. An dieser Stelle können hingegen keine Komposita mit enthaltener Präposition stehen, die Nomen (*Vorgang*), Adjektive (*vorlaut*) oder Verben (*vorstellen*) spezifizieren oder in Kombination mit vorangestellten Zeigwörtern (*davor*) Präpositionalgruppen mit Nomen ersetzen.
- „*nicht*“ steht allein nur am Anfang von Wortgruppen oder bildet eine grammatisch selbstständige Einheit. In allen anderen Positionen ist *nicht* Teil eines Kompositums.

Abb. 73 zeigt mithilfe der „Wortgruppenkarten“, welche Wortarten syntaktisch an welchen Stellen vorkommen. Die „Boot“-Visualisierung kennen Sie bereits aus dem vorausgehenden Kapitel. Adjektive und Partizipien können auch in negier- und intensivierbaren Adverbialgruppen verwendet werden. Verbkomposita (Partikelverben) sind trennbar (s. Strichellinie) und tragen die Betonung auf der Partikel (mittels Hammer visualisiert).

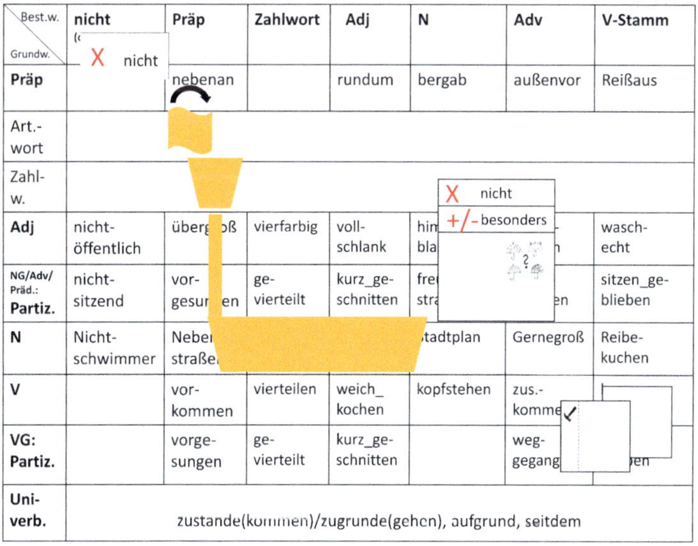

Abb. 73: Herleitung der „Wortgruppenkarten“ für die Prüfung auf Zusammenschreibung

Als Faustregel gilt: Sofern eine syntaktische Stelle nicht mehrfach besetzt ist, steht in einem Kästchen der Wortgruppe nur ein zusammenzuschreibendes Wort. Die Prüfkarten in Abb. 74 eignen sich also, um die vielfältigen Proben in den syntaktischen Zusammenhang eingebettet anzuwenden.

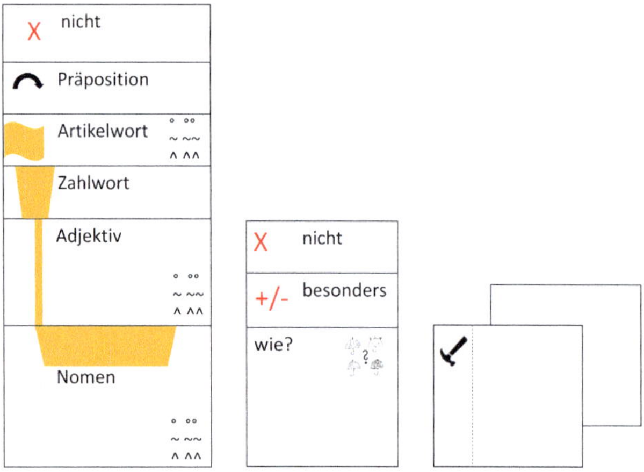

Abb. 74: „Wortgruppenkarten" für die Prüfung auf Zusammenschreibung

Prüfwörter werden ihrem Satzkontext gemäß probehalber in potenziell passende Wortgruppenkästchen eingeordnet, wie die folgenden Beispiele zeigen. Dann werden die Wortgruppen erweitert und die entstehenden Formulierungen auf ihre Bedeutung überprüft. Weil dabei mehrere Reflexionsschritte verkettet werden, ist die Vorgehensweise gründlich einzuüben.

Die authentische Schreibweise *<als Martin sich gerade bei der kleinen Prinzessin vor Stellen wollte> aus einem Schülertext (in Knapp 1997) wird folgendermaßen überprüft: „vor" ist eine Präposition, denn eine Präposition steht vor einer erweiterbaren Nominalgruppe, z. B.: „vor unsicheren Stellen". *<Als Martin sich vor unsicheren Stellen wollte> ergibt aber keinen sinnvollen Teilsatz. <stellen> könnte auch ein Verb sein. <vor> würde dann alleine in der Präpositionalgruppe stehen, was ungrammatisch wäre. Alternativ könnte <vor> den ersten Teil des Partikelverbs *vorstellen* darstellen. *sich vorstellen* ist ein existierendes reflexives Verb, das in den Satz passt. Also wird <vorstellen> zusammengeschrieben.

*<beim hin flug> (auch in Knapp 1997) beginnt mit der Präposition *bei*, die mit dem Artikel *dem* verschmolzen ist („Pfeil" und „Fahne"). *Flug* ist ein Nomen und passt im Genus zu *dem*. *hin* ist kein Zahlwort („Korb") und kein Adjektiv („Mast"), weil es nicht flektiert werden kann. <Hinflug> muss demnach ein Wort sein. Ein attributives Adjektiv ist ergänzbar: <beim frühen Hinflug>.

<das Fliegendekissen> (in Knapp 1997) beginnt mit einem Artikel („Fahne"). Setzt man die Nominalgruppe in den Plural (<die Fliegend<u>en</u>kissen>), passt sich der erste

Wortteil an. Demnach ist es ein kleinzuschreibendes Adjektiv („Mast“), das vom großzuschreibenden Nomen („Rumpf“) abzutrennen ist (< das fliegende Kissen>).

*<Seine Seele ist hoch geflogen zum Himmel> kann zwar zu *nicht besonders hoch geflogen* verändert werden, das passt aber nicht zur Richtungsangabe *zum Himmel*, sondern müsste *am Himmel* nach sich ziehen. Verben mit integrierten Richtungsangaben werden zusammengeschrieben (<Seine Seele ist zum Himmel hochgeflogen>).

*<Ich war Schweis gebadet>: Wäre *Schweiß* ein selbstständiges Nomen, müsste die Wortgruppe erweitert werden können: *Ich war in kaltem Schweiß gebadet* ist möglich, die Präposition *in* gibt es aber in dem Satz nicht. **Ich war kaltem Schweiß gebadet* ist ungrammatisch. Daher ist *schweißgebadet* zusammenzuschreiben.

Dieselben Prüfkarten eignen sich auch für Bindestrich-Schreibungen (vgl. Bredel 2013): Komposita mit anderssprachigen Anteilen (*World-Cafe*), mit Kurzwörtern (*ADFC-Karte*), mit Ziffern (*4-beinig*), mit vorangestellten Erweiterungsnomina (*Müller-Milch) sowie* satzartigen Wörtern andererseits (*Beim An-die-Wand-Lehnen ist Farbabrieb zu vermeiden.*).

*<Die Eltern haben ihm noch einen gutenacht Kuss gegeben.> (in Knapp 1997, reformangepasst und grammatisch korrigiert von A. B.): **gutenacht* ist grammatisch nicht an *Kuss* angepasst und kann kein zusammengesetztes Adjektiv („Mast“) sein. *einen gute Nacht und Kuss* passt grammatisch ebenso wenig wie *einen guten Nachtkuss. einen dicken Gutenachtkuss* ist grammatisch und orthographisch korrekt, aber schwer lesbar. In solchen Fällen kann Bindestrichschreibungen genutzt werden: <Gute-Nacht-Kuss>.

Anhand dieser Prüfkarten kann die Lücke zwischen der linguistischen Testfrage „Verhält sich das Element in der Wortgruppe wortartengemäß?“ und dem Schülerwissen geschlossen werden. Die Prüfkarte „erinnert“ durch die syntaktischen Positionen, die Genus- und Numerusmarkierung (erklärt in Kap. 4.1) und die Trennbarkeitsanzeige bei Partikelverben daran, wie sich Wortarten in Wortgruppen verhalten können. Lernende haben damit im Gegensatz zur Probenliste die von Hoffmann (2009[2]: 927) geforderte Möglichkeit,

- die Frage nach der Getrennt-/Zusammenschreibung „auf der Basis von Sprachwissen“ zu stellen
- „geeignete Operationen“ auszuwählen und einschätzen zu können, „was die Operationen leisten“ und
- über die „Veränderungseffekte“ auch gemeinsam mit anderen nachzudenken.

Auch an dieser Stelle mag man das Gegenargument anführen, die Methode sei aufwändig. Auch hier ist festzustellen: Das orthographische System selbst ist nicht einfach und immerhin sind drei Prüfkarten deutlich übersichtlicher als eine ganze Liste von risikobehafteten Proben oder ganze Übungshefte, die sich nicht auf die schülereigenen Fehler und Texte beziehen. Die drei Prüfkarten sind nacheinander einzuführen und die Nominalgruppe kann allmählich ausgebaut werden (Berkemeier i. V.). So konzentrieren sich GrundschülerInnen zunächst auf die Schreibungen, mit denen sie sich schon mithilfe der Silbenkette beschäftigt haben: zusammengesetzte Nomina und Ableitungen gefolgt von zusammengesetzten Adjektiven in „Mastposition“. Sie verwenden anfangs nur die

Prüfkarte mit „Fahne“, „Mast“ und „Rumpf“, die sie bereits aus der Beschäftigung mit der Großschreibung kennen (vgl. Abb. 67). Angeleitet von Karteikarten übertragen sie ihre Fähigkeiten anschließend auf die Unterscheidung von Adjektiv-/Adverbgruppen (*nicht besonders hoch fliegen*) und Partikelverben (*zum Himmel hochfliegen*).

Auch hier kann trösten, dass sich das grammatische Visualisierungssystem der Satzleistenmaterialien vielseitig nutzen lässt (Groß- und Zusammenschreibung, (Um-)Formulieren von Texten, Grammatikunterricht, Zweitsprach- und Bildungssprachvermittlung). Man sollte im Orthographiekontext zudem immer bedenken: Spannend ist aus Schülersicht kaum die Getrennt-/Zusammenschreibung an sich, sondern eher die Frage danach, was Komposita in fremden und eigenen Texten syntaktisch, semantisch und zweckbezogen (illokutiv) leisten: Mithilfe von Komposita kann man sich genau ausdrücken und Texte gleichzeitig grammatisch und semantisch verdichten.

5.2.3 Übergänge zwischen morphologischem und syntaktischem Prinzip

Die Silbenkette bietet eine gute Möglichkeit, von der morphologischen Schreibung von Wortbausteinen zur Getrennt-/Zusammenschreibung überzuleiten. Insbesondere die Zusammenschreibung von Präfix und Stämmen inkl. Flexionsmorphem ist durch die vordere Klappkarte schon früh erkennbar (ver|suchen/ver|such|end ...). Außerdem können mehrere Silbenketten aneinandergehängt werden, um die Schreibung der Bestandteile eines Kompositums und Wortbausteine zu thematisieren (Klapp|fahr|rad).

5.3 Satzschlusszeichen und Kommasetzung

5.3.1 Linguistische Grundlagen: Verbstellung

Ebenso wie Wörter und Wortgruppen können auch Sätze im Deutschen ausgesprochen komplex gebaut sein. Die Interpunktion hilft Lesenden, den Überblick über die syntaktische Struktur eines Satzes zu behalten.

Jeder Satz verfügt in der Regel über einen oder mehrere verbale Teile. Diese sind im Gegensatz zu Wortgruppen nicht verschiebbar, sondern besetzen im Deutschen feste Positionen.

Im Hauptsatz steht der flektierte, also an das Subjekt angepasste verbale Teil an der zweiten Stelle, alle anderen verbalen Teile stehen am Ende (s. Abb. 75). Auch trennbare Partikelverben verteilen sich so. Die Buchstabensiglen geben Ihnen Hinweise darauf, auf welcher Niveaustufe die Formen in der Zweitsprache erworben werden.

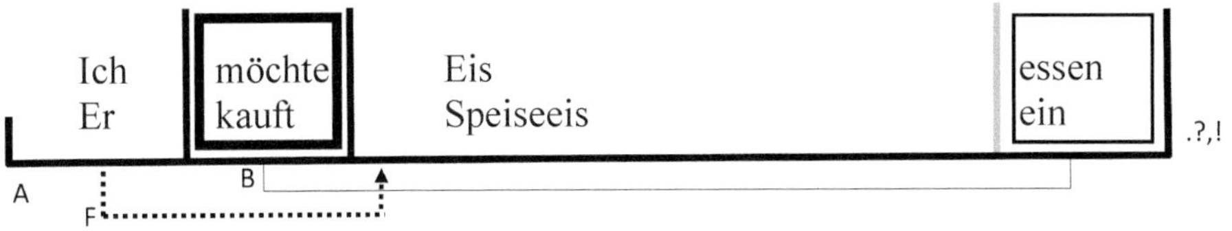

Abb. 75: „Hauptsatzleiste" (Verbzweitstellung)

In Entscheidungsfragen, die dieser Verteilung nicht folgen, und in Aufforderungssätzen steht der flektierte verbale Teil an der ersten Stelle, alle anderen verbalen Teile stehen am Ende (s. Abb. 76).

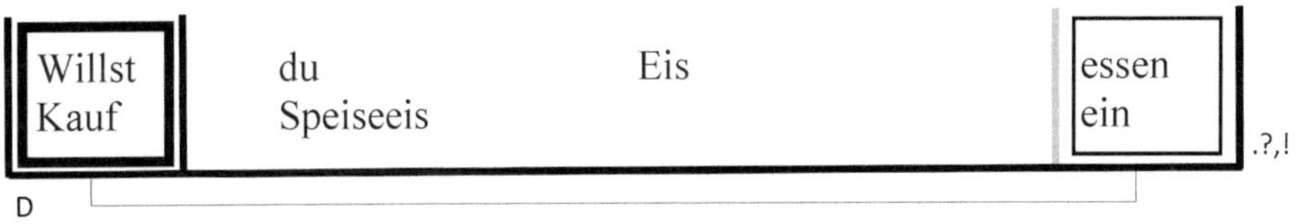

Abb. 76: „Fragesatzleiste" (Verberststellung)

In Neben- oder Relativsätzen steht der flektierte verbale Teil am Ende, alle anderen verbalen Teile unmittelbar davor (s. Abb. 77):

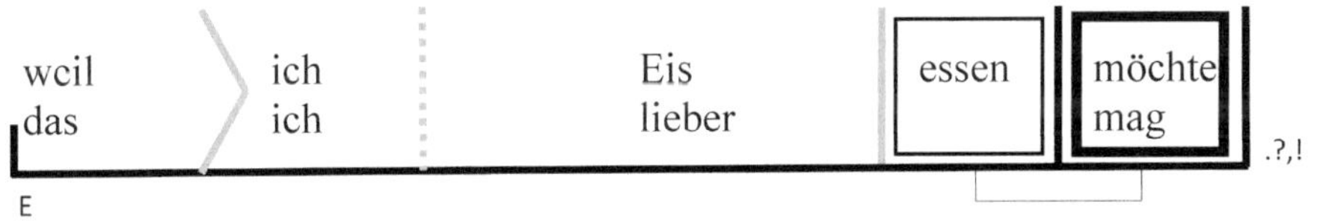

Abb. 77: „Nebensatzleiste" (Verbletztstellung)

Satzschlusszeichen bzw. Kommata trennen (Teil-)Sätze voneinander ab, wenn sie nicht durch Nebenordner (*und, oder, sowie*) verbunden sind. So wird klar erkennbar, welche Wortgruppen zu welcher Satzeinheit gehören. Auch vor einem Satz stehende oder einem Satz folgende nicht-satzförmige Einheiten wie z. B. Anreden werden durch Komma abgetrennt, damit sie nicht als Teil des Satzes interpretiert werden: Während in <Wir essen, Opa.> *Opa* als Anrede abgetrennt wird, läse man in *<Wir essen Opa> *Opa* als Akkusativobjekt. Dieser Unterschied ist also für das Verstehen nicht marginal: „Zeichensetzung kann Leben retten", kommentiert eine Postkarte diese orthographische Stilblüte.

Die folgenden Beispiele aus Cornelia Funkes „Kleiner Werwolf" dienen Ihnen als weitere Satzleistenbeispiele und zeigen gleichzeitig, dass auch Kindern solche komplexen Satzstrukturen durchaus begegnen. Folgende Fälle sind zu unterscheiden:

Nebensätze können sich an den Hauptsatz anschließen oder ihm vorangehen. Vorangestellte Nebensätze belegen die Erststelle des Hauptsatzes.

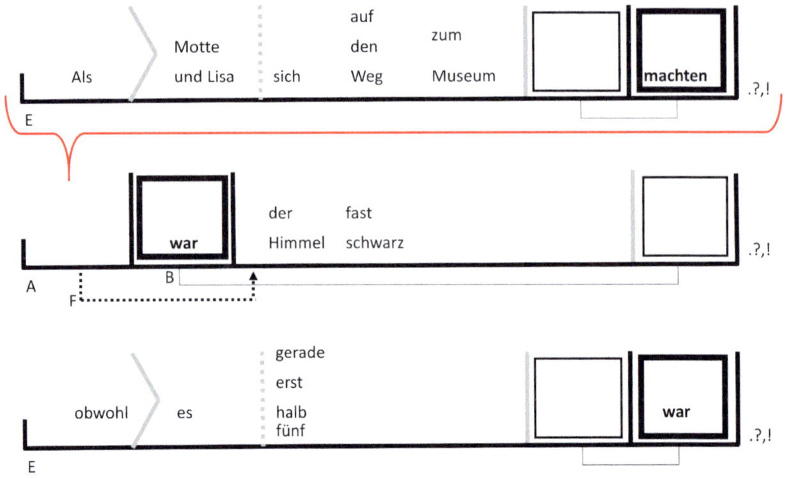

Abb. 78: Syntaktische Darstellung eines vorangestellten Nebensatzes am literarischen Beispiel (in: Cornelia Funke 2000²: 50 ff.)

(Teil-)Sätze können nicht nur aufeinanderfolgen, sondern auch eingeschoben werden (s. Abb. 79). Am häufigsten ist das bei Relativsätzen der Fall, weil sie direkt auf die Wortgruppe folgen, auf die sie sich beziehen. Der Relativsatz ist also eine besondere Form des Wortgruppenausbaus. Eine geschweifte Klammer zeigt dies in der Satzleistendarstellung an. Werden Nebenordner (s. Sechseck) verwendet, entfällt das Satzzeichen normalerweise. Eingeschobene Relativ- und Nebensätze müssen aber vorne und hinten abgegrenzt werden.

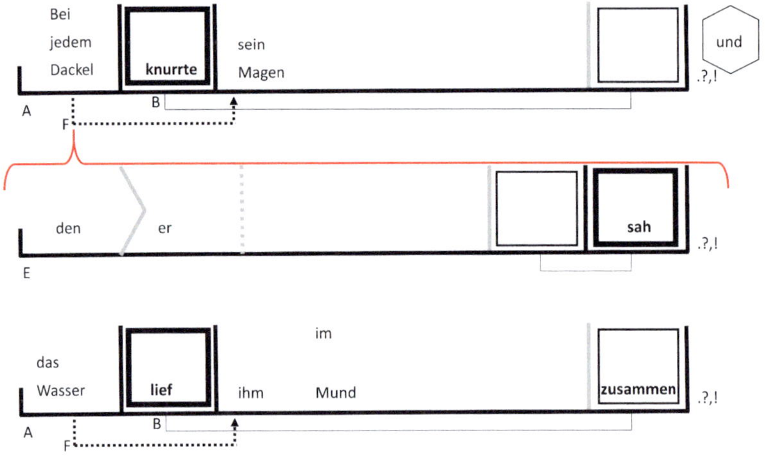

Abb. 79: Syntaktische Darstellung eines eingeschobenen Relativsatzes am literarischen Beispiel (in: Cornelia Funke 2000²: 50 ff.)

Syntaktische Stellen, also Ein- oder Mehrwortgruppen oder Sätze, können mehrfach besetzt werden. Diese Mehrfachbesetzung wird durch Aufzählungskomma gekennzeichnet, sofern sie nicht mit nebenordnenden Konjunktionen wie z. B. *und* oder *oder* verbunden sind:

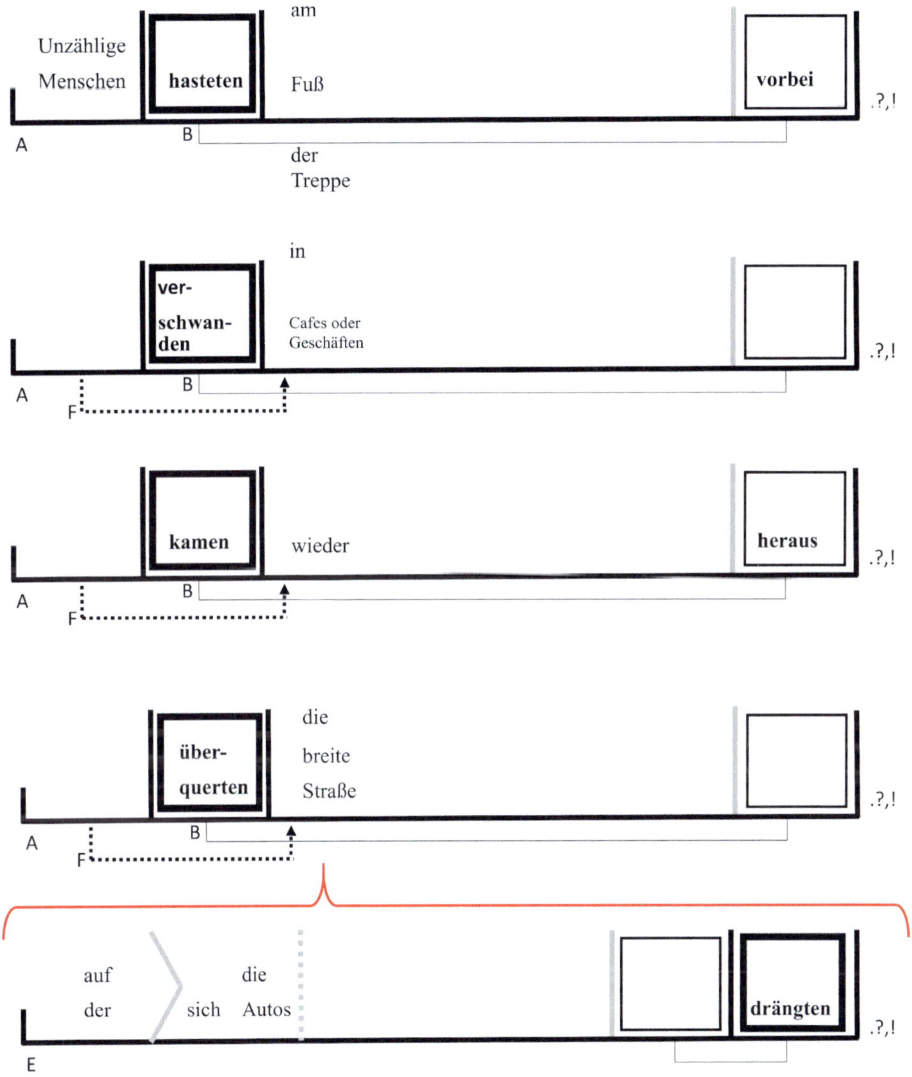

Abb. 80: Syntaktische Darstellung von Mehrfachbesetzungen am literarischen Beispiel (in: Cornelia Funke 2000²: 50 ff.)

Der sog. vorangestellte Begleitsatz der wörtlichen Rede wird durch Doppelpunkt abgetrennt. Eingeschobene oder anschließende Begleitsätze werden durch Komma(ta) separiert. Wörtliche Rede wird mit Anführungsstrichen gekennzeichnet.

Eine Besonderheit bei der Kommatierung stellt der erweiterte Infinitiv mit *zu* dar, bei dem die Stelle des Einleitungswortes (Subjunktor) ebenso wie bei der erweiterten Partizipialkonstruktion leer bleibt, alle anderen Wortgruppen aber erweiterbar sind (so argumentiert Fuhrhop 2009[3]). Allerdings sind Kommata zur Abgrenzung einer Partizipialkonstruktion in sehr vielen Fällen freigestellt.

Kinder denken nicht immer daran, sich die Schuhe abzuputzen.
Nicht ans Abputzen denkend [,] *betreten sie das Haus.*

Kein Komma darf dagegen beim kohärenten Infinitiv stehen (*Die Sonne scheint im Meer zu versinken.*, vgl. Bredel 2011, s. u.). Nicht syntaktisch eingebundene Einheiten werden durch Gedankenstriche oder Klammern abgetrennt:

Kinder – oft mit dreckigen Schuhen unterwegs – denken ans Spielen.

Die Kodifizierung der Kommatierung änderte sich wie die der Groß- und Zusammenschreibung in den bisherigen Reformprozessen immer wieder.

5.3.2 Didaktische Modellierung: „Königreiche" (Lindauer 2011), „Klammermann" (Schönenberg 2011) und „Satzleiste"

Weil prosodische, semantische oder stilistische Hilfen bei Kommatierungsentscheidungen nicht hinreichend sind, bedarf es syntaktischer Bewusstheit, um orthographische Interpunktionsentscheidungen auf sicherer Basis zu fällen. Regeln sollten immer möglichst viele Fälle umfassen, also systemerklärend sein und nicht Einzelfälle herausgreifen (wie z. B. „Vor *weil* steht immer ein Komma."). Dazu bedarf es einer Verbindung von Grammatik- und Orthographieunterricht. Weil (Teil-)Sätze dadurch identifiziert werden, dass jeder (Teil-)Satz über genau ein subjektkongruentes Verb verfügt (sofern dieses nicht verdoppelt wird), sollte diese Bestimmung auch den didaktischen Ausgangspunkt bilden. Um nicht zu viele (Teil-)Sätze zu vermuten, ist das Verständnis für die im Deutschen typische Satzklammer notwendig. Schönenberg (2011) schlägt für die Einführung der Satzklammer den „Klammermann" vor, der die Prädikatsteile zusammenhält, während das Vorfeld unterschiedlich besetzt werden kann und das Mittelfeld keine, eine oder mehrere Wortgruppe/n umfassen kann. Lindauer (2011) und Lindauer/Schönenberg (2012) schlagen vor, Verben als „Könige" und Wortgruppen als „Untertanen" zu klassifizieren. Pro Satz (= „Königreich") regiert ein König, bei zweiteiligen Verbgruppen außerdem die „Königin". Die „Königreiche" werden durch „Schlagbäume" (= Kommata) abgegrenzt. Eingeschobene (Teil-)Sätze werden als „Enklaven" mit zwei Schlagbäumen bezeichnet.

Da Sätze bis zu fünf verbale Teile enthalten können, bräuchte man mit dieser Methode in komplexeren Fällen eine ganze „Königsfamilie“ (die „Kinder“ stünden dann bei der „Königin“). Alternativ wird hier die „Satzleiste“ vorgeschlagen, die auch für andere Kompetenzbereiche genutzt werden kann. Um zu entscheiden, welche Satzleiste passt, können die Lernenden zunächst die flektierten Verben unterstreichen und dann entscheiden, ob mehr als eine Satzleiste zu verwenden ist. Während Erst- und Letztstellung leicht erkennbar sind, verlangt die Identifizierung der Zweitstelle bei Wortgruppen mit mehr als einem Wort die Verschiebeprobe, die z. B. über die „Treppengedichte“ eingeführt werden kann (s. 5.1.2).

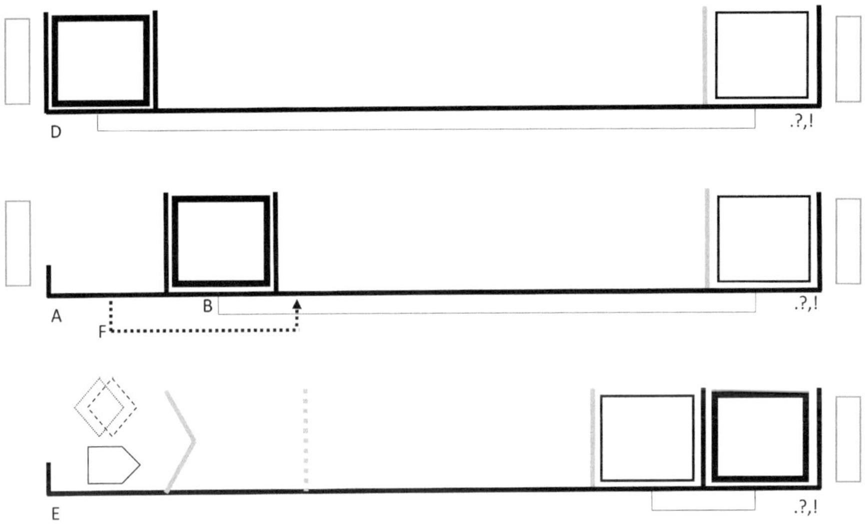

Abb. 81: Übersicht für die Zeichensetzungsprüfung zwischen (Teil-)Sätzen

Ist etwas vor oder nach einer Satzleistenvariante nicht einer zusätzlichen „Satzleiste“ zuzuordnen, ist also das Vorvor- oder Nachfeld besetzt, ist ein Komma zu setzen (s. grüne Rahmen). Sind wortgruppen- oder satzbezogene Felder mehrfach besetzt (liegen also in der Bilderschrift (s. Kap. 1) mehrere Karten übereinander), trennt man mittels Nebenordner (Konjunktion) oder Komma.

Im Kontext der Großschreibung wurde bereits gezeigt, dass Partizipialattribute (vor Nomen *stehende* und zu Adjektiven *veränderte* Verben) durch Präpositional- oder Nominalgruppen erweiterbar sind (*das* ***auf der Straße*** *parkende Auto*). Dasselbe ist auch mit Adverbialgruppen (bekannt aus der Prüfkarte zur Getrennt- /Zusammenschreibung möglich: *das nicht sehr gut schmeckende Gericht*. In beiden Fällen wird die Erweiterung des Partizipialattributes nicht durch Komma abgetrennt. Anders verhält es sich bei Koordination, also der Doppelbesetzung des Feldes (*die reifen, frischen Äpfel*; *das duftende, sehr gut schmeckende Gericht*).

Zwei Proben ergänzen die Satzleisten-Methode:

Bezogen auf den erweiterten zu-Infinitiv ist Bredels (2011: 72) **weil-Probe** einzuführen, um kohärente Infinitive ohne Komma berücksichtigen zu können:

kohärenter Infinitiv: *weil (kein Komma)	inkohärenter Infinitiv: weil (Komma)
Die Sonne scheint im Meer zu versinken. (*Weil die Sonne scheint, im Meer zu versinken.)	Man glaubt, die Sonne im Meer versinken zu sehen. (Weil man glaubt, die Sonne im Meer versinken zu sehen).

Abb. 82: Weil-Probe zur Unterscheidung von kohärentem und inkohärentem Infinitiv (Bredel 2011)

Statt der Freistellung der Kommatierung bei Kontrollverben (bitten, empfehlen etc.) könnte man im Sinne didaktischer Reduktion empfehlen, das Komma abgesehen vom kohärenten Infinitiv „sicherheitshalber" bei erweitertem zu-Infinitiv grundsätzlich zu setzen. Ebenso könnte man grundsätzlich (also auch bei Hauptsatz-Koordination) auf das Komma bei der Koordination von (Teil-)Sätzen verzichten.

Darüber hinaus ist bei zweiteiligen Konjunktionen das von Bredel (2011) hervorgehobene Kriterium der **Wiederholbarkeit** zu vermitteln:

wiederholbare Konjunktion: und – und – und weder – noch – noch (kein Komma)	nicht wiederholbare, entgegensetzende Konjunktion: nicht – sondern nicht – aber (Komma)
Peter ist nicht groß **und** nicht klein **und** nicht schmächtig. Peter ist **weder** groß **noch** klein **noch** schmächtig.	Peter ist **nicht** groß, **sondern** klein ***sondern*** schmächtig. Peter ist nicht groß**,** **aber auch nicht** klein ****aber auch nicht*** schmächtig.

Abb. 83: Probe zur Unterscheidung von wiederholbaren und nicht-wiederholbaren Konjunktionen (Bredel 2011)

<das>-/<dass>-Schreibung

Wie in allen anderen Vorschlägen auch, kann die Unterscheidung des Unterordners (Subjunktor) *dass* vom Zuordner (Relativum) *das* mittels Proben herbeigeführt werden (vgl. z. B. Schönenberg 2016). Während das Relativum je nach Bezugsnomen in Numerus und Genus einerseits und je nach Aufgabe im Relativsatz andererseits in Kasus veränderbar ist (*das Fahrrad, das ich haben möchte – die Fahrräder, die ich haben möchte – das Fahrrad, an dem ich die Bremsen repariert habe*), ist der Unterordner *dass* nicht flektierbar und hängt vom Verb des Hauptsatzes ab, z. B.: *Ich meine/sage/möchte, dass du es bitte tun solltest* (Objektsatz).

Abb. 84: Visualisierung der Neben-/Relativsatzstruktur mithilfe der Satzleiste

In Satzleiste E bleibt der Rand des Unterordnerzeichens (Subjunktor) immer unverändert, während der Zuordner (Relativum) als Subjekt des Relativsatzes gepunktet oder als ergänzendes Objekt gestrichelt wird. Der Zuordner hat die Funktion, das Bezugsnomen fortzuführen – der Unterordner verknüpft Haupt- und Nebensatz semantisch auf spezifische Weise (z. B. begründend, modalisierend, folgernd usw.) und kann einen Subjekt-, Objekt-, Attribut- oder Adverbialsatz einleiten:

Dass du glücklich bist, freut mich./

Ich sehe, dass du glücklich bist./

Die Tatsache, dass du glücklich bist, freut mich./

Es freut mich, wenn du glücklich bist.

Die Satzleisten werden nacheinander eingeführt und auf einen exemplarisch zu prüfenden Text angewendet (Berkemeier i. V.). Zunächst werden Verbzweit- und Verberstsätze durch Punkt bzw. Fragezeichen und Großschreibung am Satzanfang voneinander separiert. Insbesondere die wörtliche Rede in Erzähltexten eignet sich hervorragend für die Thematisierung der Vorvor- und Nachfeldbesetzung (*Sie sagte: „Ich helfe dir gleich, Oma./Oma, ich helfe dir gleich.*“). Auch für Zweitsprachlernende eignen sich relativ früh Sätze im Perfekt oder Sätze mit Modalverben für die Thematisierung der Satzklammer. Bei Partikelverben sind Zeichensetzungsfehler aus grammatischen und semantischen Gründen unwahrscheinlich. Die Verbendstellung wird erst vermittelt, wenn die anderen Fälle problemlos bearbeitet werden. Dabei ist zu berücksichtigen, dass Neben- und Relativsätze von Lernenden des Deutschen als Zweitsprache erst später erworben werden. Neben- und Relativsätze werden zunächst in Endstellung einführt. Erst zum

Schluss wird vermittelt, dass vorangestellte Nebensätze die Erststelle des Hauptsatzes einnehmen und eingeschobene Relativsätze mit paarigem Komma umschlossen werden.

5.4 Grammatische Bewusstheit II: Wörter in grammatischer Funktion und Satzbau

In diesem Kapitel wurde deutlich, dass die wort-, wortgruppen- und satzbezogenen grammatischen Strukturen des Deutschen sehr ausbaufähig sind. Die optischen Hilfen durch Groß- und Zusammenschreibung sowie durch Interpunktion dienen Lesenden, während sie Schreibenden ein hohes Maß an Reflexion abverlangen. Daher scheint es angemessen, die Ressourcen, die man für die Vermittlung und den Erwerb des syntaktischen Prinzips aufwendet, nicht nur für das Rechtschreiben, sondern auch für das Formulieren, das Leseverstehen sowie den Ausbau von Bildungs- und Zweitsprachkompetenz zu nutzen. An dieser Stelle kann nur angedeutet werden, dass wort- und satzbaubezogene Bewusstheit ausgesprochen hilfreich für präzises und verständliches Formulieren einerseits und für das Lesen und Verstehen komplexer Formulierungen in Texten andererseits sein kann.

Der Ausbau von Wörtern und von Wortgruppen mit Nomen dient vornehmlich der Präzisierung des Gemeinten und dem grammatisch dichten Informationsausbau. Sich komprimierter ausdrücken zu können und semantisch sowie grammatisch verdichtete Texte verstehend lesen zu können, sind die wesentlichsten Kompetenzen im Hinblick auf Bildungssprachgebrauch: Einfache Formulierungen würden bei komplexen inhaltlichen Zusammenhängen zu übermäßig langen Texten führen. Verdichtung entsteht auch dadurch, dass ausformulierte Inhalte zueinander in Bezug gesetzt werden. Das leisten Nebensätze und Präpositionalgruppen in sehr starkem Maße. Ein Text, der semantische Bezüge ausformuliert, ist zwar grammatisch komplexer, gleichzeitig unterstützen solche sprachlichen Hinweise die Lesenden aber bei der In-Bezug-Setzung der gelesenen Einzelinformationen. Fehlen entsprechende Hinweise, müssen sich die LeserInnen den Zusammenhang „zusammenreimen" – ein aufwändiges und risikobelastetes Unterfangen.

Die Förderung syntaktischer Bewusstheit könnte dazu verhelfen, dass Schreibende relativ schnell Formulierungsalternativen finden und diese leserorientiert funktional einsetzen. Die Satzleiste ist ein Instrument, das man für „Lupenstellen" verwenden kann, um problematische Formulierungen zu reflektieren und zu überarbeiten.

5.5 Berücksichtigung von Mehrsprachigkeit

Da das syntaktische Prinzip auf die orthographische Markierung grammatischer Einheiten zielt, ergibt sich eigentlich von selbst, dass LernerInnen, die das Deutsche z. T. noch erwerben müssen, sich orthographisch mit den Einheiten beschäftigen, die sie selbst bereits produzieren können oder aktuell erwerben. Berkemeier/Schmidt (i. E.) enthält ein grammatisches Kompetenzraster mit den Stufen A-F ff., das auf Ergebnissen der Zweitspracherwerbsforschung basiert. Daraus ergäbe sich für die Großschreibung folgende Reihenfolge (genauer in Abb. 86, 1. Spalte):

A	Namen/Stoffnamen	Ivar sieht Anna. Ivar mag Eis.
A	Zahlwort Nomen	Ivar kauft fünf Äpfel.
Nomin.: A	Artikelwort Nomen	Die Äpfel sind schwer.
D	Artikelwort Adjektiv Nomen	Die frischen Äpfel schmecken gut.

Abb. 85: Spracherwerbssensibler Nominalgruppenausbau

Man kann darüber streiten, ob Strukturen orthographisch eingeführt werden sollten, bevor sie sprachlich erworben wurden bzw. werden. Natürlich begegnen SprachlernerInnen diesen Strukturen rezeptiv schon vorher. Auch produzieren sie solche Strukturen schon vor dem Erwerb, allerdings in der Regel nicht normgerecht. Sprachstrukturen zu beherrschen, ist keine unumgängliche Voraussetzung für die orthographische Thematisierung, eine niveaugerechte Vermittlung der Großschreibung hat aber Vorteile, weil sich die Erwerbsprozesse dann gegenseitig stützen können. Das gilt m. E. auch für die Kommatierung. Wer noch keinen Relativ- oder Nebensatz bildet, braucht auch die Kommasetzung zwischen Haupt- und Nebensatz noch nicht zu reflektieren. Insbesondere vorangestellte und eingebettete Nebensätze werden relativ spät normgerecht produziert. Umgekehrt ist fraglos sinnvoll, bei der erwerbsgemäßen sprachlichen Vermittlung dieser sprachlichen Strukturen begleitend auch ihre orthographische Kennzeichnung zu thematisieren.

	Großschreibung		Interpunktion		Zusammenschreibung	
A	Namen, auch koordiniert Artikelwort + Nomen Zahlwort + Nomen		. (Hauptsatz) ? (Entscheidungsfrage) ? (Wer-/Was-Ergänzungsfragen) , (Koordination von Namen)			
B	(Höflichkeitsform: Sie/Ihnen)				Partikelverben Komposita (Nomen/Adjektive)	
C	Präposition + Artikelwort + Nomen		, (Koordination von Hauptsätzen)			
D	Artikelwort + Adjektiv + Nomen		? (Verberststellung) ! (Imperativ)			
E	Präpositionalattribute		, (Nebensatz, nachgestellt) , (Relativsatz am Satzende)			
F	Genitiv-Attribut		, (vorangestellter Nebensatz)			
ff.	erweitertes Partizipial-Attribut		, ... , (eingeschobener Neben-/Relativsatz)			

Abb. 86: Spracherwerbssensible Vermittlungsreihenfolge des syntaktischen Prinzips (vgl. Berkemeier/Schmidt i. E.)

Semantisch leicht auflösbare Komposita (Gemüse-/Tomaten-/Käse-/...suppe) können sehr früh thematisiert werden, weil sie den Wortschatz schnell vergrößern. Explizit zu thematisieren ist allerdings, was L1-SprecherInnen können: Der flexionsrelevante Teil ist der letzte Kompositionsteil.

5.6 Kompetenzraster II: Syntaktische Schreibungen

Insgesamt ist in dem in Kap. 6 vollständig analysierten und dort im Original abgebildeten Text eines 13jährigen Realschülers festzustellen, dass der Text orthographisch recht viele Probleme aufweist, die man im 6. Schuljahr in der Regel nicht mehr in dieser Fülle erwartet: Neben silbischen und morphologischen Fehlern, betreffen die syntaktischen Orthographiefehler fast alle Teilbereiche (s. Abb. 87).

Aus Gründen der Übersichtlichkeit werden die satzbaubezogenen Orthographiefehler im Folgenden in einer transliterierten, orthographisch überarbeiteten Form verdeutlicht. Die Umbrüche und Unterstreichungen zeigen an, wo Satzleiste und Wortgruppenkarte einzusetzen sind. Die eingeklammerten Zeichen zeigen die Fehlerkorrekturen an.

Der Text enthält kein einziges Komma. Hier besteht mit Sicherheit Förderbedarf. Bei der Groß- und Zusammenschreibung stehen den Fehlern viele Richtigschreibungen gegenüber. Das Prinzip muss demnach nicht grundsätzlich neu vermittelt, sondern vertiefend bearbeitet werden.

Bildbeschreibung
Im Hintergrund sieht man ein verletztes Mädchen (,)
das auf einer Trage liegt.
Ein Arzt im weißen Anzug versucht (,)
das Kind in einen Krankenwagen zu bringen.

Im Schulgebäude ist eine Sekretärin und ein Kind.
(,) besser gesagt im Sekretariat (,)

Die Sekretärin hat den Telefonhörer in
der
(H)and (.)
Es sieht so aus (,)
als ob sie gerade versucht (,)
den Unfall zu beschreiben.
Die Anrufende hat braune Haare und ein
knall(-)rotes
Gesicht.
Es handelt sich wohl um einen Sportunfall (,)
weil das Mädchen am Telefon eine blaue Sporthose und ein trägt.
orange(-)farbenes
Sporthemd

Die daneben stehende Sekretärin hat den auf dem Tisch und
Ellenbogen
[ ] hält vor Schreck die Hand vor den Mund (.)
(A)uch ihr Gesicht ist ganz rot.
Die
(j)unge
(F)rau trägt einen
roten (,)
mit
weißen
(P)unkten
besetzten
Pullover.
Auf dem Tisch ist eine
grüne
(U)nterlage (.)
(A)uf dieser liegen drei beschriftete Blätter.
Durch den grauen Bleistift oben drauf werden sie gekrönt (.)
(G)egenüber ist eine Stempelablage mit 5 Stempeln.
An der Wand ist ein Kalender (,)
der zeigt (,)
dass an diesem Tag der Fünfzehnte ist.

Es sieht so aus (,)
als ob der Krankenwagen bald losfährt (,)
denn
die Blauleuchte ist noch an.

Name: Autor des Textes „Bildbeschreibung"						Schuljahr: 6
Bewusstheit	**Erhebungs-/Förderinstrument**					**DaZ/Dialekt/Idiolekt**
Vokal(un)-gespanntheit ☐	**Silbenketten**		in Silbenkettenwörtern		in komplexen Wörtern	Aussprache/Hörschulung
		— •	ie	☒	☒	Silben ☐
			Silbenanfangs-h: nicht hörbar	☐	☐	Silbentrennung ☐
			Dehnungs-h: nicht hörbar/Lernwörter	☐	☐	
		• •	Konsonant-Graphem-Verdopplung	☒	☒	
			Nicht-Verdopplung ch, sch, ng, nk	☐	☐	
			ck, tz	☐	☐	
Stimmhaftigkeit: ß ☒		beide	st/sp	☐	☐	
			Auslautverhärtung: b, d, g, s	☐	☐	
			Umlautschreibung: ä/äu	☒	☐	
Wortbildung ☐			Vor-/Schlussbausteine		☒	Wortschatz ☐
Wortgruppenaufbau ☐	**Wortgruppenkarten**		Großschreibung: Kerne nominaler Gruppen ☒			Grammatik ☐
			Zusammenschreibung: Derivate (Ableitungen) ☐			
			Komposita in Nominalgruppen ☐			zur Förderung von Wortschatz und Grammatik s. Berkemeier/Schmidt (2019)
			Komposita in Adjektivgruppen ☐			
			Verb-Komposita ☐			
Satzbau ☐	**Satzleisten**		Großschreibung: Satzanfang ☐			
			Satzschlusszeichen: . ? ! ☐			
			Kennzeichnung wörtlicher Rede ☐			
			Komma: Aufzählungskomma ☐			
			Komma, Komma + dass ☒			

Abb. 87: „Bildbeschreibung": Kompetenzraster II

5.7 Zusammenfassung: Das syntaktische Prinzip und seine Vermittlungsprogression

Wortgruppen mit Nomen als sog. „Kern" können im Deutschen stark ausgebaut werden. Um LeserInnen den Überblick zu gewähren, werden die Kerne von Wortgruppen durch Großschreibung hervorgehoben. Zwei einfache Prüfkarten (s. Abb. 67) reichen aus, um über Großschreibung zu entscheiden. Will man kompetenzbereichsübergreifend gleichzeitig vermitteln, wie viele Informationen in einer Nominalgruppe kombiniert werden können, verwendet man fünf differenziertere Wortgruppenkarten (vgl. Abb. 69), um entsprechende Formulierungen zu erproben und zu analysieren.

Auch Wörter können im Deutschen durch Derivation und Komposition komplex gebildet sein. Zusammenschreibung signalisiert, dass es sich um nur ein Wort mit einer einzigen syntaktischen Funktion handelt. Eine Prüfkarte für Getrennt-/Zusammenschreibungsentscheidungen visualisiert die drei entscheidungsrelevanten Strukturen: Nominal- bzw. Präpositionalgruppe, Adjektivgruppe sowie trennbare und nicht trennbare Verben. Die fraglichen Elemente können hypothesenartig in die Kästchen eingetragen und die entsprechenden Wortgruppen anschließend probeweise erweitert oder verändert werden, um so die orthographische Entscheidung herbeizuführen. Sind Kästchen nicht mehrfach besetzt, gilt: ein Kästchen – ein Wort. Ist das Gegenteil der Fall, werden die Wörter durch Nebenordner (*und, oder, sowie ...*) oder Komma getrennt.

Für weitere Entscheidungen im Bereich der Zeichensetzung kann die Satzleiste eingesetzt werden. Dabei geht es einerseits darum, die Mehrfachbesetzung von syntaktischen

Stellen zu prüfen, und andererseits (Teil-)Sätze zu identifizieren und voneinander abzugrenzen. Dazu ist es notwendig, die Verteilung der Verben im Satz zu klassifizieren. Die Satzleistenvarianten visualisieren die im Deutschen vorhandenen drei Möglichkeiten der Verbstellung. Hinzu kommen zwei von Bredel (2011) eingeführte Proben: die weil-Probe für die Identifizierung von kohärenten erweiterten Infinitiven (*Der Ausschlag scheint schnell wieder zu verschwinden.*) und die Wiederholbarkeitsprobe bei zweiteiligen Konjunktionen (*nicht – sondern – *sondern vs. sowohl – als auch – als auch – als auch*).

Die einzelnen Bestandteile sind sukzessive und individuell differenziert einzuführen. Sehr früh kann man mit einfachen Nominalgruppen (bestehend aus Artikel – attributivem Adjektiv – Nomen) die Großschreibung thematisieren. Dasselbe gilt für die Zusammenschreibung von zusammengesetzten Nomen und Adjektiven in einfachen Nominalgruppen. Als nächstes bietet es sich an, Präpositionalgruppen und (trennbare) Partikelverben zu untersuchen.

Bei der Zeichensetzung beginnt man – wie schon immer – mit dem Satzschlusszeichen und der einhergehenden Großschreibung am Satzanfang mittels „Hauptsatzleiste" und einteiligen Verben. Dann folgt die Satzklammer, die auch im üblichen Grammatikunterricht thematisiert wird. Relativ- und Nebensätze werden am besten im Kontext ihrer textuellen Funktion (genaue Beschreibung vs. semantisches Verhältnis in Satzgefügen) analysiert.

Kinder mit Deutsch als (neuer) Zweitsprache, die in der Vorbereitungsklasse oder in der Sprachförderung mit der Satzleiste arbeiten, haben ggf. den Vorteil, dass sie das System (vgl. Berkemeier/Schmidt i. E.) schon kennen. Sie können den anderen Kindern zeigen, wie man damit arbeitet. Es sollten syntaktische Schreibungen vermittelt werden, die sprachlich bereits von den Lernenden benutzt werden. Das gilt, abgesehen vom Flexionserwerb, für alle Lernenden im Hinblick auf den Bildungssprachausbau.

6. Kompetenzraster und „Fahrpläne": Praxistipps

6.1 Wie gehe ich konkret vor?

Rechtschreibunterricht besteht häufig aus Erklärphasen und der Bearbeitung von Arbeitsblättern mit jeweils einem orthographischen Schwerpunkt. Dahinter steht die Erwartung, dass die auf Arbeitsblättern geübten Strukturen auf individuelle Schreibungen übertragen werden. Das ist jedoch nicht unbedingt der Fall. Die Arbeit am eigenen Text zu fokussieren, erscheint daher sinnvoll. Außerdem streuen Rechtschreibkompetenzen in der Regel in Lerngruppen stark. Dies legt ebenfalls Individualisierung von Lehr-Lern-Prozessen nahe. Individuelle Kompetenzeinschätzung ist dann unverzichtbar. In den vorhergehenden Kapiteln wurden bereits exemplarische Analysen zu den Teilbereichen vorgestellt. Dieses Kapitel dient der beispielhaften Darstellung von Falleinschätzungen, weil kompetenzorientierter Rechtschreibunterricht vom Individuum und nicht vom Ziel ausgeht. Die vorgestellten Instrumente entlasten Sie bei der Differenzierung (vgl. Abb. 88) und machen zudem Übergaben an andere Lehrpersonen unproblematisch.

1.	Was kann LernerIn X bereits?	• Analyse individueller Schreibprodukte • *Kompetenzraster*eintrag
2.	Worin ist LernerIn X im nächsten Schritt zu unterstützen?	• Ableitung aus dem *Kompetenzraster*
3.	Welche LernerInnen benötigen dieselbe Unterstützung und bilden eine Kleingruppe?	• Gruppierung der ausgefüllten individuellen *Kompetenzraster*
4.	Welches Instrument ist zur Unterstützung im nächsten Schritt nützlich?	• Ableitung aus dem *Kompetenzraster*
5.	Wie führe ich das Instrument in der homogenen Klein(st)gruppe ein?	• s. Kapitel 1-5 • Erklärvideos (i. V.) • helfende kompetente SchülerInnen • Arbeitskarteien (Berkemeier i. V.)
6.	Anwendung des Instrumentes auf Beispielwörter bzw. -sätze	• z. B. vorsortierte, individuell zusammenstellbare *Bild-(Hör-)Karten*
7.	Korrekturhinweis auf das zu verwendende Instrument in den Texten von LernerIn X je nach Förderschwerpunkt	• *Hörtabelle* (H) • *Silbenkette*(nvariante) (SK) • *Wortgruppenkarten* (WGK) • *Satzleisten* (SL)
8.	zunehmend: Anleitung zur Selbstkorrektur	• *Korrekturfahrplan* • Feedback • Rechtschreibgespräche

Abb. 88: Arbeitsschritte im individualisierten Rechtschreibunterricht

Auf diese Weise besteht Ihre Unterrichtsvorbereitung und -tätigkeit vor allem in der Kompetenzeinschätzung und Kleingruppenberatung. Anfangs kostet Sie die Einschätzung Zeit und Konzentration. Anschließend werden nur noch die Fort- und Folgeschritte eingetragen. Nur im Übergang vom basalen Schrifterwerb zum Orthographieerwerb werden beide Seiten des Kompetenzrasters gleichzeitig benötigt. Exemplarische Übungsmaterialien (Berkemeier i. V.) dienen allenfalls der Einführung der Instrumente; im Vordergrund steht die Anwendung der Instrumente auf die eigenen Texte, bis die Schreibungen automatisiert reflektiert werden. Im Hinblick auf den Aufwand ist zu berücksichtigen, dass die Instrumente kompetenzbereichsübergreifend auch für die Aussprachesschulung, die grammatische Reflexion und den Ausbau von Formulierungskompetenz verwendet werden können.

6.2 Wie führe ich die Instrumente ein?

Hörtabelle und Silbenkette werden – je nach methodischem Ansatz – gleichzeitig oder kurz hintereinander eingeführt. Wortgruppenkarten und Satzleisten folgen später. Für alle Instrumente und Arbeitsschritte gilt die Faustregel: vormachen – gemeinsam und allein nachmachen und üben – anwenden.

Mit der *Hörtabelle* wird wie mit den bekannten Lauttabellen gearbeitet. Lernende, die bereits in einer verwandten Schrift alphabetisiert sind, können mit dem entsprechenden Overlay unmittelbar mit der ganzen Tabelle arbeiten. Sollten Sie die Graphem-Phonem-Zuordnungen nach und nach einführen, werden die bereits erworbenen Zuordnungen auf einem Overlay markiert. Das gilt auch, wenn von Anfang an mit der Silbenkette gearbeitet wird. Auf diese Weise behalten Lehrkräfte den Überblick und die Lernenden finden die zu erwerbenden Zuordnungen schneller.

Die *Silbenketten* werden zunächst ausschließlich ohne Klapp-/Schiebekarten, also für orthographisch nicht markierte Wörter benutzt. Es bietet sich aufgrund der geringeren Komplexität und der besseren Unterscheidbarkeit von gespannten Vokalen an, mit KV-Silben, also mit der gespannten Silbenkettenvariante zu beginnen. Ein Wort wird gemeinsam eingetragen und durch Ersetzen z. B. des ersten Konsonanten(graphems) variiert.

Die *Wortgruppenkarte mit Nomen* enthält endungsoffene Einträge für mögliche Artikelwörter, das exemplarische attributive Adjektiv und das exemplarische Nomen (z. B. „d__ schön__ Fisch_"). Durch Wegknicken der „Fahne" und/oder des „Mastes" und Einsetzen der verbleibenden (Ein-)Wortgruppe in Sätze wird sichtbar: Das Wort im „Boot" bleibt immer großgeschrieben. Anschließend wird diese Prüfkarte zur Korrektur eines Übungstextes angewendet, um schließlich eigene Texte auf diese Weise zu überprüfen.

Zur Einführung der „Wortgruppenkarte" mit Nomen für die Getrennt-/Zusammenschreibung werden das exemplarische Adjektiv und das exemplarische Nomen zu Komposita erweitert (z. B. „d__ wunder- schön__ Gold- fisch_", s. Anhang). Nun kann überprüft werden, ob die Erweiterungen als Wörter oder als Wortteile fungieren: **der wunder Fisch* vs. **der schöne Gold* vs. *der wunderschöne Goldfisch.* Anschließend wird diese Prüfkarte zur Korrektur eines Übungstextes angewendet.

Von den *Satzleisten* wird zunächst die Hauptsatzvariante A eingeführt. Die Lernenden bestimmen in Hauptsätzen mit einfachem Prädikat die Verbstelle. Da sie die Wortgruppenkarte bereits kennen, kann die Erststelle problemfrei mit einer ausgebauten Nominalgruppe beginnen: *Der wunderschöne Goldfisch <u>schwimmt</u> sehr elegant um die Ecke.* Die Verschiebeprobe wird zunächst mit der ausgebauten Nominalgruppe und dann mit anderen Wortgruppen (*sehr elegant*) vorgenommen. Wenn dies in passenden Beispielsätzen gelingt, wird das mehrteilige Prädikat entdeckt und beschrieben: *Der wunderschöne Goldfisch <u>kann</u> sehr elegant um die Ecke <u>schwimmen</u>.* (Zweit- und Letztstellung). Nach Einführung der Nebensatzleiste mit Verbendstellung folgen die Sonderformen (vorangestellter Nebensatz auf der Erststelle, die Nebenordner *aber, denn, jedoch*).

6.3 Welche Vermittlungsreihenfolge ist sinnvoll?

Bisher ist noch nicht ausreichend erforscht, ob eine bestimmte Vermittlungsreihenfolge den Orthographieerwerb besser als andere Varianten stützt. Unterschiede können z. B. durch Schriftvorerfahrung, individuelle kognitive Faktoren, Mehrsprachigkeit, Lehrkraftentscheidungen und Klassenzugehörigkeit (vgl. Bulut 2018 anhand allerdings nur weniger Testwörter) oder auch Bekanntheit und Übertragung der Instrumente aus anderen Lernkontexten erklärbar sein. Dennoch zeigt Abb. 89, dass sich eine gewisse Stufung aus der Komplexität und Häufigkeit der Gegenstände ergibt. Diese orientierende Übersicht ist an die individuellen Lernwege anzupassen. Der Doppelpfeil zeigt exemplarisch eine der Verschiebungsmöglichkeiten an.

Bei der Kompetenzeinschätzung ist erstens zusätzlich immer zu berücksichtigen, dass manche LernerInnen Regeln und Einzelwortschreibungen verstanden haben, mühelos erklären und herleiten können, im komplexen Schreibprozess dann aber doch nicht anwenden, weil die mentalen Ressourcen von anderen Tätigkeiten wie z. B. Textplanung oder Schreibmotorik absorbiert werden. Zweitens können Einzelschreibungen richtig sein, weil deren Schreibung mental abgespeichert ist, ohne dass eine Regel abgeleitet und die Schreibweise auf ähnliche Wörter übertragen werden kann. Drittens kommt es häufig vor, dass Schreibungen mal normgerecht vorkommen und mal nicht, weil die Anwendung der entsprechenden orthographischen Strategie noch nicht automatisiert ist. Auch ist viertens die Möglichkeit von „Flüchtigkeitsfehlern" und Übergeneralisierungen (also die Anwendung von Regeln auf unpassende Fälle) in Betracht zu ziehen. Nicht immer gibt es nur eine Möglichkeit einer Fehlerquelle. Fehleranalysen sind daher grundsätzlich punktuelle, hypothetische Kompetenzeinschätzungen, die durch wachsame Beobachtung bei der Förderung zu bestätigen oder wieder zu verwerfen sind.

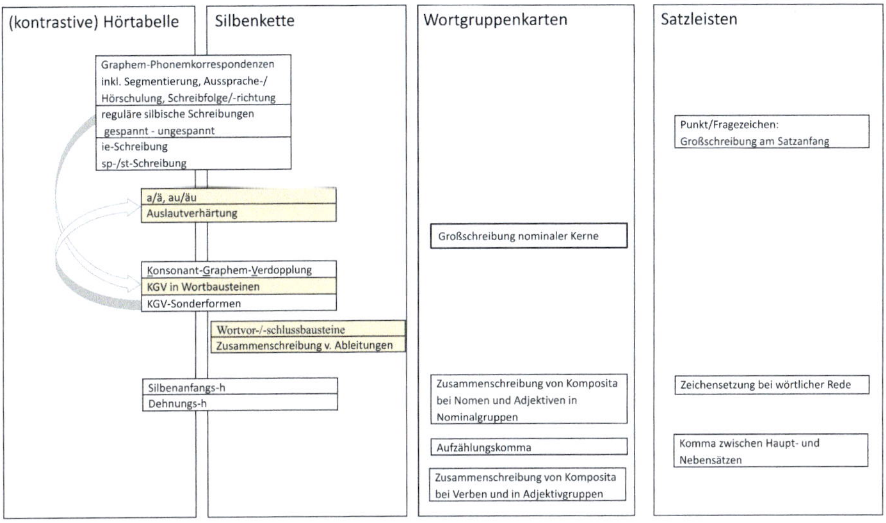

Abb. 89: Mögliche Vermittlungsfolge im Schreib- und Orthographieunterricht

6.4 Wie korrigieren sich die Lernenden?

Je nach Korrekturumfang und Schriftgröße ist es sinnvoll, bereits bei der Textproduktion jeweils eine Korrekturzeile freizulassen. Statt der satzweisen Korrektur kann es günstiger sein, sich für den ganzen Text auf jeweils ein Phänomen zu konzentrieren. Das hat neben mentaler Ökonomie den Vorteil, dass – solange noch mit den Instrumenten gearbeitet wird – nicht permanent zwischen den Instrumenten gewechselt werden muss.

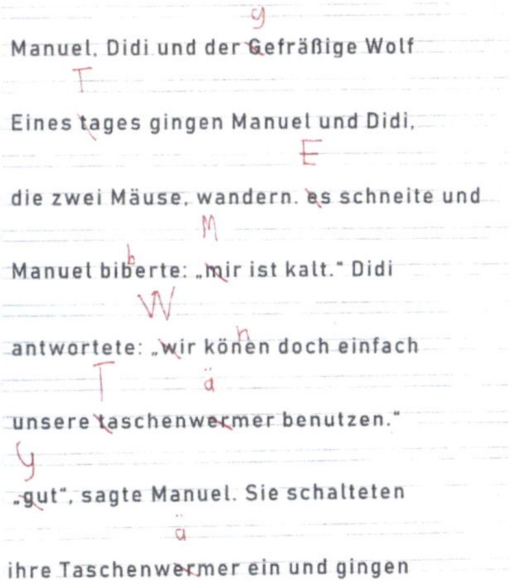

Abb. 90: Textkorrektur durch einen Grundschüler (zum Zwecke besserer Lesbarkeit wurde der handschriftliche Text vor der Schülerkorrektur abgetippt)

Der Korrekturfahrplan dient fortgeschrittenen, mit allen Instrumenten vertrauten SchülerInnen dazu, eigene Texte systematisch durchzukorrigieren. Zunächst werden Zeichensetzung und Großschreibung am Satzanfang geprüft. Dann folgen die Großschreibung von nominalen Kernen und die Prüfung der Getrennt-Zusammenschreibung von Wörtern in „Mast- und Bootposition“. Im Anschluss wird nach (ggf. „versteckten“) Silbenkettenwörtern gesucht, bevor zum Schluss nicht-regelhafte Merkwörter auf Karteikarten notiert werden, die in Abständen immer wieder zum Memorieren zur Hand genommen werden sollten. Es kann sinnvoll sein, den eigenen Text von hinten nach vorne durchzusehen, damit man sich wirklich auf die Rechtschreibung und nicht auf den Inhalt konzentriert.

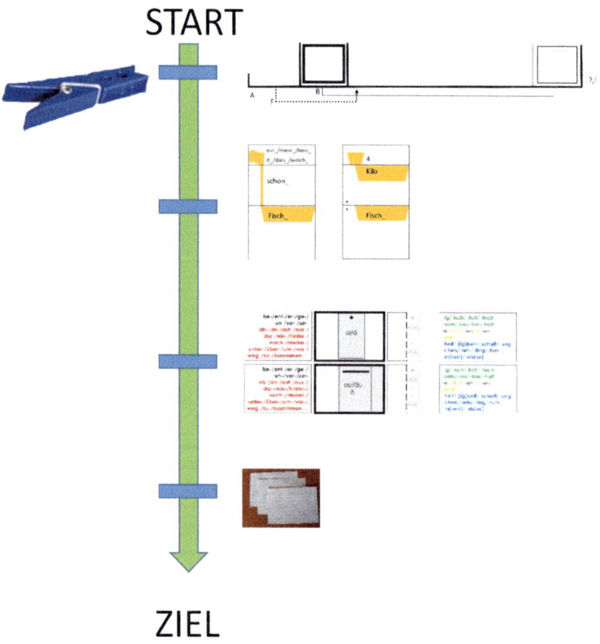

Abb. 91: Beispiel für einen Korrekturfahrplan

6.5 Wie dokumentiere ich Förderschwerpunkte?

Im Kompetenzraster wird der individuelle Förderbedarf durch Ankreuzen oder der Kompetenzausbau durch Abhaken dokumentiert und evtl. durch genauere Notizen ergänzt. Der Einschätzungsbogen ist bei wahrgenommenen Veränderungen zu aktualisieren.

Name:		Schuljahr:
Bewusstheit	**Erhebungs-/Förderinstrument**	**DaZ/Dialekt/Idiolekt** mit Sprachförderbedarf
Reime ☐ Silben ☐ Anlaute ☐	**Bild-Wort-Hörkarten** sortieren ☐	Aussprache-/Hörschulung: Wörter, Silben ☐
Segmentier.g/ (K)V(K) ☐	**Hörtabelle** (GPK) ☐	Aussprache-/Hörschulung: Laute ☐
Synthetisierung (K)V(K) (K)V ☐	**Silbenketten** ohne Klappkarten ☐	Graphem-Phonem-Korrespondenzen: Interferenzen ☐
Buchstabenformen ☐	**Mehrliniensystem** ☐	graphetische Interferenzen ☐

Name:						Schuljahr:
Bewusstheit	**Erhebungs-/Förderinstrument**					**DaZ/Dialekt/Idiolekt**
Vokal(un)-gespanntheit ☐	**Silbenketten**			in Silbenkettenwörtern	in komplexen Wörtern	Aussprache/Hörschulung
		— •	ie	☐	☐	Silben ☐
			Silbenanfangs-h: nicht hörbar	☐	☐	Silbentrennung ☐
			Dehnungs-h: nicht hörbar/Lernwörter	☐	☐	
		• •	Konsonant Graphem-Verdopplung	☐	☐	
			Nicht-Verdopplung ch, sch, ng, nk	☐	☐	
			ck, tz	☐	☐	
Stimmhaftigkeit ☐		beide	st/sp	☐	☐	
			Auslautverhärtung: b, d, g, s	☐	☐	
			Umlautschreibung: ä/äu	☐	☐	
Wortbildung ☐			Vor-/Schlussbausteine		☐	Wortschatz ☐
Wortgruppenaufbau ☐	**Wortgruppenkarten**		Großschreibung: Kerne nominaler Gruppen		☐	Grammatik ☐
			Zusammenschreibung: Derivate (Ableitungen)		☐	zur Förderung von Wortschatz und Grammatik s. Berkemeier/Schmidt (2019)
			Komposita in Nominalgruppen		☐	
			Komposita in Adjektivgruppen		☐	
			Verb-Komposita		☐	
Satzbau ☐	**Satzleisten**		Großschreibung: Satzanfang		☐	
			Satzschlusszeichen: . ? !		☐	
			Kennzeichnung wörtlicher Rede		☐	
			Komma: Aufzählungskomma		☐	
			Komma		☐	

Abb. 92: Kompetenzraster I und II

Das Raster inkl. der Detailnotizen ermöglicht zugleich eine differenzierte Rückmeldung in Übergabesituationen, an die Lernenden selbst oder an die Eltern. Im Folgenden wird die Verwendung des Rasters und der Hörtabelle an Fallbeispielen unterschiedlicher Kompetenzstufen verdeutlicht.

7. Anwendungsbeispiele

7.1 Tante Uta (1. Klasse, einsprachig, Baden-Württemberg)

Ein einsprachiger Erstklässler (2. Halbjahr) mit Lernförderbedarf und großen Schwierigkeiten beim Schrifterwerb (nicht aber z. B. beim mündlichen Erzählen) ist Autor des Textes „Tante Uta“. Der Text zeigt, dass das Kind das phonographische Prinzip mittels *Lesen durch Schreiben* noch nicht durchgängig anwenden kann. Um den Text vollständig rekonstruieren zu können, bräuchte man die inhaltliche Stellungnahme des Autors. Ohne diese sind die Interpretationsspielräume sehr weit. Mit Bezug auf die Zeichnung ist hypothetisch ungefähr folgender Text rekonstruierbar: <Tante Uta ich haben wir schießt[18] Spielplatz Uta Reisebett Roller fahren Dann ich Bett>. Auf dieser Basis sind folgende Annahmen möglich:

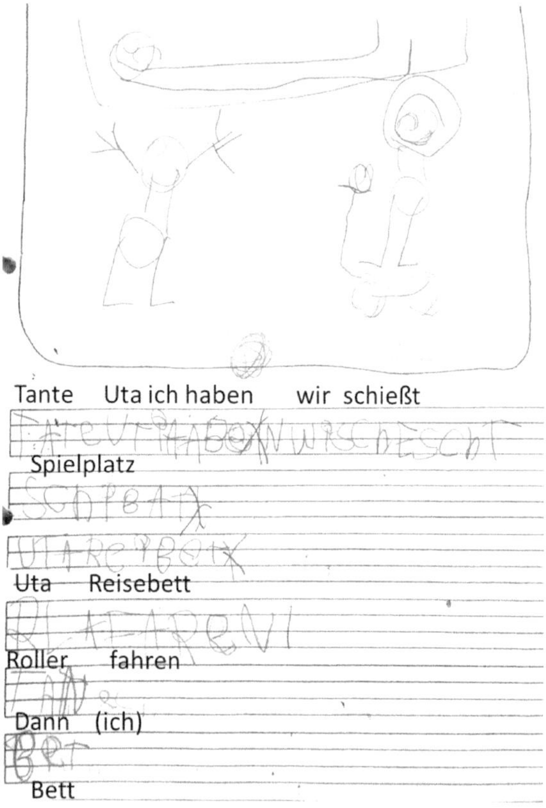

Abb. 93: Montagsgeschichte eines Erstklässlers mit Deutsch als Muttersprache (2. Halbj.)

18 für <geschossen>, dialektale Aussprache [ʃt] für /st/ im Auslaut

Einige Graphem-Phonem-Korrespondenzen sind verfügbar oder werden mittels Anlauttabelle richtig ermittelt (<A>-/a:, a/; <e>-/ɛ, ə/; <ei>-/aⁱ/; <i>-/i:/; <U>-/u:/; <B>-/b/; <F>-/f/; <L>-/l/; <N>-/n/; <R>-/ʀ/; <Sch, sch>-/ʃ/; <T>-/t/; <W>-/v/), wobei <sch> und <e> schon kleingeschrieben werden und <e> bereits sowohl für /ɛ/ als auch /ə/ verwendet wird, während /ɐ/ noch mit <A> statt mit <er> verschriftet wird. Das phonographische Prinzip wird also bereits angewendet.

Allerdings werden die Wörter noch nicht vollständig durchgliedert, da Grapheme und vermutlich ganze Wörter fehlen.

Spatien fehlen, ersatzweise wird aber an manchen Stellen der Zeilensprung verwendet: Der viermal vorkommende, davon dreimal durchge-ixte Vertikalstrich mag die korrigierende Tilgung eines direkt angeschlossenen, begonnenen nächsten Buchstabens sein.

Das Vierliniensystem wird für die eindeutige Zuordnung von Ober- und Unterlängen noch nicht genutzt.

<i> und <B> werden auffällig realisiert und wären zu thematisieren und zu üben: der I-Punkt als Kreis auf der Oberlänge des Vertikalstriches, <B> durch <b> mit nachträglicher Ergänzung des oberen Halbkreises (besonders in der ersten Zeile erkennbar).

Es sollte überprüft werden, ob stimmhafte und stimmlose Verschlusslaute (/b/-/p/; /d/-/t/) unterschieden werden können, sofern <<Schibat>> für <Spielplatz> steht und <<TAN>> für <Dann>. Die frikativbezogenen Grapheme <W> und <F> scheinen problemlos unterschieden zu werden.

Überträgt man diese Befunde in das Kompetenzraster und die Hörtabelle (grün markiert ist in diesem Fall aufgrund des geringeren Anteils, was gelingt), ist klar erkennbar, wo die Problemschwerpunkte liegen und wie man mit der Förderung ansetzen kann:

Beispielanalyse: Autor von „Tante Uta"		Schuljahr: 1
Bewusstheit	**Erhebungs-/Förderinstrument**	**DaZ/Dialekt/Idiolekt** mit Sprachförderbedarf
Reime ☐ Silben ☐ Anlaute ☐	**Bild-Wort-Hörkarten** sortieren ☐	Aussprache-/Hörschulung: Wörter, Silben ☐
Segmentier.g/ (K)V(K) ☒	**Hörtabelle** (GPK) ☒	Aussprache-/Hörschulung: Laute ☒
Synthetisierung (K)V(K) (K)V ☒	**Silbenketten** ohne Klappkarten ☒	Graphem-Phonem-Korrespondenzen: Interferenzen ☐
Buchstabenformen ☒	**Mehrliniensystem** ☒	graphetische Interferenzen ☐

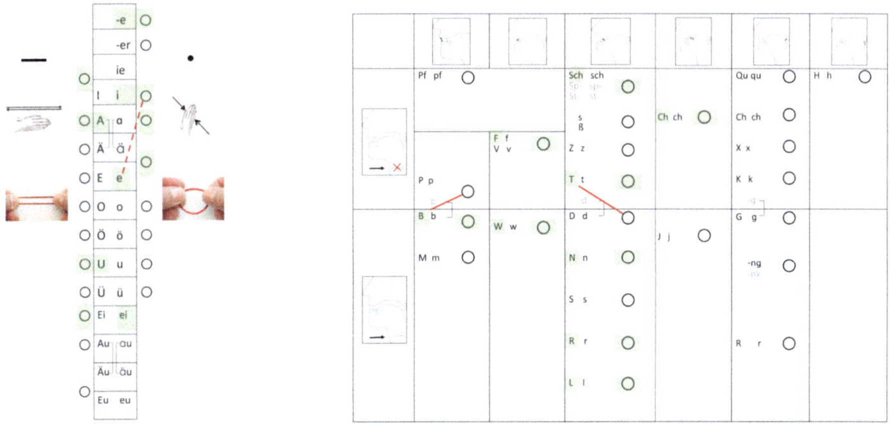

Abb. 94: Gelingende GPK-Zuordnungen eines Erstklässlers (Muttersprache Deutsch)

Aufgrund des Schwierigkeitsausmaßes gegen Ende des ersten Schuljahrs kann überlegt werden, zunächst in Blockschrift lesen und schreiben zu lassen.

Mit einem farbigen Vierliniensystem sollte das Schreiben der Großbuchstaben im Ober- und Mittelband geübt werden.

Die Verwendung des Hörstiftes und der verwendeten, durch Hörpunkte ergänzten Lauttabelle ermöglicht den häufigen, selbstständig kontrollierenden Zugriff auf die Graphem-Phonem-Zuordnungen.

Will man phonographisch und nicht silbisch beginnen, ist es sinnvoll, zunächst das genaue Durchgliedern und Synthetisieren orthographisch unmarkierter (K)V(K)-Wörter (s. Kap. 1) zu üben. Dabei sollte man von den im Kompetenzraster markierten, bereits gelingenden Graphem-Phonem-Korrespondenzen ausgehen (z. B. <EIN, BEIN, FEIN, NEIN, SCHEIN, TAL, WAL, SCHAL>) und allmählich weitere hinzunehmen. Bei den Graphemen, die für Plosive stehen, wird durch Fühlen am Hals parallel auf die Aussprache der stimmlosen bzw. stimmhaften Varianten geachtet. Je größer die Schwierigkeiten sind, desto eher empfiehlt es sich, Teilkompetenzen gezielt isoliert zu üben und darauf allmählich aufzubauen:

- Durchgliedern von (K)V(K)-Wörtern durch Hörentscheidungen und Nachsprechen (s. Kap. 1.2.2)
- Durchgliedern von (K)V(K)-Wörtern und Auswählen sowie Legen von Magnetbuchstaben oder Buchstabenkarten, die neben der Hörtabelle liegen, mit anschließendem Abschreiben des richtig gelegten Wortes in das Mehrliniensystem in Form von Blockschrift
- Durchgliedern und Aufschreiben von (K)V(K)-Wörtern in Blockschrift.

Alternativ können phonologisch einfach gebaute, orthographisch unmarkierte Zweisilber vom Kind in eine vergrößerte Silbenkette für gespannte Stammvokale gelegt werden (<EINE, BEINE, FEINE, WALE, SCHULE, SCHEIBE>). Danach könnten orthographisch nicht markierte Wörter in eine vergrößerte Silbenkette für ungespannte Stammvokale gelegt werden (<TANTE, BUNTE, TINTE, FALTE>).

Je nach Fortschritt könnten parallel oder anschließend die Kleinbuchstaben zu den Großbuchstaben sortiert und dann in das Mehrliniensystem geschrieben werden.

Die Durchgliederungs- und Synthesekompetenz wird durch zunehmende Komplexität der Silbenränder erweitert (z. B. <SCHREIBEN>, <TRAUBEN>). Als erste Klappkärtchen könnten danach <ie>- und <st, sp>-Schreibung am Silbenanfang eingeführt werden, die in vielen Anlauttabellen schon enthalten sind.

Die Konzentration auf die Schreibung einzelner Wörter widerspricht dem kommunikativen Ansatz: Einen *Text* kann man mit den empfohlenen Wörtern nicht schreiben. Das Schreiben solcher Wörter ist kommunikativ leider völlig sinnfrei. Dieses Kind zeigt allerdings so große Schwierigkeiten im Hinblick auf die Teilkompetenzen, dass hier zusätzliche Hilfen und ein kleinschrittigeres Verfahren notwendig sind. Die Bilderschrift könnte es hier ermöglichen, Wörter innerhalb von Sätzen und Minitexten zu schreiben. Alternativ könnte der Junge seinen Text auf einen Hörpunkt sprechen und nur einzelne

Wörter daraus aufschreiben, die dann eine gute Analysevorlage für mögliche Kompetenzfortschritte bilden würden.

Wenn die angekreuzten Kästchen abgehakt werden können und alle Graphem-Phonem-Zuordnungen markiert sind, sollte die Orthographievermittlung fortgesetzt werden.

7.2 Die Tulpen (3. Klasse, Türkisch als Erstsprache, Ruhrgebiet)

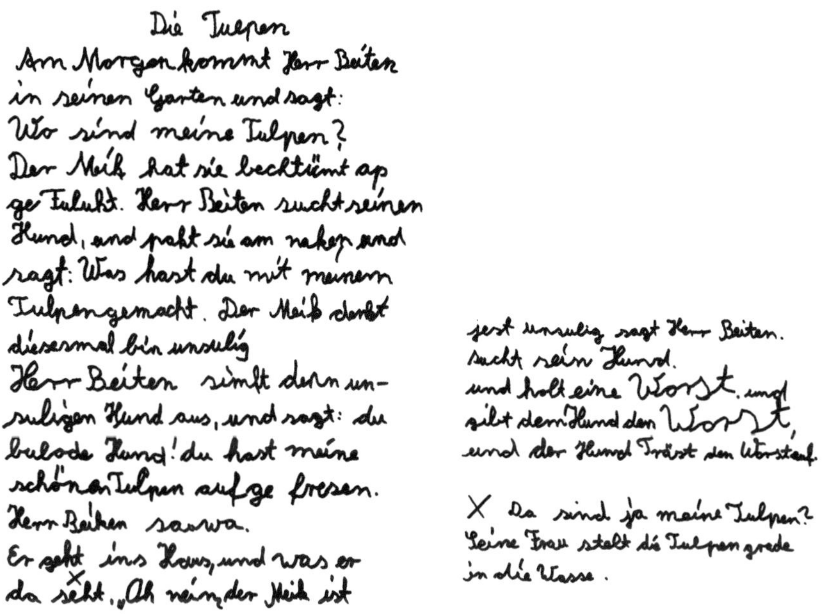

Die Tuepen
Am Morgen kommt Herr Beiten
in seinen Garten und sagt:
Wo sind meine Tulpen?
Der Meik hat sie bechtümt ap
ge Fuluht. Herr Beiten sucht seinen
Hund, and pakt sie am nakep and
sagt: Was hast du mit meinem
Tulpengemacht. Der Meiß denkt
diesermal bin unsulig
Herr Beiten simft denn un-
suligen Hund aus, und sagt: du
bulode Hund! du hast meine
schönenTulpen aufge fresen.
Herr Beiken sauwa.
Er geht ins Haus, und was er
da seht, „Ah nein, der Meik ist

jest unsulig sagt Herr Beiten.
sucht sein Hund.
und holt eine Worst. und
gibt dem Hund den Worst,
und der Hund Tröst den Worstauf.

X Da sind ja meine Tulpen?
Seine Frau stelt die Tulpen grade
in die Wasse.

Abb. 95: Text einer Drittklässlerin mit Türkisch als Erst- und Deutsch als Zweitsprache

Der Text „Die Tulpen" stammt von einer deutsch- und türkisch-alphabetisierten Grundschülerin mit Türkisch als Erstsprache. Dass das Kind in beiden Sprachen alphabetisiert ist, machen die beiden Graphem-Phonem-Interferenzen von <s>/[ʃ] und <h>/[x] erkennbar[19]. Damit ist möglicherweise auch die <sch>-Unsicherheit in *<bechtümt> für <bestimmt> zu erklären, während <st> am Wortanfang unproblematisch zu sein scheint (*<stelt>). Der Text zeigt erstaunlich viele Richtigschreibungen in den Bereichen Großschreibung nominaler Kerne, Satzmarkierung durch Großschreibung am Satzanfang und Satzendzeichen, Auslautverhärtung sowie Silbenanfangs-h in den Wortstämmen

[19] Vgl. Interferenzgefahrmarkierung in der entsprechenden kontrastiven Hörtabelle unter https://www.ph-heidelberg.de/hoertabelle.html.

<geh-, seh->, obwohl noch nicht alle Wörter vollständig durchgliedert werden. Es handelt sich hier kaum um eine fehlende Durchgliederungsfähigkeit wie beim Autoren des Textes „Tante Uta“, sondern wahrscheinlich eher um Einflüsse der türkischen KV-Silbenstruktur. Diese Interpretation legt einerseits der Sprossvokal in *<ap ge Fulukt> für <abgepflückt> und in *<bulode> für <blöder> und andererseits die Konsonantenauslassung in *<jest> für <jetzt> und *<unsulig> für <unschuldig> nahe. Das fehlende <p> in *<simft, abgeFulukt> ist dagegen damit zu erklären, dass /pf/ im Deutschen anlautend und nach /m/ sehr häufig als [f] realisiert wird und [p] dann tatsächlich nicht gesprochen bzw. hörbar ist. Die Schreibungen *<Worst> für <Wurst> und *<bechtümt> für <bestimmt> entsprechen regionalen deutschen Aussprachevarianten. *<sauwa> für <sauer> mag entweder einer Überartikulation oder einer Übergeneralisierung des türkischen Schriftsystems entsprechen. Ob *<in die Wasse> für <in die Vase> oder <in das Wasser> steht, ist nicht entscheidbar.

Name: Die Tulpen		Schuljahr: 3
Bewusstheit	**Erhebungs-/Förderinstrument**	**DaZ/Dialekt/Idiolekt** mit Sprachförderbedarf
Reime ☐ Silben ☐ Anlaute ☐	**Bild-Wort-Hörkarten** sortieren ☐	Aussprache-/Hörschulung: Wörter, Silben ☒
Segmentier.g/ (K)V(K) ☐	**Hörtabelle** (GPK) ☐	Aussprache-/Hörschulung: Laute ☒
Synthetisierung (K)V(K) (K)V ☐	**Silbenketten** ohne Klappkarten ☐	Graphem-Phonem-Korrespondenzen: Interferenzen ☒
Buchstabenformen ☐	**Mehrliniensystem** ☐	graphetische Interferenzen ☐

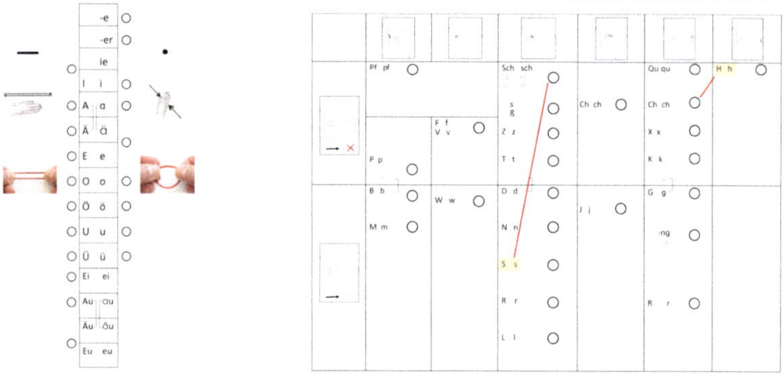

Name: Die Tulpen						Schuljahr: 3
Bewusstheit	**Erhebungs-/Förderinstrument**					**DaZ/Dialekt/Idiolekt**
Vokal(un)-gespanntheit ☐	**Silbenketten**			in Silbenkettenwörtern	in komplexen Wörtern	Aussprache/Hörschulung
		— •	ie	✓	☐	Silben ☒
			Silbenanfangs-h: nicht hörbar	✓	✓	Silbentrennung ☐
			Dehnungs-h: nicht hörbar/Lernwörter	☐	☐	
		• •	Konsonant-Graphem-Verdopplung	☒	☒	
			Nicht-Verdopplung ch, sch, ng, nk	☐	☐	
			ck, tz	☒	☒	
Stimmhaftigkeit ☐		beide	st/sp	✓	☒	
			Auslautverhärtung: b, d, g, s	✓	✓	
			Umlautschreibung: ä/äu	☐	☐	
Wortbildung ☐			Vor-/Schlussbausteine		☐	Wortschatz ☒
Wortgruppenaufbau ☐	**Wortgruppenkarten**		Großschreibung: Kerne nominaler Gruppen	✓		Grammatik ☒
			Zusammenschreibung: Derivate (Ableitungen)	☒		
			Komposita in Nominalgruppen	☐		zur Förderung von Wortschatz und Grammatik s. Berkemeier/Schmidt (2019)
			Komposita in Adjektivgruppen	☐		
			Verb-Komposita	☐		
Satzbau ☐	**Satzleisten**		Großschreibung: Satzanfang	✓		
			Satzschlusszeichen: . ? !	✓		
			Kennzeichnung wörtlicher Rede	☒		
			Komma: Aufzählungskomma	☐		
			Komma	☐		

Abb. 96: „Die Tulpen“: Kompetenzraster I und II

Der Befund wirkt insgesamt also äußert widersprüchlich: Einerseits zeigt das Kind eine hohe orthographische Sensibilität, was sich auch an der Kommasetzung zwischen mit *und* koordinierten Hauptsätzen zeigt. Andererseits wirken manche Schreibungen, als wäre der basale Schrifterwerb noch nicht abgeschlossen. Zieht man nun hinzu, dass das Kind offensichtlich deutlichen grammatischen Sprachförderbedarf hat, wird der Gegensatz erklärbar: Die Schülerin verfügt im Deutschen über einen guten Wortschatz, der schriftsprachlich aber nur in Teilen gesichert ist. Bei Wortschreibungen, die hergeleitet werden müssen, weil die Schreibung nicht bekannt ist, schlagen notwendigerweise die eigenen Aussprachevarianten durch. Ganz wesentlich sind demnach eine individuelle laut- und silbenbezogene Ausspracheschulung und eine gezielte Wortschatz- und Grammatikförderung (s. dazu Berkemeier/Schmidt i. E.), die dem Kind begleitend auch die Zusammenschreibung von Partizipien trennbarer Verben durchsichtig macht.

Angesichts der hohen orthographischen Sensibilität ist anzunehmen, dass die notwendige (Re-)Thematisierung von <-er, sch, ch> sich schnell wirksam zeigt. Anschließen könnte die systematische Erarbeitung der Konsonant-Graphem-Verdopplung inkl. der Sonderformen.

7.3 Der rote Pullover (6. Klasse Realschule, einsprachig, Raum Aachen)

Der folgende Text eines 13-jährigen Realschülers führte 1994 zu einer recht hitzigen Debatte über die Rechtschreibleistungen dieses Jungen. Die Analysen verschiedener KollegInnen aus unterschiedlichen Disziplinen und Institutionen widersprachen sich z. T. heftig. Während einerseits „dysgrammatische Störungen in der Schriftsprache“ und „sprachliches Chaos“ sowie „massive Störung der grammatischen Kompetenz“ (so Birck/Schilling/von Schwerin) attestiert wurden, war andererseits von „Defiziten der LehrerInnen“ und „recht erfolgreichem Weg zur hochdeutschen Orthographie“ (so Maas/Röber) die Rede. Um diese starken Abweichungen zu relativieren und um zu zeigen, dass eine genaue Analyse auch einen klaren Förderansatz ermöglicht, wird dieser Beleg hier noch einmal thematisiert.

Bild~~-~~beschreibung

Im Hintergrund sieht man ein verlestes Mädchen das auf ang Trage ligt. ein Arzt in weißen Anzug ~~vor~~ ~~die~~ versucht das ~~[illegible]~~ Kind in einen Krankenwagen zu bringen. Um den ~~[illegible]~~ Unfalsort stehen mehrere Schüler. Im Schulgebeude besser gesagt im Sekretariat ist eine Sekritärin und ein Kind ~~was~~ das Sportsachen trägt. Die Schülerin hat den ~~[illegible]~~ Telefonhörer in der hand es sieht so aus als sie gerade ~~den~~ versucht den Unfall zu beschreiben. Die Anrufende hat braune Haare und ein knall rotes ~~[illegible]~~ Gesicht. Es handelt sich wohl um ein Sportunfall weil das Mädchen am Telephone eine blaue Sporthose und eine orange farbenes ~~Hose~~ Sporthemd trägt. Die darneben stehende Sekritärin hat den elenbogen auf den Tisch und hält vor Schreck die Hand vor den Mund auch ihr ~~[illegible]~~ Gesicht ist ganz rot Die Junge Frau trägt eine roten mit weißen punkten besetzen pullover. Die Dame hat eine Brille und braune Haare. Auf dem Tisch ist eine grüne unterlage auf dieser liegen drei beschriftete Blatter. ~~Sie gekrönt durch den~~ Durch den grauen Bleistift oben drauf worden sie gekrönt ~~ge~~ gegenüber ist eine Stempelauflage mit 5 Stempeln. Neben ihnen liegt ein blauer und ein roter Filzstift An der Wand ist ein Kalender der zeigt das an diesen Tag der 15te ist Es sieht aus als der Krankenwagen bald losfährt den die ~~[illegible]~~ blaulenchte ist noch an.

Abb. 97: Text eines Realschülers (6. Kl.)

Die beiden zu vermutenden Aussprachefehler beziehen sich auf Fremdwörter und sind in ihrer korrekten Aussprache zu memorieren: <<Sekritarin, Pollover>>. Das Fugen-s in <<Unfalsort>> dürfte eine Übergeneralisierung sein. Recht häufig sind regionaltypische Unsicherheiten bei der (expliziten) Flexion des Akkusativs und die Tendenz zur Ersetzung des Dativs durch den Akkusativ. Möglicherweise handelt es sich aber auch um ein Handschriftproblem (dafür sprechen Schreibschriftauffälligkeiten bei <e, h> und die fehlenden Punkte bei <i, ä>) oder um die phonetische Angleichung an vorausgegangene Wörter in der Präpositionalgruppe. Wortauslassungen (*als* ohne *ob*) können sprachlich bedingt sein (das wäre zu überprüfen), es kann sich aber auch um Fehler aufgrund der Komplexität des Schreibprozesses handeln.

Graphem-Phonem-Korrespondenz-Fehler finden sich erwartungsgemäß in dieser Schulstufe nicht mehr. Auffällig sind eine Reihe von Orthographiefehlern im Bereich der Konsonant-Graphem-Verdopplung (*<verleztes, Unfal, elenbogen, Blater>), der ie-Schreibung (*<ligt, siht>) sowie der s-Schreibung (*<weisen> statt <weißen>). Deutlich sind Schwierigkeiten bei der Großschreibung von Nomen (*<hand, Junge frau, blauleuchte, punkten, unterlage>, in der Zeichensetzung und bei morphologischen Schreibungen (*<Gebeude, darneben, Aplage, das/daß[20]>. Vermutlich aus dem Englischunterricht stammt die Interferenzschreibung <Telephone>.

Name: Autor des Textes „Bildbeschreibung“							Schuljahr: 6	
Bewusstheit		**Erhebungs-/Förderinstrument**					**DaZ/Dialekt/Idiolekt**	
Vokal(un)-gespanntheit	☐	**Silbenketten**		in Silbenkettenwörtern		in komplexen Wörtern	Aussprache/Hörschulung	
			— •	ie	☒	☒	Silben	☐
				Silbenanfangs-h: nicht hörbar	☐	☐	Silbentrennung	☐
				Dehnungs-h: nicht hörbar/Lernwörter	☐	☐		
			• •	Konsonant-Graphem-Verdopplung	☒	☒		
				Nicht-Verdopplung ch, sch, ng, nk	☐	☐		
				ck, tz	☐	☐		
Stimmhaftigkeit: ß	☒		beide	st/sp	☐	☐		
				Auslautverhärtung: b, d, g, s	☐	☐		
				Umlautschreibung: ä/äu	☒	☐		
Wortbildung	☐			Vor-/Schlussbausteine		☒	Wortschatz	☐
Wortgruppenaufbau	☐	**Wortgruppenkarten**		Großschreibung: Kerne nominaler Gruppen		☒	Grammatik	☐
				Zusammenschreibung: Derivate (Ableitungen)		☐		
				Komposita in Nominalgruppen		☐	zur Förderung von Wortschatz und Grammatik s. Berkemeier/Schmidt (2019)	
				Komposita in Adjektivgruppen		☐		
				Verb-Komposita		☐		
Satzbau	☐	**Satzleisten**		Großschreibung: Satzanfang		☐		
				Satzschlusszeichen: . ? !		☐		
				Kennzeichnung wörtlicher Rede		☐		
				Komma: Aufzählungskomma		☐		
				Komma, Komma + dass		☒		

Abb. 98: „Bildbeschreibung“: Kompetenzraster II

Insgesamt ist also festzustellen, dass der Text orthographisch recht vielfältige Probleme aufweist. Zunächst ist zu prüfen, ob diese Schreibungen auch außerhalb von freien Texten so häufig sind oder ob sie nicht teilweise dem komplexen Textproduktionsprozess zuzuschreiben sind und vom Schüler selbst in einem Korrekturgang entdeckt werden

[20] gemäß der damaligen Rechtschreibung

können. Lohnenswert erscheint der freiwillige Versuch, einen Text in Druckschrift schreiben zu lassen. Möglicherweise gewinnt der Autor orthographisch einen besseren Überblick, wenn die Einzelbuchstaben klarer differenzierbar geschrieben werden.

Die Streuung der Fehler macht in solchen Fällen die gestaffelte Einführung aller orthographischen Instrumente (außer der Hörtabelle) sinnvoll. Da die meisten Orthographieregeln bereits im Unterricht vorgekommen sein dürften, wird die Einführung der Instrumente weniger aufwändig als in der Grundschule sein. Ziel ist die selbstständige Korrektur der eigenen Texte. Ein sinnvoller Zwischenschritt könnte sein, dass der Schüler die Selbstkorrektur der Lehrkraft gegenüber explizit begründet.

8. Abschließend

Bei der differenzierten Schrift- und Orthographievermittlung kann aufgrund der Streuung der Bedarfe nicht der gemeinsame Gegenstand (Feuser 1989) das verbindende Element innerhalb vielfältiger Lerngruppen sein. Diese Funktion können aber die gemeinsam verwendeten Instrumente übernehmen, mittels derer die Lernenden in Plenumsphasen in den gegenseitigen Austausch kommen oder sich in Arbeitsphasen gegenseitig unterstützen können.

Neue Vermittlungswege zu beschreiten, bedarf eines Stückes Mut. Ziel muss nicht sein, den Rechtschreibunterricht von heute auf morgen komplett umzustellen. Da die hier vorgestellten Instrumente einerseits unabhängig voneinander und andererseits in Kombination mit herkömmlichen Methoden eingesetzt werden können, spricht nichts dagegen, einzelne Elemente hin und wieder auszuprobieren und die Lernenden dabei zu beobachten, wie sie mit dem Angebot umgehen. Erfahrungsgemäß sind sie wesentlich unbefangener, etwas Neues auszuprobieren, als man annimmt. Orthographietheorie ist komplex, aber die Instrumente sind so gestaltet, dass die Theorie „implizit explizit" enthalten ist. Das soll Sie entlasten und den Lernenden beim Verstehen helfen. Konkrete Arbeitsmaterialien zur Einführung der Instrumente sind in Vorbereitung, aber keine Voraussetzung für die Benutzung der Werkzeuge. Ihre Einarbeitungszeit rentiert sich ab dem Punkt, an dem Sie Ihren Rechtschreibunterricht nicht mehr als Unterrichtsstunde planen, sondern die Lernenden beim orthographischen Überarbeiten der eigenen Texte begleiten.

9. Materialanhang (Download s. Literaturverzeichnis)

9.1 Hörtabellen

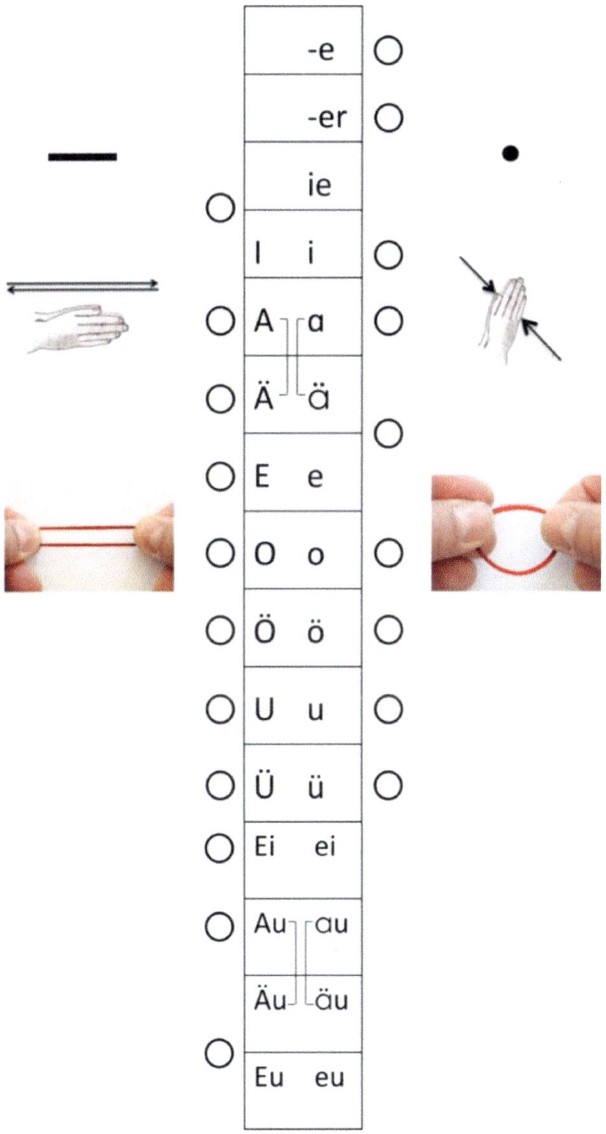

	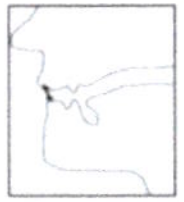					
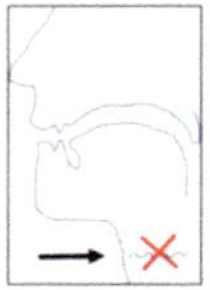	Pf pf P p -b	F f V v	Sch sch Sp- sp- St- st- s ß Z z T t -d	Ch ch	Qu qu Ch ch X x K k -g	H h
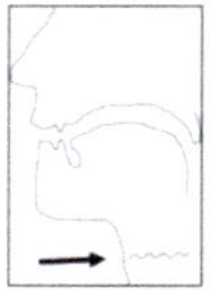	B b M m	W w	D d N n S s R r L l	J j	G g -ng -nk R r	

9.2 Bastelanleitung für die Silbenkette (Schiebevariante)

2x ausdrucken (= 4 Exemplare), entlang der roten Ränder schneiden, mittig knicken, laminieren

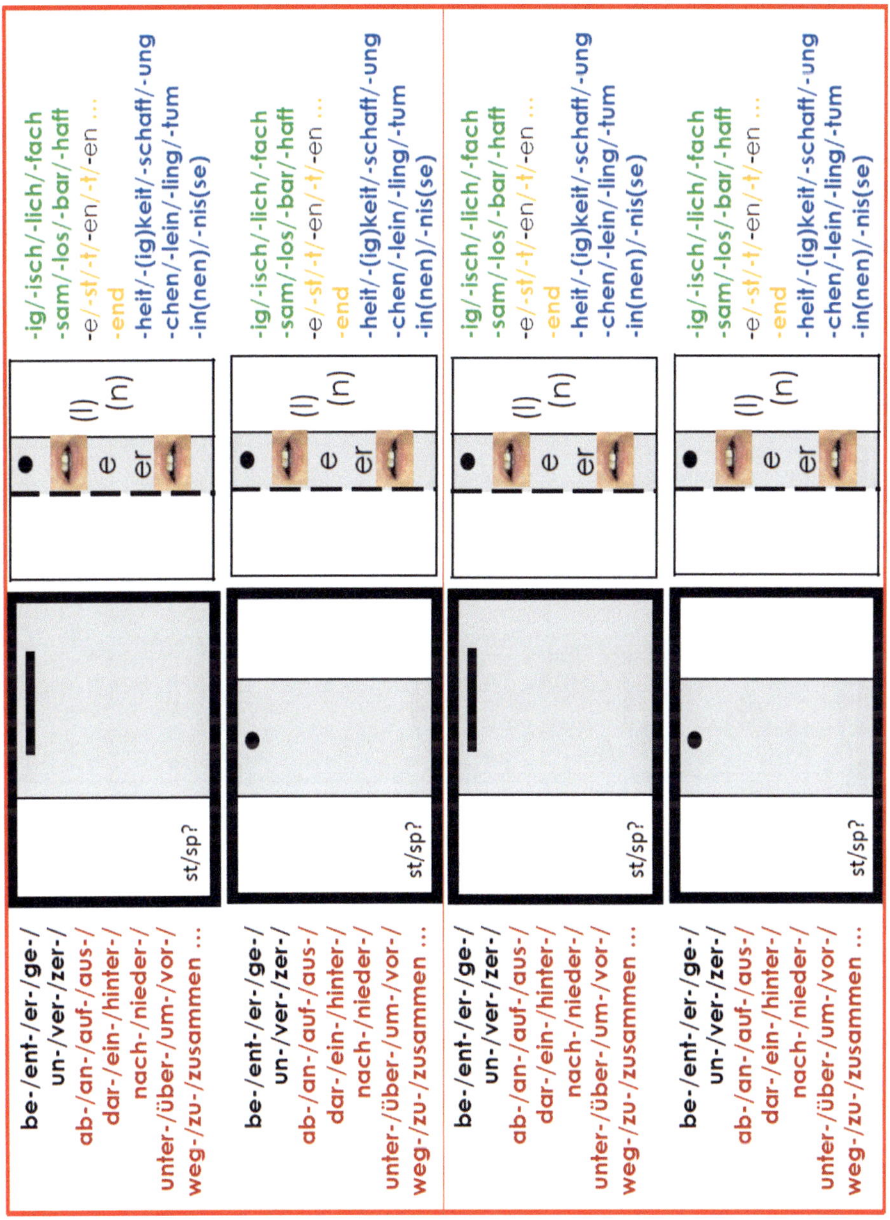

2x ausdrucken (= 4 Exemplare), entlang der roten Ränder schneiden, mittig knicken, laminieren

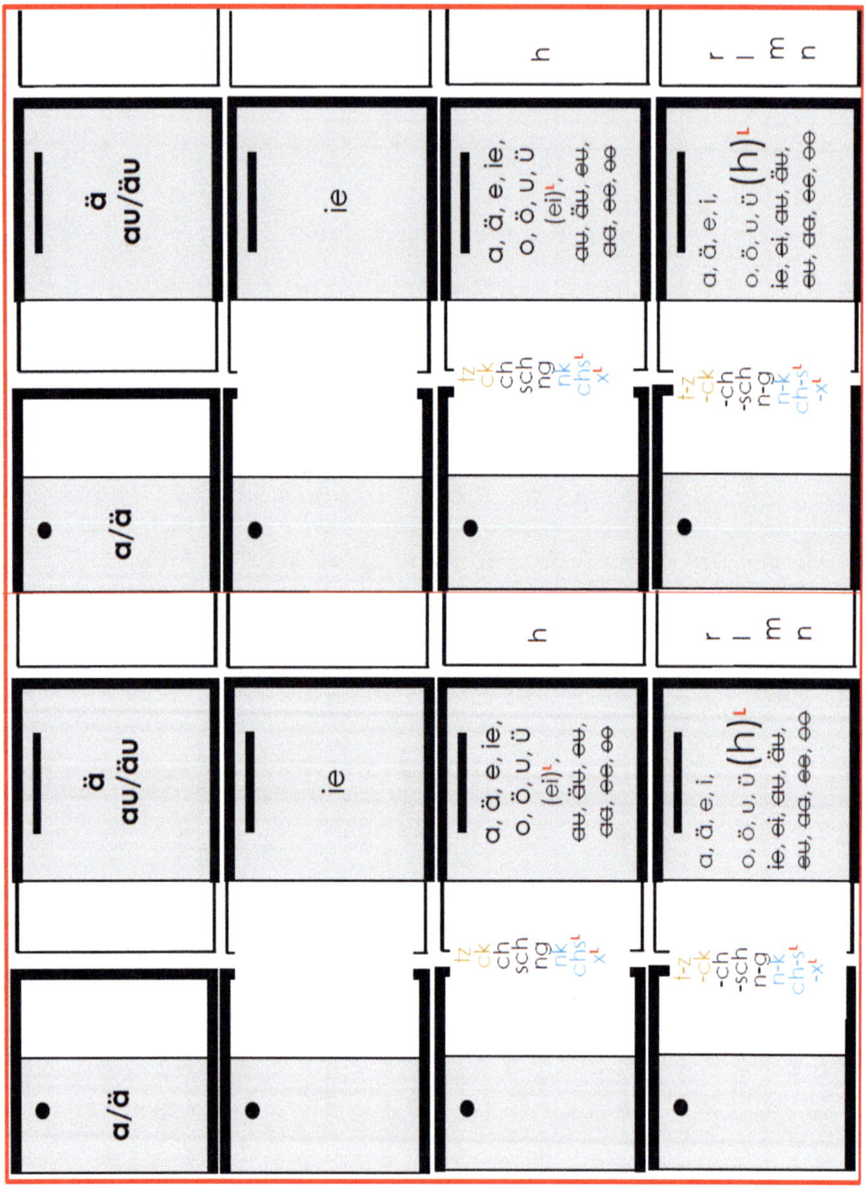

ausdrucken (= 20 Exemplare), entlang der roten Ränder schneiden laminieren

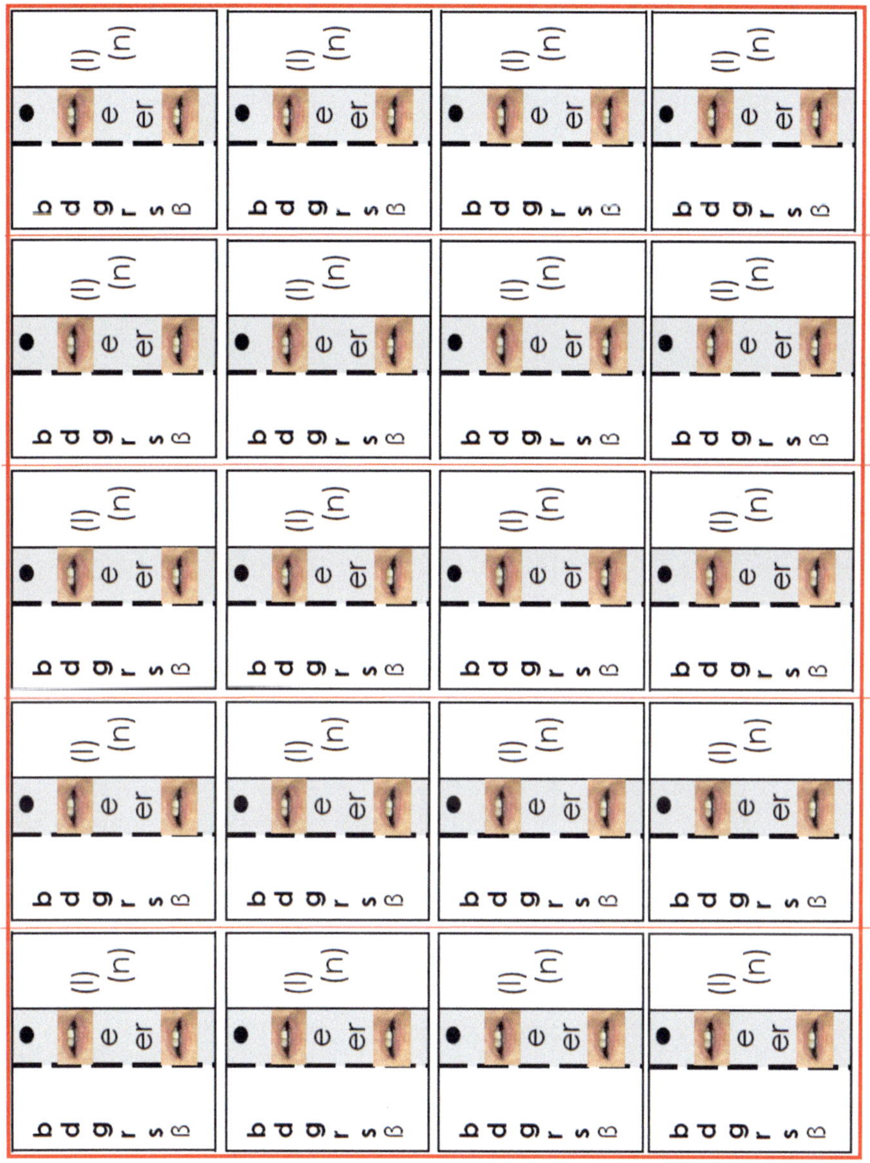

9.3 Wortgruppenkarten

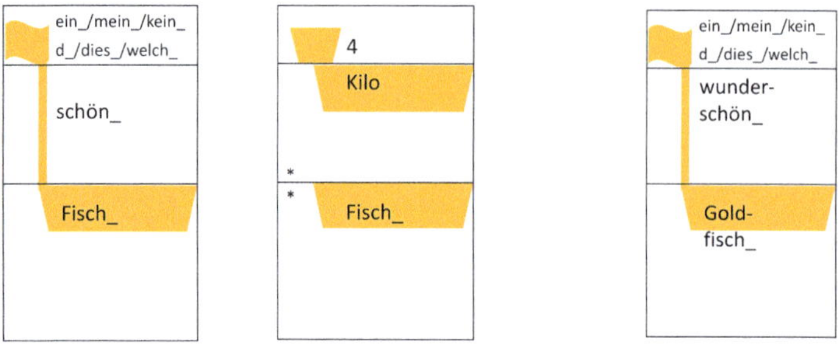

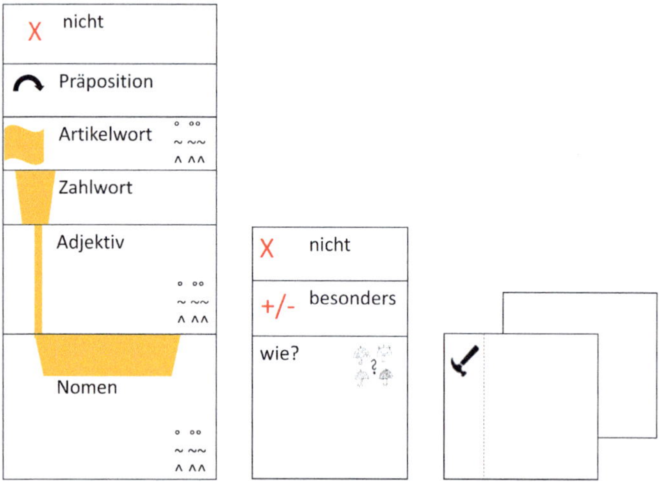

9.4 Satzleisten

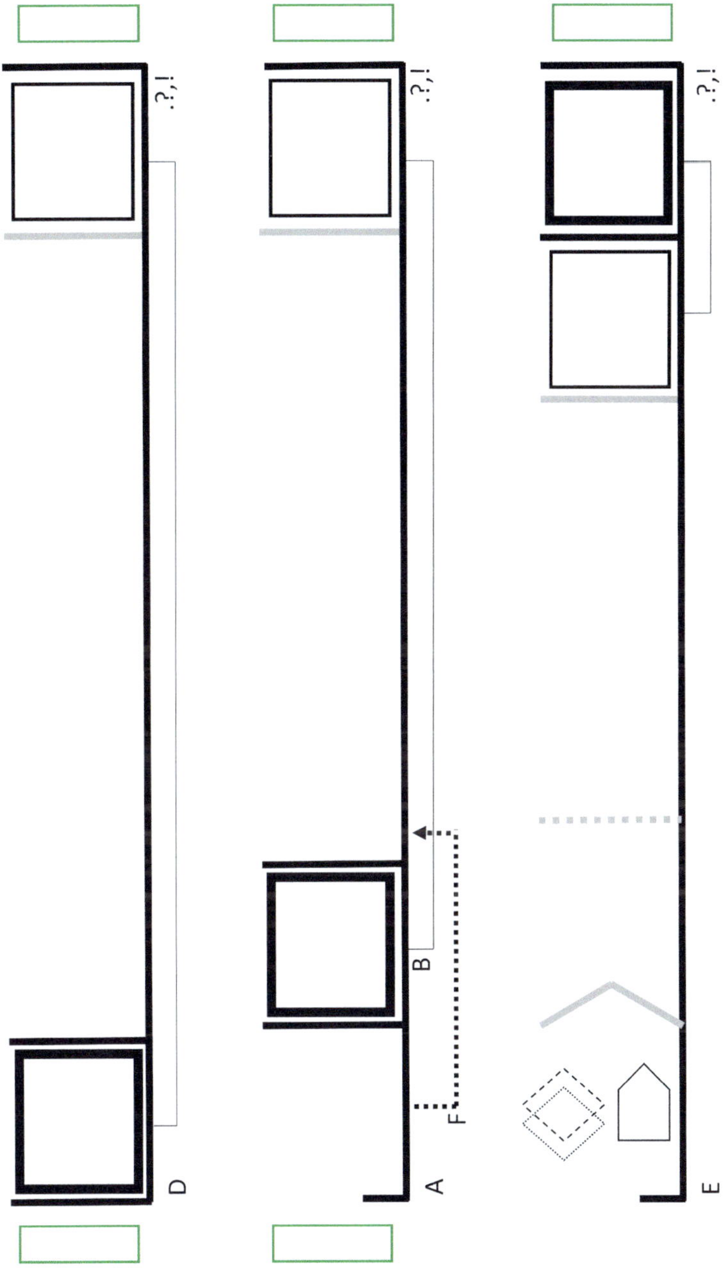

9.5 Kompetenzraster I: Schriftvermittlung

Name:		Schuljahr:
Bewusstheit	**Erhebungs-/Förderinstrument**	**DaZ/Dialekt/Idiolekt** mit Sprachförderbedarf
Reime ☐ Silben ☐ Anlaute ☐	**Bild-Wort-Hörkarten** sortieren ☐	Aussprache-/Hörschulung: Wörter, Silben ☐
Segmentier.g/ (K)V(K) ☐	**Hörtabelle** (GPK) ☐	Aussprache-/Hörschulung: Laute ☐
Synthetisierung (K)V(K) (K)V ☐	**Silbenketten** ohne Klappkarten ☐	Graphem-Phonem-Korrespondenzen: Interferenzen ☐
Buchstabenformen ☐	**Mehrliniensystem** ☐	graphetische Interferenzen ☐

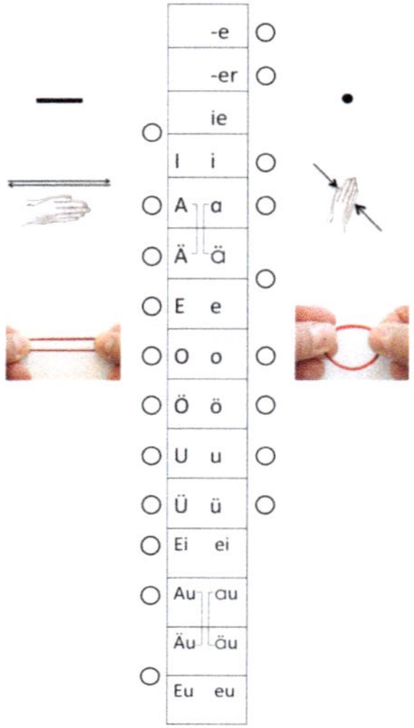

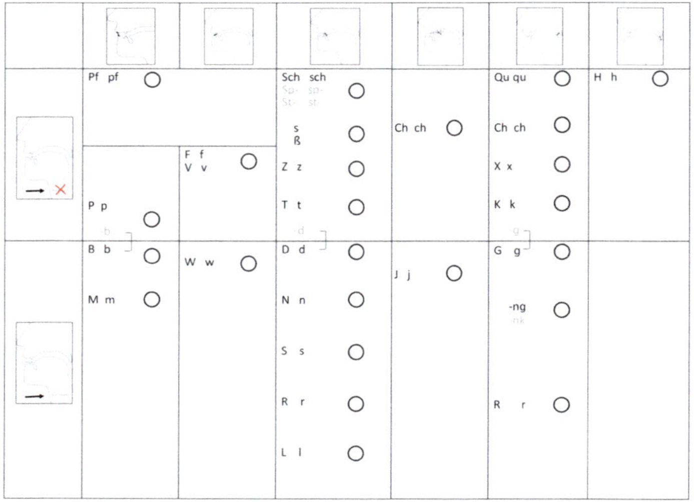

9.6 Kompetenzraster II: Orthographievermittlung

Name:						Schuljahr:
Bewusstheit	**Erhebungs-/Förderinstrument**					**DaZ/Dialekt/Idiolekt**
Vokal(un)-gespanntheit ☐	**Silbenketten**			in Silbenkettenwörtern	in komplexen Wörtern	Aussprache/Hörschulung
		— •	ie	☐	☐	Silben ☐
			Silbenanfangs-h: nicht hörbar	☐	☐	Silbentrennung ☐
			Dehnungs-h: nicht hörbar/Lernwörter	☐	☐	
		• •	Konsonant-Graphem-Verdopplung	☐	☐	
			Nicht-Verdopplung ch, sch, ng, nk	☐	☐	
			ck, tz	☐	☐	
Stimmhaftigkeit ☐		beide	st/sp	☐	☐	
			Auslautverhärtung: b, d, g, s	☐	☐	
			Umlautschreibung: ä/äu	☐	☐	
Wortbildung ☐			Vor-/Schlussbausteine		☐	Wortschatz ☐
Wortgruppenaufbau ☐	**Wortgruppenkarten**	Großschreibung:	Kerne nominaler Gruppen ☐			Grammatik ☐
		Zusammenschreibung:	Derivate (Ableitungen) ☐			
			Komposita in Nominalgruppen ☐			zur Förderung von Wortschatz und Grammatik s. Berkemeier/Schmidt (2019)
			Komposita in Adjektivgruppen ☐			
			Verb-Komposita ☐			
Satzbau ☐	**Satzleisten**	Großschreibung:	Satzanfang ☐			
		Satzschlusszeichen:	. ? ! ☐			
		Kennzeichnung wörtlicher Rede	☐			
		Komma:	Aufzählungskomma ☐			
			Komma ☐			

9.7 Korrekturfahrplan

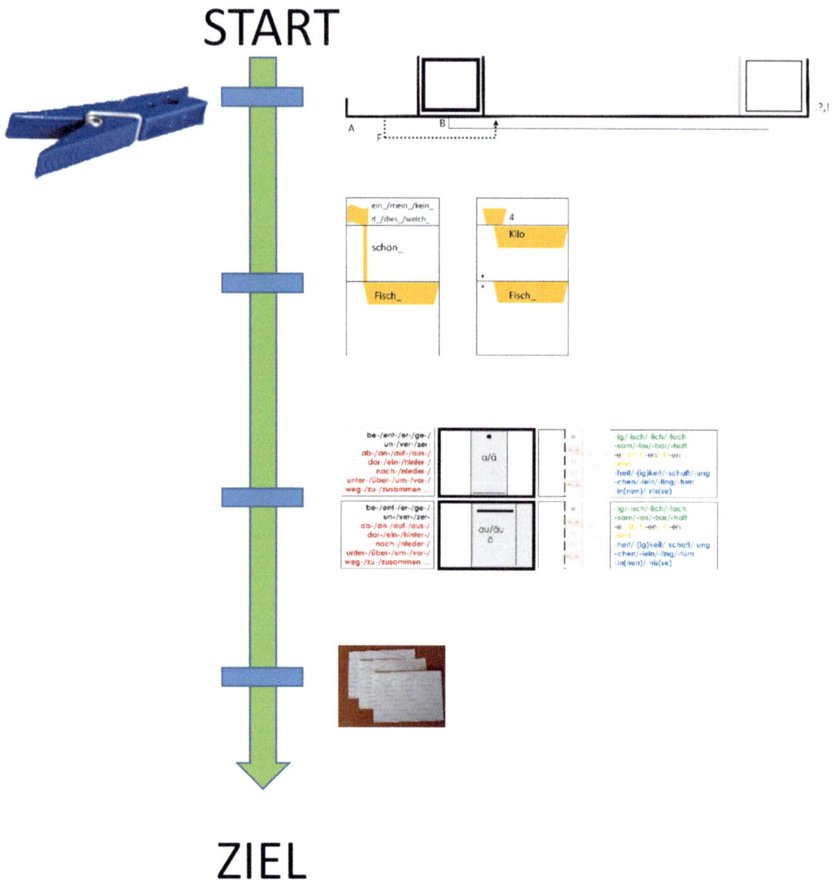

10. Abbildungsverzeichnis

10. Literaturverzeichnis

Download der Materialien Hörtabelle, Silbenkette, Wortgruppenkarte, Satzleiste:

https://www.ph-heidelberg.de/hoertabelle.html

https://www.uni-muenster.de/Germanistik/Lehrende/Sprachdidaktik/berkemeier_anne/unterrichtsmaterialien.html

Hilfreiche Internetseiten:

Bredel, Ursula/Hlebec, Hrvoje/Heid, Ulrich/Jauch, Ronny: Datenbank orthografisch regulärer Ausdrücke (DORA): http://dora.hosting.uni-hildesheim.de

Digitales Wörterbuch der deutschen Sprache: https://www.dwds.de/wb

Grundschrift-App: http://www.medien-treibhaus.de/grundschrift-app/grundschrift-app/

Leßmann, Beate: Videos von Rechtschreibgesprächen. https://www.beate-lessmann.de/filme/rechtschreibgespraeche.html

Fibeln:

Röber, Christa (2016): Die Kinder vom Zirkus Palope. Wie sie die Sprache untersuchen und die Schrift entdecken. Bücher zum Lesenlernen und Schreibenlernen. Buch 1: Erste Wörter und Sätze. Baltmannsweiler: Schneider Hohengehren.

Röber, Christa (i. E.[2]): Die Kinder vom Zirkus Palope. Wie sie die Sprache untersuchen und die Schrift entdecken. Bücher zum Lesenlernen und Schreibenlernen. Verein für schriftsprachstrukturierende Didaktik e.V.

Velalidis, A./Kalapanidas, K./Kanakis, N. (1991): Η γλώσσα μου. Για την πρώτη δημοτικού. ΟΕΔΒΑ. Bd. 1 (Neugriechische Fibel).

Literarische Beispiele aus:

Funke, Cornelia (2000^2): Kleiner Werwolf. Frankfurt: Fischer.

Zitierte Fachliteratur:

Augst, Gerhard (2005): Zwischen Silbengelenk- und Quantitätsmarkierung – der Doppelkonsonantenbuchstabe im Deutschen. In: ZGL. 33. 289-305.

Augst, Gerhard/Dehn, Mechthild (2009^4): Rechtschreibung und Rechtschreibunterricht. Können – Lehren – Lernen. Stuttgart u. a.

Bangel, Melanie/Müller, Astrid (2014): Zur Entwicklung morphologischer Bewusstheit und basaler Lesefähigkeiten durch die Arbeit an Wort-(bildungs)strukturen. Erste Ergebnisse einer Interventionsstudie. In: Didaktik Deutsch. 36. 42-63.

Becker, Susanne/Mesch, Birgit (Hg.) (2013): Getrennt oder zusammen? Zeitschrift Deutsch 5–10. 36.

Belke, Gerlind (2012[5]): Mehr Sprache(n) für alle: Sprachunterricht in einer vielsprachigen Gesellschaft. Baltmannsweiler: Schneider Hohengehren.

Berkemeier, Anne (i. V.): Einführungsmaterialien zum Orthographieunterricht mit Hörtabelle, Silbenkette, Wortgruppenkarte und Satzleiste.

Berkemeier, Anne (2018): Schrifterwerb und L2-Alphabetisierung. In: Roll, Heike/Grießhaber, Wilhelm/Schmölzer-Eibinger, Sabine/Schramm, Karen (Hg.): Schreiben in der Zweitsprache. Berlin/Boston: de Gruyter.

Berkemeier, Anne (2007): Zur Bedeutung der Silbe in der neueren rechtschreib-didaktischen Diskussion: Versuch einer Synopse. In: OBST. 73. 81-96.

Berkemeier, Anne (1998): Wäre in Babylon das Lesen und Schreiben gelehrt worden ... Über die Notwendigkeit linguistischen Wissens für die Alphabetisierung mehrsprachiger/ mehrschriftiger LernerInnen. In: Kuhs, Katharina/Steinig, Wolfgang (Hg.): Pfade durch Babylon. Konzepte und Beispiele für den Umgang mit sprachlicher Vielfalt an Schulen. Freiburg: Fillibach. 157-180.

Berkemeier, Anne (1997): Kognitive Prozesse beim Zweitschrifterwerb. Zweitalphabetisierung griechisch-deutsch-bilingualer Kinder im Deutschen. Frankfurt u. a.: Lang.

Berkemeier, Anne/Drinhaus, Mareike (2014): Förderung phonologischer Bewusstheit beim Schrifterwerb in inklusiven Settings. In: Trumpa, Silke u. a. (Hg.): Inklusive Bildung: Erkenntnisse und Konzepte aus Fachdidaktik und Sonderpädagogik. Weinheim/Basel: Beltz Juventa. 308-320.

Berkemeier, Anne/El Salamoni, Nicole (i. V.): „Silbenklänge“. Ein Rechtschreibbilderbuch.

Berkemeier, Anne/Kaltenbacher, Erika (2014): Zum Verhältnis von Zweitsprachförderung und (Deutsch-)Unterricht. In: Trumpa, Silke u. a. (Hg.): Inklusive Bildung: Erkenntnisse und Konzepte aus Fachdidaktik und Sonderpädagogik. Weinheim/Basel: Beltz Juventa. 292-307.

Berkemeier, Anne/Kiepe, Fabian/Szubert, Stephan (2016): Ein Fest planen: Nominalgruppen ausbauen. In: Grundschule Deutsch. 3. 51. 41-43.

Berkemeier, Anne/Schmidt, Anja (i. E.): Schrittweise Deutsch. Individualisiert Deutsch lernen und lehren mit dem DaZ-Sprachkoffer. Leipzig: Schubert.

Berkemeier, Anne/Schmidt, Anja (2018): Wer genau? – Personenrätsel stellen: Mit Attributen beschreiben und gleichzeitig die Großschreibung üben. In: Praxis Grundschule. 26-29.

Berkemeier, Anne/Wieland, Regina (2017a): Sprachliches Wissen und sprachliches Können: Grammatikunterricht funktional-pragmatisch gedacht. In: Krause,

Arne/Lehmann, Gesa/Thielmann, Winfried/Trautmann, Caroline (Hg.): Form und Funktion. Tübingen: Stauffenburg. 645-658.

Berkemeier, Anne/Wieland, Regina (2017b): Interdependenz von Formen und Funktionen DaZ-curricular nutzen. In: Ekinci, Yüksel/Montanari, Elke/Selmani, Lirim (Hg.): Grammatik und Variation. Heidelberg: Synchron. 257-266.

Betzel, Dirk (2016): Die Großschreibung von Nomen und Nominalisierungen erkennen. Die Artikel- und Attributprobe richtig anwenden. In: Deutsch 5–10. 48. 18-21.

Betzel, Dirk/Schönenberg, Stephanie (2016): Rechtschreibunterricht – ein Weg für alle? In: Deutsch 5–10. 48. 1-3.

Birck, Sabine/Schilling, Bernhard/von Schwerin, Birgit (1994): „Die Junge frau trägt ein roten Pollover". Dysgrammatische Symptome in der Schriftsprache von Schulkindern – eine Fallstudie. In: Der Deutschunterricht. 2. 6-18.

Boettcher, Wolfgang (1995): Zur gegenwärtigen Praxis des Grammatikunterrichts: eine kritische Bestandsaufnahme. In: Mitteilungen des Deutschen Germanistenverbandes. 2. 2-7.

Bredel, Ursula (2015): Topologie und Orthographie. In: Wöllstein, Angelika (Hg.): Das topologische Modell für die Schule. Baltmannsweiler: Schneider Hohengehren. 205-218.

Bredel, Ursula (2013): Turbulenzen in Wörtern. Schreibungen mit Bindestrich erklären. In: Deutsch 5–10. 36. 18-20.

Bredel, Ursula (2011): Interpunktion. Heidelberg: Winter.

Bredel, Ursula/Fuhrhop, Nanna/Noack, Christina (2011): Wie Kinder lesen und schreiben lernen. Tübingen: Francke.

Breuninger, Helga/Betz, Dieter (1996[4]): Jedes Kind kann schreiben lernen. Ein Ratgeber für Lese-Rechtschreib-Schwäche. Weinheim/Basel: Beltz.

Bulut, Necle (2018): Individuelle Rechtschreibentwicklung. Eine Längsschnittuntersuchung zur Bedeutung von Einflussfaktoren auf die Wortschreibung. Baltmannsweiler: Schneider Hohengehren.

Bußmann, Hadumod (1983): Lexikon der Sprachwissenschaft. Stuttgart: Kröner.

Bremerich-Vos, Albert (1995): „Dann probiert mal schön!" – Mikroskopisches zur Bildung grammatischen Wissens im schulischen Unterricht. - In: Mitteilungen des Deutschen Germanistenverbandes. 2. 27-32.

Ehlich, Konrad (2007): Sprache und sprachliches Handeln. Band 1: Pragmatik und Sprachtheorie. Berlin/New York: de Gruyter

Eisenberg, Peter (2016[9]): Der Buchstabe und die Schriftstruktur des Wortes. In: Duden Grammatik der deutschen Gegenwartssprache. 61–94. Mannheim: Dudenverlag.

Ermonies-Jargielo, Joanna/Kaltenbacher, Erika (2014): Deutsch für den Schulstart. Fördermaterialien für die 1. und 2. Klasse. Universität Heidelberg, IDF. Grundschulversion.

Feuser, Georg (1989): Allgemeine integrative Pädagogik und entwicklungslogische Didaktik. In: Behindertenpädagogik. 28. 1. 4-48.

Fuhrhop, Nanna (2009^3): Orthographie. Heidelberg: Winter.

Fuhrhop, Nanna (2007): Zwischen Wort und Syntagma. Zur grammatischen Fundierung der Getrennt- und Zusammenschreibung. Tübingen: Niemeyer.

Fuhrhop, Nanna (2006): Erfolg versprechend oder erfolgversprechend? Zur Getrennt- und Zusammenschreibung. In: Praxis Deutsch. 198. 48-53.

Funke, Reinold (2017): Syntaxbasierte Vermittlung der satzinternen Großschreibung: Varianten eines Ansatzes. In: Iris Rautenberg/Helms, Stefanie (Hg.): Der Erwerb schriftsprachlicher Kompetenzen. Empirische Befunde - didaktische Konsequenzen – Förderperspektiven. Baltmannsweiler: Schneider Hohengehren. 100-120.

Funke, Reinold (2014): Erstunterricht nach der Methode 'Lesen durch Schreiben' und Ergebnisse schriftsprachlichen Lernens: eine metaanalytische Bestandsaufnahme. Didaktik Deutsch. 36. 21-41.

Glinz, Hans ($1952/1965^4$): Die innere Form des Deutschen. Eine neue deutsche Grammatik. Bern/München: Francke.

Günther, Hartmut/Nünke, Ellen (2005): Warum das Kleine groß geschrieben wird, wie man das lernt und wie man das lehrt. In: Köbes. 1. Download: http://www.koebes.uni-koeln.de/

Handt, Rosemarie/Kuhn, Klaus (2005): ABC der Tiere: ein integrierter Lese- und Schreiblehrgang. Offenburg: Mildenberger.

Hatz, Hubertus (2015): Phonologische Bewusstheit und Schriftspracherwerb. Auswirkungen eines Trainings im ersten Schuljahr auf den Erwerb des Lesens und Rechtschreibens bei Schülerinnen und Schülern mit gering ausgebildeten schriftsprachspezifischen Vorläuferfertigkeiten. download: https://d-nb.info/1070231894/34

Hinney, Gabriele (1997): Neubestimmung von Lerninhalten für den Rechtschreibunterricht: ein fachdidaktischer Beitrag zur Schriftaneignung als Problemlöseprozeß. Frankfurt a. M.: Lang.

Hoffmann, Ludger (1992): Funktionale Grammatik für die Grundschule. In: Grundschule. 1. 19-24.

Hoffmann, Ludger (2009^2): Didaktik der Wortarten. In: ders. (Hg.): Handbuch der Wortarten. Berlin/N.Y.: de Gruyter. 925-950.

Hoffmann, Ludger (2016^3): Deutsch Grammatik. Berlin: Schmidt.

Hübl, Annika/Steinbach, Markus (2015): Die Topologie der NP als Grundlage für den Erwerb der satzinternen Großschreibung. In: Wöllstein, Angelika (Hg.): Das topologische Modell für die Schule. Baltmannsweiler: Schneider Hohengehren. 219-238.

Jacobs, Joachim (2005): Spatien. Zum System der Getrennt- und Zusammenschreibung im heutigen Deutsch. Berlin/N.Y.: de Gruyter.

Klages, Hana/Kaltenbacher, Erika (2014): Deutsch für den Schulstart. Fördermaterialien für Vorschüler mit Deutsch als Erst- oder Zweitsprache. Universität Heidelberg. IDF. Vorschulversion.

Knapp, Werner (1997): Schriftliches Erzählen in der Zweitsprache. Tübingen: Narr.

Kaltenbacher, Erika (2013): Sprachförderung in der 1. und 2. Klasse nach dem Konzept „Deutsch für den Schulstart". In: Decker-Ernst, Yvonne/Oomen-Welke, Ingelore (Hg.): Deutsch als Zweitsprache: Beiträge zu einer durchgängigen Sprachbildung. Freiburg: Fillibach. 139-158.

Kurtz, Gunde/Hofmann, Nicole/Biermas, Britta/Back, Tiana/Haseldiek, Karen (2015²): Sprachintensiver Unterricht. Baltmannsweiler: Schneider Hohengehren.

Leupolz-Oebel, Birgitta (i. V.): Alphabetisierung in der Zweitschrift Deutsch. Eine Untersuchung zur handschriftlichen Realisation der lateinischen Alphabetschrift von arabisch erstalphabetisierten SeiteneinsteigerInnen der Sekundarstufe I.

Lindauer, Thomas/Schönenberg, Stephanie (2012): Von Königen, Untertanen und Königreichen. Zugang zur Kommasetzung finden. In: Deutsch 5–10. 31. 12-17.

Lindauer, Thomas (2011): Das Komma zwischen Verbgruppen setzen. In: Bredel, Ursula/Reißig, Tilo (Hg.): Weiterführender Orthographieunterricht. Baltmannsweiler: Schneider Hohengehren. 601-612. (= Deutschunterricht in Theorie und Praxis. 5)

Maas, Utz (1992): Grundzüge der deutschen Orthographie. Tübingen: Niemeyer.

Maas, Utz/Röber-Siekmeyer, Christa (1994): Defizite bei Philipp – oder bei seinen LehrerInnen? In: Der Deutschunterricht. 2. 54-55.

Mai, Norbert/Marquardt, Christian (1995): Analyse und Therapie motorischer Schreibstörungen. In: Psychologische Beiträge. 37. 538-582.

Mann, Christine (1991): Selbstbestimmtes Rechtschreiblernen. Weinheim/Basel: Beltz.

Mesch, Birgit (demn.): Zur Wirksamkeit didaktischer Modellierungen der Spatiensetzung. Ergebnisse einer Interventionsstudie zur Getrennt- und Zusammenschreibung in den Jahrgangsstufen 4 und 6.

Mesch, Birgit (2011): Konzepte des Erwerbs der Getrennt- und Zusammenschreibung. In: Bredel, Ursula/Reißig, Tilo (Hg.): Weiterführender Orthographieunterricht. Baltmannsweiler: Schneider Hohengehren. 268-295. (= Deutschunterricht in Theorie und Praxis. 5)

Ministerium für Kultus, Jugend und Sport Baden-Württemberg (2018): Rechtschreibrahmen für die Klassen 1-10. Stuttgart.

Odersky, Eva (2018): Flüssiges Schreiben = Verbundenes Schreiben? Zur Automatisierung der Schriften von Viertklässlern. In: Die Grundschulzeitschrift. 308. 18-21.

Pracht, Henrike (2012): Schemabasierte Basisalphabetisierung im Deutschen. Ein Praxisbuch für Lehrkräfte. Münster: Waxmann.

Reichen, Jürgen (1988³): Lesen durch Schreiben. Zürich.

Reichen, Jürgen (2002): Lara und ihre Freunde. Lern-Bilderbuch mit Denktrainer. Hamburg: Heinevetter Verlag.

Riegler, Susanne (2016): Über die Silbe zum Wort. Mit einer silbenorientierten Lauttabelle schreiben lernen. In: Grundschulunterricht Deutsch. 3. 19-22.

Riegler, Susanne (2012): Freies Schreiben mit System. Eine silbenbezogene Lauttabelle für das frühe selbstständige Schreiben. In: Grundschulunterricht Deutsch. 3. 8-11.

Riegler, Susanne (2010): Auf die richtige Spur gesetzt. Das System der Buchstaben-Laut-Beziehungen in einer Lauttabelle. In: Praxis Deutsch. 221. 58-60.

Riegler, Susanne (2009): Grammatisches Lernen bei der Arbeit mit einer (An-)Lauttabelle? Beurteilungskriterien für Lehrerinnen und Lehrer. In: Grundschulunterricht Deutsch. 3. 16-19.

Röber, Christa (2012): Die Orthografie als Lehrmeisterin beim Spracherwerb. Die Bedeutung der Rechtschreibung für die Veranschaulichung der Strukturen des Deutschen im DaZ-Unterricht. In: Deutsch als Zweitsprache. 2. 34-49.

Röber, Christa (2009): Die Leistungen der Kinder beim Lesen- und Schreibenlernen: Grundlagen der Silbenanalytischen Methode. Baltmannsweiler: Schneider Hohengehren.

Röber, Christa/Olfert, Helena (2010): Die Bedingungen für ein erfolgreiches Arbeiten mit Silben. Freiburg. https://www.ph-freiburg.de/fileadmin/dateien/fakultaet1/ew/ew1/Personen/roeber/publikationen/eigene/ABC-der_Tiere_Sch%C3%B6ggl.pdf

Röber-Siekmeyer, Christa/Spiekermann, Helmut (2000): Die Ignorierung der Linguistik in der Theorie und Praxis des Schrifterwerbs. Zur Neubesinnung des Verhältnisses von Pädagogik und Phonetik/Phonologie. In: Zeitschrift für Pädagogik. 5. 753-771.

Röber-Siekmeyer, Christa (1999): Ein anderer Weg zur Groß- und Kleinschreibung. Leipzig/Stuttgart/Düsseldorf: Klett.

Sassoon, Rosemary (1998): Änderung der Einstellung gegenüber Handschriften. In: OBST. 56. 138-153.

Sauerborn, Hanna (2015): Zur Bedeutung der Early Literacy für den Schriftspracherwerb. Baltmannsweiler: Schneider Hohengehren.

Spies, Barbara (1989): Zur Aneignung von grammatischem Wissen bei Primarstufenschülern. Untersuchung zum Verständnis der Wortarten. In: OBST. 40. 75-86.

Topsch, Wilhelm (1996): Das Ende einer Legende. Die Vereinfachte Ausgangsschrift auf dem Prüfstand. Analyse empirischer Arbeiten zur Vereinfachten Ausgangsschrift. Donauwörth: Auer.

Schönenberg, Stephanie (2016): Das mit dem „dass“. Die passende Strategie zur Richtigschreibung finden. In: Deutsch 5–10. 48. 26-31.

Schönenberg, Stephanie (2011): Problemfall Verbklammer? Der *Klammermann* als Basismodell der Satzlehre. In: Praxis Deutsch. 226. 12–19.

Schulte-Bunert, Ellen (2000): Alles noch einmal von vorn? Baltmannsweiler: Schneider Hohengehren.

Strübe, Thorsten (2010): *Hastu und *Über Lekt – Aspekte des Erwerbs von Getrennt- und Zusammenschreibung. In: Didaktik Deutsch. 29. 37-57

Troubetzkoy, Nikolai Sergejewitsch (1939/1958): Grundzüge der Phonologie. Göttingen: Vandenhoeck & Ruprecht.

Valtin, Renate (2011). Hilfreich oder unsinnig? Ein kritischer Blick auf phonologisches Training im Elementarbereich. In: Grundschule. 10. 27-29.

Valtin, Renate (2010). Phonologische Bewusstheit – eine notwendige Voraussetzung beim Lesen- und Schreibenlernen? L.O.G.O.S. Interdisziplinär. 1. 4-11 (s. auch www.leseforum.ch 2/2010).

Wegener, Heide (1995): Die Nominalflexion des Deutschen - verstanden als Lerngegenstand. Tübingen: Niemeyer.

Weinhold, Swantje (2009): Effekte fachdidaktischer Ansätze auf den Schriftspracherwerb in der Grundschule. Lese- und Rechtschreibleistungen in den Jahrgangsstufen 1-4. In: Didaktik Deutsch. 27. 53–73.